国家文化产业资金支持媒体融合重大项目

21世纪高职高专精品教材·投资与理财专业

公司理财实务

（第四版）

张勋阁 ◎ 编著

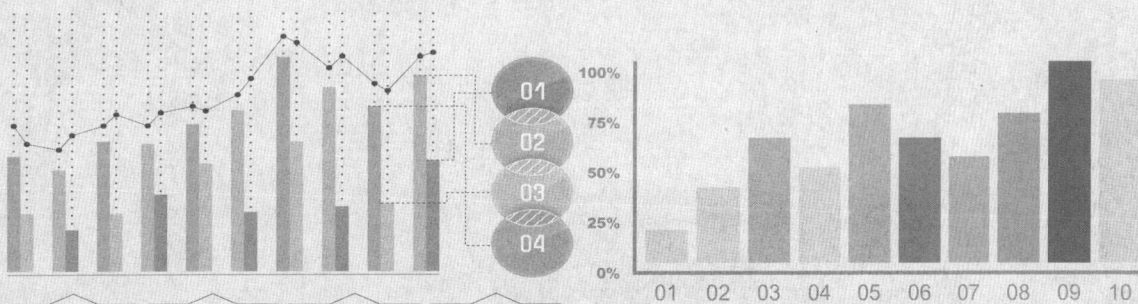

东北财经大学出版社
Dongbei University of Finance & Economics Press

大连

图书在版编目（CIP）数据

公司理财实务 / 张勋阁编著. —4版. —大连：东北财经大学
出版社，2020.2（2022.1重印）

（21世纪高职高专精品教材·投资与理财专业）

ISBN 978-7-5654-3737-3

Ⅰ．公… Ⅱ．张… Ⅲ．公司-财务管理-高等职业教育-
教材 Ⅳ．F276.6

中国版本图书馆CIP数据核字（2019）第289122号

东北财经大学出版社出版

（大连市黑石礁尖山街217号 邮政编码 116025）

网 址：http://www.dufep.cn

读者信箱：dufep@dufe.edu.cn

大连东泰彩印技术开发有限公司印刷 东北财经大学出版社发行

幅面尺寸：185mm×260mm 字数：264千字 印张：13.25

2020年2月第4版 2022年1月第4次印刷

责任编辑：李丽娟 张爱华 责任校对：齐 欣

封面设计：冀贵收 版式设计：钟福建

定价：34.00元

教学支持 售后服务 联系电话：（0411）84710309

版权所有 侵权必究 举报电话：（0411）84710523

如有印装质量问题，请联系营销部：（0411）84710711

编　委　会

编委会主任

周巧红（全国金融职业教育教学指导委员会委员）

编委会成员（按拼音排序）

出版说明

高等职业教育是我国高等教育体系的重要组成部分。大力发展高等职业教育，培养大量的高等技术应用型人才，是实现高等教育大众化目标的必然选择。而要实现这一根本任务，迫切需要解决的问题之一就是教材问题。

为满足教学需要，近年来东北财经大学出版社投入了大量资源开发财经类及相关专业高职教材，取得了阶段性的成果，在相关领域积累了丰富的经验，并经过多年的市场检验，取得了一定的市场认可度和品牌影响力。"21世纪高职高专精品教材·投资与理财专业"就是东北财经大学出版社在此基础上开发的更为完善、更加实用的新型教材。

本系列教材是为了满足投资与理财等相关专业的教学改革需求，从金融大类的套系中剥离细分出来的，目前已开发了多个品种，并已陆续更新，主要包括《期货投资实务》《商业银行经营管理实务》《证券投资基金》《公司理财实务》《货币银行学》《保险实务》《筹资实务》《个人理财实务》等。

本系列教材具有如下特点：

1.本系列教材力求贯彻落实《现代职业教育体系建设规划（2014—2020年）》中强调的"重点加强服务金融、物流、商务、医疗、健康和高技术服务等现代服务业的职业教育，培养具有较高文化素质和技术技能素质的新型服务人才"的要求，在内容选择和体系安排上，理论知识"适度、够用"，并将学历教育与职业资格认证考试相结合，结构合理，既能为学生的专业学习打下坚实的基础，又能满足其将来从事相关岗位和个人发展的基本要求。

2.本系列教材的作者均从教学一线严格遴选，大多为"双师型"教师，既具有较高的学术水平，又具有丰富的教学和实践经验，从而保证了教材能够紧跟投资与理财专业领域的最新发展情况，及时修订、完善，且定位准确，内容丰富，实训到位，具有很强的科学性、实用性和指导性。

3.本系列教材均配有电子课件、配套习题及参考答案、微课、动画或在线视频等丰富的信息化资源，以方便信息化教学，改善教学效果。

高等职业教育的发展日新月异，这需要教材与时俱进，不断改革和创新。东北财经大学出版社作为一家专业性、开放式、国际化的财经教育出版机构，一直致力于教材的改革和创新，与时俱进地不断推出具有我国高等职业教育特色的新型教材。期待广大专家、学者和读者朋友们继续给我们以宝贵的意见与支持，使本系列教材通过修订不断完善，并与我国高等职业教育的改革和发展始终保持同步。

东北财经大学出版社

第四版前言

自《公司理财实务》第三版出版至今，承蒙广大读者的厚爱和东北财经大学出版社的努力，第三版的发行量远超出了我的预期。这也使我感到有必要更新内容，再版此书，以答谢读者。

在当前进一步深化教育教学改革，贯彻落实《现代职业教育体系建设规划（2014—2020年）》、《教育部关于职业院校专业人才培养方案制订与实施工作的指导意见》（教职成〔2019〕13号）等有关文件精神的大背景下，为了能够加快培养高素质技术技能应用型人才，进一步彰显高等职业院校投资与理财专业的办学特色，强化以就业为导向的高等职业教育办学理念，本教材第四版在第三版的基础上，以原来的章节体例为基础，调整了部分内容，增加了部分线上视频学习的内容，更加适合高等职业院校相关专业的教学。

本教材具有如下特点：

1.模块化、项目化

结合公司理财实际岗位的基本要求，将整个教材内容分为认识公司理财、编写筹资方案说明书、编写投资方案意向书等九个项目，并在每个项目中总结出若干个工作任务及工作步骤，与工作岗位对接，合理安排教学内容。

2.体系完整

本教材将公司理财的实务内容涵盖在资金筹集管理、投资管理、营运资金管理、利润分配管理、财务预算、财务分析六个主要方面，较为完整地体现了当前股份制企业理财的基本业务内容。

3.案例突出

本教材为突出应用性、实践性等高等职业教育教学的特点，大量地选取实际案例以配合高质量的教学工作，力求达到理论与实践的紧密结合。

4.难度适中

为了满足高等职业教育培养适合社会需求的应用型人才的需要，教材内容不宜难度太大，因此本教材在知识体系上做了一些尝试性的调整，将具有实践操作性的简单易学的基础知识作为本教材的主体结构，力求让更多的学生看得懂、学得好。

5.教材立体化、信息化理念基本形成

在大力推进"互联网+职业教育"的教学理念的大背景下，依托移动互联网的发展，本书第四版部分章节配备一部分视频动画，以方便读者更加深入理解知识点。

本教材在编写过程中参阅了大量的国内外相关文献，并得到了东北财经大学出版社的鼎力相助，在这里一并表示衷心的感谢!

　　尽管我们在教材的特色建设方面做出了许多努力，但仍有不足之处，敬请读者在使用本教材的过程中给予关注，并将意见及时反馈给我们（编辑邮箱：792329342@qq.com）。

编著者

2020年1月

目　录

项目一　认识公司理财

引　例

巴菲特个人简历

姓名：沃伦·巴菲特

职务：CEO

公司名称：伯克希尔·哈撒韦公司

出生日期：1930年8月30日

个人简历：

1930年8月30日，沃伦·巴菲特出生于美国内布拉斯加州的奥马哈市，本科就读于内布拉斯加林肯大学，毕业后又进入哥伦比亚大学商学院，师从有金融分析的鼻祖之称的本杰明·格雷厄姆教授。

1941年，11岁的他跃身股海，购买了平生第一只股票。

1962年，巴菲特与合伙人合开公司的资本达到了720万美元，其中有100万美元是属于巴菲特个人的。

1968年，巴菲特公司的股票取得了它历史上最好的成绩：增长了46%，巴菲特掌管的资金上升至10 400万美元。

1994年年底，巴菲特公司已发展成为拥有230亿美元的伯克希尔工业王国，已被巴菲特变成了庞大的投资金融集团。

2005 年 3 月 10 日，美国《福布斯》杂志公布了 2005 年全球富豪排名，巴菲特名列第二，仅次于比尔·盖茨。

2007 年 3 月 1 日，伯克希尔·哈撒韦公司股价上涨了 410 美元，收于 106 600 美元。

从 1962 年开始至今，巴菲特先后持股华盛顿邮报、可口可乐公司、通用动力公司、苹果等美国著名企业。

这一引例表明：巴菲特之所以能够成为一名出色的投资者，成为世界上数一数二的富翁，除了具备坚实的理论与实务基础，拥有一些忠实的合作伙伴，更重要的是因为他有一个正确对待价值投资的态度。

任务一　了解公司理财的内容

任务分析

公司理财是指根据资金运动规律，遵照国家法律政策，对公司生产经营过程中的资金筹集、使用和分配进行预测决策、计划控制、核算分析，处理公司同有关各方面经济关系的一系列经营管理工作。它是公司经营管理的重要组成部分。

公司理财的实质是利用价值形式对公司生产经营活动进行综合性管理，其主要依据是资金运动的规律和国家的法律政策。在市场经济条件下，随着理财环境的变化，资金运动的形式和状况也随之改变。因此，公司要根据资金运动规律和理财环境的变化，不断地调整理财目标、方法，以尽可能少的代价取得资金，合理运用和分配资金，协调公司相关者的经济利益，对资金的运动过程进行全面、系统、动态的管理，以提高资金的运用效果，实现公司资本增值的最大化。以上内容将在下面进行详细介绍。

活动 1　了解公司的理财活动

公司要进行生产经营活动，就必须具备人力资源、生产资料、信息等生产经营要素。这些要素的合理配置与有机结合过程，就是公司的生产经营过程。在这个过程中，一方面是生产要素实物形态的运动，即供应、生产和销售三个生产经营环节的不断重复进行；另一方面是资金的运动，主要包括资金的筹集、资金的使用和资金的分配。

公司理财是围绕资金的运动过程进行的，所以理财活动的首要任务是取得公司生产经营需要的资金，其次是有效地使用资金，取得尽可能多的收益，并将所取得的收益在相关利益主体之间进行合理的分配。因此，公司理财活动的主要内容就是资金的筹集、资金的使用和资金的分配，具体包括以下四个方面：

1.公司筹资引起的理财活动

公司要从事生产经营活动，首先必须筹集一定数量的资金。公司可以通过发行股票、吸收直接投资等方式筹集自有资金，通过发行债券、向金融机构借款等方式筹集借入资金，这些均表现为公司资金的流入；公司偿还借款、支付利息和股利，以及支付各种筹资费用等，则表现为公司资金的流出。这种因筹资而产生的资金流入和流出，便构成公司筹资的理财活动。

2.公司投资引起的理财活动

公司筹资的目的是投资，以便获取盈利。公司把资金投向公司内部用于购置固定资产、无形资产等，称为对内投资；公司把资金用于购买其他公司的股票、债券，或与其他公司进行联营投资等，称为对外投资。无论是对内投资还是对外投资，都有公司资金的流出；而当公司变卖固定资产、转让无形资产、收回其对外投资或获得证券投资的收益等时，则会产生资金的流入。这种因投资而产生的资金流入和流出，便构成公司投资的理财活动。

3.公司日常经营引起的理财活动

公司在日常生产经营过程中，需要采购材料或商品，支付工资和其他管理费用等，因而发生资金流出；当公司向市场出售商品或提供劳务时，就有资金的流入。公司在日常生产经营过程中所发生的一系列的资金流入和流出，便构成公司日常生产经营中的理财活动。

4.公司利润分配引起的理财活动

公司在生产经营过程中产生的利润，要按照规定的程序进行分配，如缴纳所得税、向投资者支付股利等，发生资金的流出；同时公司会因对外直接投资从其他单位分得利润，形成资金流入。这种因利润分配而产生的资金流入和流出，属于公司利润分配引起的理财活动。

上述理财活动中的四个方面是相互联系、相互依存的，共同构成公司理财活动的内容，形成周而复始的资金循环和周转。资金循环的起点和终点主要是现金，其他类资产是现金在流转中的转化形式。因此也可以说，理财活动是以现金收支为主而形成的资金运动过程。

活动2　解析公司的财务关系

公司理财活动体现着公司与有关各方面的经济关系，也就是公司的财务关系。公司的财务关系可以概括为以下几个方面：

1.公司与投资者之间的财务关系

这主要是指投资者向公司投入资本，公司向投资者支付投资报酬所形成的经济关系。投资者应按合同、协议、章程的约定履行出资义务，公司经营实现的利润应按出资比例或公司股利政策的规定向投资者分配利润。公司与投资者之间的财务关系，反映了经营权与所有权之间的关系。

2.公司与债权人及债务人之间的财务关系

公司的债权人主要包括为公司提供贷款的银行和其他金融机构、公司债券持有者、为公司购货提供商业信用的供应单位等。

公司的债务人主要包括公司持有债券的发行单位、向公司拆借资金的借入单位、公司以商业信用方式提供销售的购买单位等。

公司与债权人及债务人之间的财务关系，体现的是债务与债权关系及债权与债务关系。

3.公司与被投资单位之间的财务关系

这主要是指公司以购买股票或以直接投资的形式向其他单位投资所形成的经济关系。公司向其他单位投资，应按约定履行出资义务，并参与被投资单位的利润分配。公司与被投资单位之间的财务关系，体现的是所有权性质的投资与受资之间的关系。

4.公司与税务机关之间的财务关系

这主要是指公司作为纳税人与国家税务机关所形成的经济关系。公司要按照税法的规定及时、足额地缴纳各种税款，税务机关要依法对公司的纳税情况进行检查监督，以保证国家财政收入的实现。因此，公司与税务机关之间的财务关系，反映的是一种依法纳税和依法征税的法人义务与国家权利的关系。

5.公司内部各单位之间的财务关系

这主要是指公司内部各单位之间在生产经营各环节中相互提供产品或劳务所形成的经济关系。在公司实行内部经济核算制的条件下，各职能部门、各生产单位之间相互提供产品或劳务，要进行计价结算。这种公司内部形成的资金结算关系，体现了公司内部各单位之间的经济利益关系。

6.公司与员工之间的财务关系

这主要是指公司向员工支付劳动报酬所形成的经济关系。员工根据自己的能力为公司提供各种劳动，公司按照员工所提供的劳动数量和质量向员工支付劳动报酬，包括基本工资、奖金和津贴等。这种公司与员工之间的财务关系，体现在对劳动成果的分配关系中。

任务二　掌握公司理财的目标

任务分析

视频动画 1-1

公司理财的目标是指公司进行理财活动所要达到的根本目的，体现了公司的经营目标。它的作用是为公司经营者指明理财活动的方向，也可用来考核、评价公司的经营绩效和经营者的业绩。目前具有代表性的理财目标主要有三种提法，下面分别介绍。

活动1　认识公司利润最大化

利润最大化理财目标是广泛流传的一种观点，以追求最大的利润作为公司理财的最终目标，即利润总额越大越好。这种观点是西方微观经济学的理论基础，西方微观经济学以往都是以利润最大化这一概念来分析和评价公司的行为与业绩的。

在市场经济环境中，投资者出资开办公司的最直接的目的就是获取利润，利润额的大小在一定程度上体现了公司经济效益的高低和股东投资回报的多少，并且利润额指标直观、明确、容易计算，便于分解落实。因此，这种观点最容易被理财人员接受。但是，以利润最大化作为公司理财目标存在如下缺点：

第一，利润最大化中的利润额是一个绝对数，它不能反映所得利润额同投入资本额的关系，因而不能科学地说明经济效益水平的高低，不便于对比分析；

第二，利润最大化没有充分考虑风险因素，容易导致公司经营者不顾风险的大小去追求最大的利润；

第三，利润最大化往往会导致经营者只顾追求公司眼前利润的增加，而不考虑公司的长远发展。

活动2　领会每股利润最大化

每股利润最大化的理财目标是指公司以履行社会责任为前提、提高经济效益为目的，追求每股利润最满意值的理财目标。它以公司实现的利润额与公司股份总数的比值，即每股利润，作为考核公司理财活动的主要指标，能够确切地说明公司的盈利水平，有利于对公司业绩进行评价分析，在一定程度上克服了利润最大化理财目标的缺点。因此，从实用性方面来考虑，公司以每股利润最大化作为理财目标是比较适宜的。

采用每股利润最大化理财目标有如下优点：

第一，公司净利润基本上是公司营业收入与营业成本的差额，而股本是公司的自有资本，因此每股利润反映了公司投入和产出的关系，能较好地考核公司经济效益的水平；

第二，每股利润不仅反映出股东权益的使用效益，也反映出改变资本结构给股东收益带来的影响；

第三，在利用每股利润对公司绩效进行评价时，可以先将年初股东权益按资金的时间价值折算为年末时点上的价值，再与年末股东权益进行对比，能客观地评价股东权益的增值情况；

第四，每股利润最大化理财目标易于理解，便于操作，实用性强。

采用每股利润最大化这一理财目标，应当注意协调股东、债权人、经营者之间的利益关系，避免经济利益过分向股东倾斜；同时注意考虑公司的长远利益，防止追求短期利益的行为。

活动3　探究公司价值最大化

公司价值最大化是指通过公司理财上的合理经营，采用最优的理财政策，充分考虑资金的时间价值和风险与报酬的关系，在保证公司长期稳定发展的基础上使公司总价值达到最大。

公司价值是指公司本身值多少钱。公司虽然不是一般意义上的商品，但也可以自由买卖。要买卖就必须对公司进行市场评估，通过市场评估来确定公司的价值。在评估公司价值时，看重的不是公司已经获得的利润水平，而是公司未来的盈利能力。因此，公司价值不是账面资产的总价值，而是公司资产作为一个整体的市场价值，即公司的有形资产和无形资产总体的市场评估价值。

公司价值最大化的具体内容包括以下几个方面：

第一，强调风险与报酬的均衡，将风险限制在公司可以承担的范围之内；

第二，营造与股东之间的利益协调关系，努力培养长期投资的股东；

第三，关心本公司员工利益，创造优美、和谐的工作环境；

第四，不断加强与债权人的联系，重大理财决策请债权人参加讨论，培养可靠的资金供应者；

第五，关心客户的利益，在新产品的研制和开发上有较高的投入，不断推出新产品来满足客户的要求，以便保持销售收入的长期稳定增长；

第六，讲求信誉，注意公司形象的宣传；

第七，关心政府政策的变化，努力争取参与政府制定政策的有关活动，以便争取出台对自己有利的法规。

由于公司价值最大化是以市场认可的公司价值作为追求的目标，把公司长期稳定发展放在首位，强调满足各相关利益方的要求，因而公司价值最大化目标比利润最大化目标和每股利润最大化目标更加客观、全面。所以，在西方，公司价值最大化目标通常被认为是一个较为合理的理财目标。

我国是一个社会主义市场经济国家，与国外的公司相比，我国的公司应更加强调员工的利益与权力，强调社会财富的积累，强调协调各方面的利益，以实现共同发展和共同富裕。所以，公司价值最大化目标应成为我国现阶段公司理财的最优目标。

公司利润最大化和每股利润最大化这两种理财目标的提法在实际操作中更实用，也较普遍被采用。在理论上，公司价值最大化更科学严谨，但操作不便。实际上，近些年为了适应经济的发展，又出现了企业经济增加值率最大化、企业经济效益最大化、每股市价最大化、企业资本可持续有效增值、资本配置最优化等新的观点，请收集以上观点并加以对比分析。

小知识 1-1

解析公司理财的基本原则

公司理财的基本原则就是公司在规划和控制资金运动过程中所遵循的依据与原则。它是我国市场经济对公司理财的客观要求。

1.自利行为原则。自利行为原则是指公司在进行决策时按照自己的财务利益行事，在其他条件相同的条件下，公司会选择使自己经济利益最大的行动。

2.双方交易原则。双方交易原则是指每一项交易都至少存在两方，在一方根据自己的经济利益决策时，另一方也会按照自己的经济利益行动，并且对方与你一样聪明、勤奋和富有创造力，因此你在决策时要正确预见对方的反应。

3.净增效益原则。净增效益原则是指财务决策建立在净增效益的基础上，一项决策的价值取决于它和替代方案相比所增加的净收益。

4.风险-报酬权衡原则。风险-报酬权衡原则是指风险和报酬之间存在一个对等关系，投资人必须对报酬和风险做出权衡，为追求较高报酬而承担较大风险，或者为减少风险而接受较低的报酬。

5.货币时间价值原则。货币时间价值原则是指在进行财务计量时要考虑货币的时间价值因素。货币的时间价值是指一定量货币资金在不同时点上的价值量差额。

任务三 熟知公司理财的环境

任务分析

任何一种形式的公司都无法脱离其所处的环境而生存。公司理财工作若想达到成功，必须熟知公司的宏观环境和微观环境。任何一种环境因素的变化，都可能给公司理财带来麻烦，但公司财务人员若能合理预测其发展的状况，也会使公司不断地走向成功。下面从宏观和微观两个层面分别介绍。

活动1 认识公司理财的宏观环境

1.政治环境

政治环境是指国家政治形势和政策导向等影响理财的因素。政局稳定、社会安定、国家政策致力于发展经济，势必给理财带来宽松、平稳的社会环境。这是经济建设取得成功的基本保证，对公司生存和发展起着决定性的影响与作用。

2.经济环境

经济环境是指国内经济形势和经济发展趋势等因素，是影响公司经营决策的主要因素。经济环境具体包括经济周期、经济体制、经济结构、资源环境、市场和价格环境、金融市场、财政税收等因素。这些因素会对公司的筹资、投资和利润分配所引起的财务活动产生重大影响。

小知识 1-2

我国的金融机构

金融机构是指专门从事货币信用活动的中介组织。我国的金融机构按地位和功能可分为四大类：

第一类，中央银行，即中国人民银行。

第二类，银行，包括政策性银行和商业银行。

第三类，非银行金融机构，主要包括国有及股份制的保险公司、城市信用合作社、证券公司、财务公司等。

第四类，在境内开办的外资、侨资、中外合资金融机构。

以上各种金融机构相互补充，构成了一个完整的金融机构体系。

3.法律环境

法律环境是指影响公司财务活动的法律法规的总和。这些法律法规包括公司法、企业法、银行法、票据法、税法等规范内资公司、企业、金融机构各种财务活动的法律法规，以及外商投资法等规范外商投资企业各种财务活动的法律法规。

4.技术环境

技术环境是指公司取得先进适用的科学技术的环境与条件。在现代科学技术日新月异，新技术、新设备、新产品层出不穷的形势下，公司理财必须适应这种趋势，适时筹集足够的资金，以满足直接应用于公司生产经营或应用于理财本身，引进、联合开发、自身研制新技术和新设备与开发新产品的需要。

5.国际环境

国际环境是指国际上的政治经济技术形势及发展趋势，包括国际局势、世界经济形势、世界技术水平以及与之相关的国际市场、贸易、金融等诸多因素。公司理财面临的国际环境具体表现为国际筹资活动中各国政治经济制度的差异、限制投资的立法、外汇管制及汇率风险、国际纳税等。公司理财必须及时了解和充分研究国际环境，为公司利用国际金融资本、进入国际市场提供准确信息。

活动2　认识公司理财的微观环境

1.生产经营管理状况

生产经营管理状况是指公司物资采购供应能力、产品生产能力、产品销售能力的大小及管理水平的高低。生产经营管理状况可以通过一系列的实物量指标和价值量指标表示。理财注重的是物资采购供应、产品生产、销售价值量，通过对这些生产经营过程中资金的收支管理，达到理财的目的。

2.理财能力

理财能力是指公司的聚财、用财与生财的能力。聚财能力是指选择筹资渠道、方式、数量等有关资金筹集以及信用状况等方面的综合实务；用财能力是指使用固定资产与流动资产，确定资本结构及水平、资金周转、偿债及催收等方面的能力；生财能力集中表现为现金流入、利润水平及增长速度等。

3.理财组织结构

理财组织结构是指直接从事和组织领导理财工作的职能部门组成情况，包括各职能部门的设置及相互间的理财职责分工和组织程序。

理财组织结构的建立要有利于形成公司内部的金融环境，如组建内部银行、财务公司、项目融资等机构；要有利于公司生产经营各职能部门或环节之间的财务活动高效、顺利进行；要有利于公司经营战略的实施，实现生产经营管理和理财的科学化。

4.理财人员素质

理财人员素质这里主要指业务素质，在业务上要掌握理财知识，熟悉有关法律法规，懂政策，具备财务决策能力和应对公司外部宏观环境变化的能力。同时，公司领导必须树立和强化理财意识，借助理财这一综合性管理方法，提高公司生产经营管理的效率。

情境模拟

场景：假设你是一个企业的创办者，如何正确处理好公司理财过程中的财务关系？

操作：（1）根据实际情况安排一些同学分组，以其中一组拟成立一家公司为核心，在公司成立、筹资、投资等各环节进行模拟操作；

（2）小组负责人指挥团队，协调做好公司成立之初的工作；

（3）其他各组以各自企业经营目标为出发点配合其工作；

（4）最后核心公司形成一份公司财务计划书；

（5）分组讨论财务计划书的合理性。

实践训练

一、单项选择题

1.就企业理财活动而言，（　　）是企业可以改变的。

A.国家宏观经济政策　　　　　　　　B.金融市场环境

C.国家税务法规　　　　　　　　　　D.企业生产经营销售状况

2.企业在资金运动过程中与各方面发生的（　　）是企业的财务关系。

A.货币关系　　　B.往来关系　　　C.结算关系　　　D.经济利益关系

3.企业向国家缴纳税金的财务关系，在性质上属于（　　）关系。

A.资金结算　　　B.资金融通　　　C.资金分配　　　D.资金借贷

4.（　　）是比较理想的公司理财目标。

A.利润最大化　　　　　　　　　　　B.每股收益最大化

C.每股现金流量最大化　　　　　　　D.企业价值最大化

5.相对于每股利润最大化目标而言，企业价值最大化目标的不足之处是（　　）。

A.没有考虑资金的时间价值

B.没有考虑投资的风险

C.不能反映企业潜在的盈利能力

D.不能直接反映企业当前的盈利水平

6.下列各项中，不能协调所有者与债权人之间矛盾的方式是（　　）。

A.市场对公司强行接收或吞并

B.债权人通过合同实施限制性借款

C.债权人停止借款

D.债权人收回借款

二、多项选择题

1.企业资金运动过程的各阶段总是与一定的财务活动相对应，企业的财务活动包括（　　）。

　　A.筹资活动　　　　　B.资金营运活动　　　C.投资活动　　　　　D.分配活动

2.下列各项中，属于企业财务关系的有（　　）。

　　A.企业内部各单位之间的财务关系　　　　B.企业与职工之间的财务关系

　　C.企业与受资者之间的财务关系　　　　　D.企业与税务机关之间的财务关系

3.税收对公司理财的影响主要体现在（　　）等方面。

　　A.企业筹资活动　　　　　　　　　　　　B.企业经营活动

　　C.企业利润分配　　　　　　　　　　　　D.企业信用政策

4.企业的权益资金包括（　　）。

　　A.内部留存收益　　　　　　　　　　　　B.发行的未到转股期的可转换债券

　　C.吸收的直接投资　　　　　　　　　　　D.发行股票所筹集的资金

5.将利润最大化作为企业理财目标的弊端是（　　）。

　　A.没有考虑利润与现金的关系　　　　　　B.没有考虑企业的可持续发展

　　C.没有考虑货币的时间价值　　　　　　　D.没有考虑盈利能力和财务风险的关系

6.影响企业理财的经济环境因素主要有（　　）。

　　A.经济体制　　　　　B.经济周期　　　　　C.经济发展水平　　　D.经济政策

7.金融市场包括（　　）。

　　A.外汇市场　　　　　B.货币市场　　　　　C.资本市场　　　　　D.黄金市场

8.下列各项中，属于企业资金营运活动的有（　　）。

　　A.采购原材料　　　　B.销售商品　　　　　C.购买国库券　　　　D.支付利息

9.下列各项中，可用来协调公司债权人与所有者矛盾的方法有（　　）。

　　A.规定借款用途　　　　　　　　　　　　B.规定借款的信用条件

　　C.要求提供借款担保　　　　　　　　　　D.收回借款或不再借款

10.下列各项中，属于企业筹资引起的财务活动的有（　　）。

　　A.偿还借款　　　　　B.购买机器设备　　　C.支付股票股利　　　D.提取盈余公积

11.在下列各项中，属于公司理财的金融环境内容的有（　　）。

　　A.利息率　　　　　　B.公司法　　　　　　C.金融工具　　　　　D.税收法规

三、判断题

1.公司的财务关系是指公司与外部各单位的财务关系。　　　　　　　　　　（　　）

2.盈利的公司不可能破产。　　　　　　　　　　　　　　　　　　　　　　（　　）

3.以公司价值最大化作为公司理财目标，有利于社会资源的合理配置。　　（　　）

4.民营企业与政府之间的财务关系体现为一种投资与受资的关系。　　　　（　　）

5.公司理财环境是指对公司理财活动产生影响的企业各种外部条件的统称。（　　）

6.向工人支付工资属于企业资金活动的分配阶段。　　　　　　　　　　　（　　）

7.权益资金是可供企业无偿使用的资金。 (　　)

8.公司理财涉及企业各个方面,是企业管理的核心。 (　　)

9.法律环境因素对企业理财活动的影响主要体现在企业的产权组织形式和税收两个方面。 (　　)

10.金融市场就是有价证券市场。 (　　)

11.企业与政府的财务关系表现在投资与分配的关系。 (　　)

四、分析题

试分析宏观环境和微观环境对公司理财的影响。

项目二 编写筹资方案说明书

学习目标

【知识目标】

　　明确资金时间价值各要素的实质意义，掌握并熟练运用公式；掌握资金成本的概念、构成和作用，并能计算各种不同类型的资金成本；掌握最佳资本结构的衡量方法；掌握债券、股票等筹资方式的分类、基本要素及优缺点；掌握长期借款、融资租赁等筹资方式的分类、基本要素及优缺点。

【能力目标】

　　能够独立分析企业日常经营以及个人日常生活中和货币时间价值有关的实际问题；能够独立计算企业各种筹资方式的资金成本以及综合资金成本；能够运用资金成本的概念和计算方法进行筹资决策并据以确定公司最佳资本结构；能够结合债券、股票等筹资理论，初步分析证券市场行情；能够结合长期借款等筹资理论对公司借款方案的合理性进行分析。

引　例

两个好朋友的书店经营

　　Michael和Jack这对好朋友经营一家小型的书店已经一年多了。在这一年多中，两人因经营理念上的分歧而经常争吵。终于，将近400天的两人合作的日子结束了。

　　Michael从这家书店的股份中撤离出来，在另外一座城市重新开了一家书店。对于刚刚单干的Michael来说，所有的工作都要从头开始，困难重重是在Michael的意料之中的。不过在书店开业之前，Michael就将开书店遇到的最大的难题顺利地解决了。他将自己家的房产作为抵押，从当地银行取得了一笔数目可观的中短期贷款。Michael利用这笔资金对书店进行了装修，还垫支了购书款，就这样书店开始营业了。虽然书店的生意很不错，但贷款的高利息使Michael感到偿债风险给书店经营带来了压力。于是，Michael开始游说身边的朋友和亲属，请他们以担任书店的股东的形式进行投资。在Michael的努力下，书店相继接受了几位朋友的投资，并约定书店的所有经营事项均由Michael来决定。在吸收了大量的股本的条件下，Michael开始大刀阔斧地经营起这家书店。没过两年，Michael 就利用同样的方法将先后多次从银行、股东融资来的款项进行再投资，并顺利地在当地开了 3 家连锁店。Michael 的生意可以说是蒸蒸日上。

相反，与 Michael 经营理念不同的 Jack 一直守着当初两人初建的那家书店，靠着每天那点可怜的营业额度日。在 Jack 看来，与其过着风风雨雨的日子，还不如守着清淡的生意过活，虽然不富裕，但生活得倒也自在。当然，以 Jack 这种经营理念来推理，他的书店是不可能再扩大经营规模，更谈不上开连锁店了。

虽然 Michael 和 Jack 都过着令自己满意的生活，但他们毕竟正在经营着企业。既然书店作为企业存在于经济社会中，就必须遵照企业的目标去运作。如果 Jack 以后依旧持不融资、不扩张的经营态度，长此以往，迟早可能会被其他同行吃掉的。

资料来源　作者根据相关资料编写.

这个引例的含义当然是很丰富的，人们可以从生活态度、价值观念等多个角度来思考。从企业理财的角度来看，这个引例也具有启发意义。绝大多数企业的开办者都想通过各种途径扩大企业的经营规模，以达到占领市场的目的。当然作为主要支撑的工具——资金就成了达到这个目的的最重要的因素之一。

从这个引例中不难看出，Michael 在数次筹资过程中均做了大量的准备性工作。在此期间他至少考虑了以下几项内容：

（1）筹资过程中需要支付的利息是如何计算的。

（2）多种方式的筹资成本是如何测算出来的，投资的回报是否能够补偿筹资成本，在此基础上是否有盈余。

（3）筹资过程中，选择代价相对较低、财务风险相对较大的债务融资还是选择代价相对较高、财务风险相对较小的权益融资。

任务一　计算利息

任务分析

货币资金时间价值是指一定量货币资金在不同时点上的价值量差额。货币资金时间价值可以用绝对数表示，也可以用相对数表示，即以利息额或利息率来表示。例如，将 1 000 元存入银行，年利率为 2%，一年期满后，从银行取出 20 元利息，年利率 2% 和 20 元都是货币资金时间价值。在实际理财活动中，货币资金时间价值通常以利息率来表示。一般来说，货币资金时间价值相当于没有风险也没有通货膨胀情况下的社会平均利润率。

货币资金时间价值的计算涉及两个重要的概念，即现值和终值。现值又称本金，是指货币资金现在的价值，也是未来某一时点上的一定量货币折算到现在时点上的价值或现时收付款的价值；终值又称将来值，是指现在一定量货币在未来某一时点上的价值量，通常称本利和。计算货币资金时间价值的方法有单利法和复利法两种，下面就分别按这两种方法来介绍有关货币资金时间价值的计算。

活动1　单利的计算

2017年4月1日，王同学在中国工商银行申请开设定期存款账户，并一次性存入人民币10 000元，当时银行2年定期整存整取储蓄年利率为4%，则2019年4月1日，王同学应该得到的利息是多少？2年后王同学从银行拿到的本利和（即终值）是多少？如果王同学打算2年后从银行拿到本利和为15 000元，那么他应该一次性存入银行（即现值）多少元？

王同学应该得到的利息=10 000×4%×2=800（元）

2年后王同学从银行拿到的本利和=10 000+10 000×4%×2=10 800（元）

如果王同学打算2年后从银行拿到本利和为15 000元，那么他应该一次性存入银行：

15 000÷（1+4%×2）=13 888.89（元）

活动2　复利的计算

复利计算法就是逐期将利息并入本金再计算下一期利息的方式，俗称利滚利。我们称相邻两次计息的时间间隔为计息期，如按全年计息、半年计息、季度计息以及按月计息等。除非特别指明，计算期一般以年为单位。半年利率是由年利率除以2得到的；季度利率是由年利率除以4得到的；月利率是由年利率除以12得到的。

视频动画2-1

【例2-1】2017年6月10日，海光公司从大成投资公司取得一笔贷款，金额为100 000元，复利计息，双方约定的贷款年利率为5%，贷款期限为5年，到期一次还本付息。则2022年6月10日，海光公司将归还贷款给大成投资公司的本利和为多少？

分析：在解决本案例中的问题之前，需要从案例描述中准确确定几个关键词。它们分别是：100 000元；复利；年利率5%；5年；一次还本付息。从描述中可以了解到，本案例需要求解的是一项复利终值。

小知识 2-1

复利终值是指一定量的本金按复利计算若干期后的本利和。复利终值的计算公式为：

$$F = P \times (1+i)^n$$

其中，$(1+i)^n$被称为复利终值系数，用符号（F/P，i，n）表示，如（F/P，10%，5）表示年利率为10%的5年期复利终值系数。因此，复利终值公式也可以表示为：$F = P \times (F/P，i，n)$。

复利终值系数可以直接查阅"复利终值系数表"获得（见附表1）。

解答：

根据公式，计算过程如下：

F=100 000×（F/P，5%，5）

查"复利终值系数表"，（F/P，5%，5）=1.2763

F=100 000×1.2763=127 630（元）

因此，海光公司将归还贷款给大成投资公司的本利和为127 630元。

【例2-2】海光公司做出了一项为期2年的固定资产投资，经有关部门测算，项目投资总额共需2 000 000元。该项目由建达建筑工程公司承担全部业务，双方签订的工程施工合同中要求海光公司在施工开始时即2019年5月8日，便一次性支付全部工程款。如果按复利计息，当时市场平均年利率为4%，在不考虑其他因素的情况下，海光公司应一次性支付给建达建筑工程公司多少款项？

分析：在解决本案例的过程中，需要明确的是，海光公司的这项固定资产投资总额2 000 000元是2年后的货币资金量，是复利终值。所以案例所要求解的一次性支付款的金额可以理解为复利现值。该案例可以概括为已知复利终值求复利现值。

小知识 2-2

复利现值是指未来某一特定时间收到或付出的一笔货币资金量，可以理解为按复利计算的现在价值，或者说是为取得将来一定的本利和，现在所需要的本金。复利现值的计算是复利终值的逆运算，计算公式为：

$$P = F \times (1+i)^{-n}$$

其中，$(1+i)^{-n}$ 被称为复利现值系数，用符号（P/F，i，n）表示，如（P/F，10%，5）表示年利率为10%的5年期复利现值系数。因此，复利现值公式也可以表示为：P=F×（P/F，i，n）。

复利现值系数可以直接查阅"复利现值系数表"获得（见附表2）。

解答：

根据公式，计算过程如下：

P=2 000 000×（P/F，4%，2）

查"复利现值系数表"，（P/F，4%，2）=0.9246

P=2 000 000×0.9246=1 849 200（元）

因此，在不考虑其他因素的情况下，海光公司应一次性支付给建达建筑工程公司1 849 200元。

活动3　年金的计算

年金是指一定期间内每期等额收付的系列款项，用符号A表示，如折旧、利息、保险费、养老金的发放、分期支付工程款等通常表现为年金形式。年金按其收付款的次数和时间可分为普通年金、预付年金、递延年金和永续年金4种。年金是和复利相联系的，年金的终值、现值都以复利的终值、现值为基础进行计算。普通年金以外的各种形式的年金，都是普通年金的转化形式。

1.普通年金

【例2-3】2019年8月4日，凯胜房地产公司经营一幢位于某市繁华地段的高档写字楼，该公司打算将这幢写字楼裙楼商铺的使用权进行出租，租期为10年。目前有甲、乙两家企业最具有能力租下商铺。甲公司的付款方案是：从取得使用权第1年开始，每年向凯胜房地产公司支付租金10 000 000元，直到10年租期结束。乙公司的租金支付方案为：在取得使用权时，一次性预付租金40 000 000元，在8年后再付给凯胜房地产公司60 000 000元。假设年投资回报率为15%，则凯胜房地产公司应该将商铺出租给哪家公司？

分析：解决上述问题的关键，就是要比较甲、乙两家公司支付给凯胜房地产公司租金总额的大小。但由于两家公司支付租金的时间不同，因此不能直接比较，而应比较这些租金在第10年终值的大小。

小知识 2-3

普通年金终值是指一定时期内每期期末等额收付的系列款项的复利终值之和，如零存整取的本利和。

利用复利终值公式，可以计算出普通年金的每期收付款项的终值，然后相加即得出普通年金终值。由于计算过程比较复杂，所以这里直接给出经过推导之后的普通年金终值计算公式：

$$F_A = A \times \frac{(1+i)^n - 1}{i}$$

其中，$\frac{(1+i)^n - 1}{i}$ 称为年金终值系数，记作 $(F/A, i, n)$。

年金终值系数可以通过直接查阅"年金终值系数表"（见附表3）获得。

解答：

甲公司支付给凯胜房地产公司的租金可以被看成普通年金的形式，根据公式计算其终值如下：

$F_A = 10\ 000\ 000 \times (F/A, 15\%, 10)$

　　$= 10\ 000\ 000 \times 20.304$

　　$= 203\ 040\ 000$（元）

乙公司的付款方案对凯胜房地产公司来说是两笔收款，应分别计算其终值：

第一笔款项的终值：

$F_A = 40\ 000\ 000 \times (F/P, 15\%, 10)$

　　$= 40\ 000\ 000 \times 4.0456$

　　$= 161\ 824\ 000$（元）

第二笔款项的终值：

$F_A = 60\ 000\ 000 \times (F/P, 15\%, 2)$

　　$= 60\ 000\ 000 \times 1.3225$

　　$= 79\ 350\ 000$（元）

两笔款项的终值合计:

161 824 000+79 350 000=241 174 000（元）

由上述计算过程可知,甲公司支付的租金终值小于乙公司支付的租金终值,凯胜房地产公司应将商铺出租给乙公司。

【例2-4】2019年5月9日,京飞公司与海达公司签订协议,京飞公司在没有其他特殊情况发生的前提下,于5年后一次性偿还借款给海达公司,金额为15 000 000元。为此,京飞公司建立偿债基金账户,假设年利率为10%。请问京飞公司每年应等额存入该账户的金额是多少?

分析:首先,在解决该问题的过程中,确定需要偿还的这笔款项的属性是终值还是现值为关键所在;其次,"每年年末应等额存入"预示着应该使用与普通年金相关联的知识来解答该问题。通过分析可知,本案例需要解决的是已知年金终值、期数、利率,求普通年金的金额。

小知识 2-4

偿债基金是指为了在约定的未来某一时点清偿某笔债务或为积聚一定数额的资金而必须分次等额提取的存款准备金。由于每次提取的等额存款准备金类似年金存款,因而同样可以获得按复利计算的利息,所以债务总额实际上等于年金终值,每年提取的偿债基金等于年金A。也就是说,偿债基金的计算实际上是年金终值的逆运算。其计算公式为:

$$A = F_A \times \frac{i}{(1+i)^n - 1}$$

其中, $\frac{i}{(1+i)^n - 1}$ 称为偿债基金系数,记作（A/F, i, n）。

偿债基金系数可以把年金终值折算为每年需要支付的金额,该系数可以制成表格备查,亦可根据年金终值系数求倒数确定。

解答:

根据公式计算如下:

$$A = 15\,000\,000 \times \frac{10\%}{(1+10\%)^5 - 1}$$

$$= 15\,000\,000 \times \left[\frac{(1+10\%)^5 - 1}{10\%}\right]^{-1}$$

$$= 15\,000\,000 \times \frac{1}{6.1051}$$

$$= 2\,456\,962\,(元)$$

京飞公司每年应等额存入偿债基金账户的金额是2 456 962元,这样在5年后可一次性偿还借款15 000 000元给海达公司。

【例2-5】2019年8月1日,海达公司准备购买一套100平方米的房产作为办事处,该房产市场价格为10 000元/平方米。房地产开发商要求支付房款的方式有两种:

第一种是购房时首期支付 500 000 元，然后分 6 年每年年末支付 150 000 元；第二种是购房时一次性支付全额房款。海达公司在这两种支付房款的方式中应该如何选择？（假设年利率为 8%）

分析：解决该问题的关键便是先计算出第一种付款方式的现值之和，然后同一次性付款的金额相比较，最终应选取额度较小的方案来付款。

小知识 2-5

普通年金现值是指一定时期内每期期末等额收付的系列款项的复利现值之和。利用复利现值公式，计算出普通年金每期收付款项的现值，然后相加即得普通年金现值。由于这样计算过程比较复杂，所以这里直接给出经过推导之后的普通年金现值的计算公式：

$$P_A = A \times \frac{1-(1+i)^{-n}}{i}$$

其中，$\frac{1-(1+i)^{-n}}{i}$ 称为年金现值系数，记作 (P/A, i, n)。

普通年金现值系数可以直接查阅"年金现值系数表"（见附表4）获得。

解答：

根据公式计算如下：

P_A＝150 000×（P/A，8%，6）

　　＝150 000×4.6229

　　＝693 435（元）

海达公司按照第一种付款的方式支付给房地产开发商的房款现值为：

500 000+693 435＝1 193 435（元）

海达公司按照第二种付款的方式一次性支付给房地产开发商的房款为：

10 000×100＝1 000 000（元）

通过对两种房款支付方式的现值比较，海达公司应该选择第二种付款方式购买这套房产。

【例2-6】2019 年 9 月 10 日，广兴公司从某投资公司取得 10 000 000 元的贷款。贷款合同中规定广兴公司在未来的 10 年内以年利率 20% 等额偿还。则广兴公司每年应付的金额为多少？

分析：本案例所要求解的问题便是已知年金现值 P，求年金 A。

小知识 2-6

年资本等额回收额是指在约定年限内等额回收初始投入资本或清偿所欠债务的金额。年资本等额回收额的计算实际上是已知普通年金现值，求年金。

解答：

根据公式计算如下：

$$A = 10\,000\,000 \times \frac{20\%}{1 - (1 + 20\%)^{-10}}$$

$$= 10\,000\,000 \times \frac{1}{(P/A, 20\%, 10)}$$

$$= 10\,000\,000 \times \frac{1}{4.1925}$$

$$= 2\,385\,212(元)$$

广兴公司每年应付的金额为 2 385 212 元。

2.预付年金

预付年金是指一定时期内每期期初等额预付的系列款项，又称先付年金或即付年金。预付年金与普通年金的区别仅在于付款时间的不同。由于普通年金是最常用的，因此年金终值和年金现值系数表是按普通年金编制的。利用普通年金系数表计算预付年金的终值和现值时，可在普通年金的基础上利用终值和现值的计算公式进行调整。

【例2-7】广兴公司投资建造一幢写字楼，该项目需要每年初投入资金 5 000 000 元，共投资 5 年，假定年利率为 8%，则 5 年后预付年金的终值是多少？

分析：该案例已知预付年金求终值，其他条件均具备，只要套用相关公式便可得出答案。

小知识 2-7

预付年金终值是指一定时期内每期期初等额预付的系列款项的复利终值之和。预付年金终值与普通年金终值之间的关系，是 n 期数加 1（终值）的关系。利用普通年金终值公式可推导如下两个预付年金终值的计算公式：

$F_A = A \times (F/A, i, n) \times (1+i)$

或：

$F_A = A \times [(F/A, i, n+1) - 1]$

其中，$(F/A, i, n+1) - 1$ 称为预付年金终值系数。

预付年金终值系数可利用"年金终值系数表"查得（n+1）期的值，减去 1 后得出。

解答：

根据公式计算如下：

$F_A = 5\,000\,000 \times [(F/A, 8\%, 5+1) - 1]$

$\quad = 5\,000\,000 \times (7.3359 - 1)$

$\quad = 31\,679\,500（元）$

5 年后预付年金的终值是 31 679 500 元。

【例2-8】兴达公司采用分期付款的方式购入生产设备一套，于每年年初付款 20 000 元，分 10 年付清。若年利率为 6%，该项分期付款相当于一次性现金支付的购买价是多少？

分析：该案例已知预付年金求现值，其他条件均具备，只要套用相关公式便可得出答案。

预付年金现值是指一定时期内每期期初等额预付的系列款项的复利现值之和。预付年金现值与普通年金现值之间的关系，是 n 期数减 1 的关系。利用普通年金现值公式可推导如下两个预付年金现值的计算公式：

$P_A = A \times (P/A, i, n) \times (1+i)$

或：

$P_A = A \times [(P/A, i, n-1) + 1]$

其中，$(P/A, i, n-1) + 1$ 称为预付年金现值系数。

预付年金现值系数可利用"年金现值系数表"查得（n-1）期的值，加上 1 后得出。

解答：

据公式计算如下：

$P_A = 20\,000 \times [(P/A, 6\%, 10-1) + 1]$

$\quad = 20\,000 \times (6.8017 + 1)$

$\quad = 156\,034$（元）

该项分期付款相当于一次性现金支付的购买价是 156 034 元。

3.递延年金

递延年金是指第一次收付款发生时间不在第一期末，而是隔若干期后才开始发生的系列等额收付款项。它是普通年金的特殊形式，凡不是从第一期开始的普通年金都是递延年金。递延年金的计算包括递延年金终值和递延年金现值的计算。

【例2-9】海达公司拟购买一套生产流水线，生产商提出了3个付款方案：方案一是从现在起10年内每年年末支付100 000元；方案二是从现在起10年内每年年初支付90 000元；方案三是前3年不支付，第4年起到第10年每年年末支付160 000元。假设按银行贷款年利率10%复利计息，若采用终值形式比较，哪一种付款方式对海达公司有利？

分析：本案例中的不同购买方案涉及此前介绍的3种终值的计算，它们分别是普通年金终值计算、预付年金终值计算和递延年金终值计算。将求解出的3个方案所涉及的不同终值进行比较，结果便显而易见。

递延年金的终值计算与普通年金终值计算一样，只是要注意期数。其计算公式如下：

$F_A = A \times (F/A, i, n)$

其中，n 表示的是 A 的个数，与递延期无关。

解答：

根据相关公式计算如下：

方案一：

F_A＝100 000×（F/A，10%，10）

　＝100 000×15.937

　＝1 593 700（元）

方案二：

F_A＝90 000×［（F/A，10%，10+1）－1］

　＝90 000×（18.531－1）

　＝1 577 790（元）

方案三：

F_A＝160 000×（F/A，10%，7）

　＝160 000×9.4872

　＝1 517 952（元）

经过对3个结果的对比，选用方案三对购买者有利。

【例2-10】海达公司向银行借入一笔款项，银行贷款的年利率为10%，每年复利一次。银行规定前10年不用还本付息，从第11年至第20年每年年末偿还本息5 000元。求借入这笔款项的现值。

分析：本案例计算的是递延年金的现值。

小知识 2-10

递延年金现值的计算

计算方法一：

先将递延年金视为n期普通年金，求出在第m期的普通年金现值，然后再采用求解复利现值的计算方法将此普通年金现值折现到第1期的期初：

P_0＝A×（P/A，i，n）×（P/F，i，m）

其中，P_0为递延年金现值；m为递延期；n为连续收支的期数。（下同）

计算方法二：

先计算m+n期年金现值，再减去m期年金现值：

P_0＝A×［（P/A，i，m+n）－（P/A，i，m）］

计算方法三：

先求递延年金终值，再折现为现值：

P_0＝A×（F/A，i，n）×（P/F，i，m+n）

解答：

本案例的计算可以套用上述3种不同的计算方法进行求解，现采用前两种方法进行计算，第3种方法留作课后测算核对。

方法一：

$P_0=A \times (P/A, 10\%, 10) \times (P/F, 10\%, 10)$

$= 5\,000 \times 6.1446 \times 0.3855$

$= 11\,844$（元）

方法二：

$P_0=A \times [(P/A, 10\%, 10+10) - (P/A, 10\%, 10)]$

$= 5\,000 \times (8.5136-6.1446)$

$= 11\,845$（元）

两种计算方法相差1元，是由折现系数本身的误差造成的。

4.永续年金

永续年金是指无限期等额收付的特种年金，可视为普通年金的特殊形式，即期限趋于无穷的普通年金。

由于永续年金持续期无限，没有终止的时间，因此没有终值，只有现值。通过普通年金现值的计算，可推导出永续年金现值的计算公式为：$P=A/i$。

【例2-11】归国华侨邵先生为了支援家乡建设，在祖籍所在的一所大学设立奖学金。该奖学金每年发放一次，奖励该学校各专业每学年学习成绩最优秀的同学3 000元。奖学金基金保存在当地中国工商银行分行。银行一年的定期存款利率为3%。问邵先生要一次性投入多少资金作为奖励基金？（该校设10个专业）

解答：

由于该校设10个专业，每年需要拿出奖学金的额度即为30 000元。另外，该奖学金性质是一项永续年金，所以其现值可计算如下：

$30\,000 \div 3\% = 1\,000\,000$（元）

也就是说，邵先生要存入1 000 000元作为基金，才能保证这一奖学金的成功运行。

活动4　利率的计算

1.复利计息方式下的利率计算

复利计息方式下，利率与现值（或终值）系数之间存在一定的数量关系。已知现值（或终值）系数，则可以通过内插法计算对应的利率。

$$i = i_1 + \frac{B - B_1}{B_2 - B_1} \times (i_2 - i_1)$$

其中，所求利率为i；i对应的现值（或终值）系数为B；B_1、B_2为现值（或终值）系数表中B相邻的系数；i_1、i_2为B_1、B_2对应的利率。

（1）若已知复利现值（或终值）系数B以及期数n，可以查"复利现值（或终值）系数表"，找出与已知复利现值（或终值）系数最接近的两个系数及其对应的利率，按内插法公式计算利率。

【例2-12】王先生从儿子那里一次性得到养老金60 000元，他目前不想将这笔钱花掉，于是便将这笔款项存入银行。王先生预计，如果20年后这笔款项连本带利达到300 000元，那就可以解决自己的养老问题。问银行存款的年利率为多少时王先生的预计才能实现？

分析：案例中 300 000 元为复利终值，60 000 元为复利现值，已知 n=20，求解 i。在计算过程中应注意复利终值除以复利现值之后的结果便是复利终值系数，不过这个系数能在"复利终值系数表"中被直接找到的概率是很低的。在这种情况下，需要在系数表中找到与该结果相邻的两个已知数值，并结合内插法求出该系数对应的利率。

解答：

60 000×（F/P，i，20）=300 000

（F/P，i，20）=5，即（1+i）^{20}=5

通过查"复利终值系数表"可得：

当 i=8% 时，（1+8%）^{20}=4.6610

当 i=9% 时，（1+9%）^{20}=5.6044

所以，i 应该在 8% 和 9% 之间，代入公式可得：

$$i = 8\% + \frac{5 - 4.6610}{5.6044 - 4.6610} \times (9\% - 8\%)$$

解得：i = 8.36%

银行存款的年利率为 i=8.36% 时，王先生的预计才能实现。

（2）若已知年金现值（或终值）系数 B 以及期数 n，可以查"年金现值（或终值）系数表"，找出与已知年金现值（或终值）系数最接近的两个系数及其对应的利率，按内插法公式计算利率。计算、分析方法和过程同上。

2.名义利率与实际利率

复利的计息期可以是年、季、月或日。当利息在 1 年内要复利几次时，给出的年利率就叫名义利率，而每年只复利一次的年利率为实际利率。

名义利率和实际利率的换算公式如下：

$$i = \left(1 + \frac{r}{m}\right)^{m} - 1$$

其中，i 为实际利率；r 为名义利率；m 为每年复利计息的次数。

【例 2-13】年利率为 12%，按季度复利计息，则实际利率为多少？

解答：

i=（1+r/m）^{m}-1=（1+12%/4）^{4}-1=1.1255-1=12.55%

年利率为 12%，按季度复利计息条件下的实际利率为 12.55%。

任务二　筹资方式分析

任务分析

资金是企业生存和发展的必要条件。企业筹资是指企业根据其生产经营、对外投资以及调整资金结构等需要，通过一定的渠道，采取适当的方式，获取所需资金的一种行为。筹集资金既是保证企业正常生产经营的前提，又是谋求企业发展的基础。筹资工作做得好，不仅能降低资金成本，给经营或投资创造较大的可行或有利的空间，而且能降低财务风险，提高企业经济效益。筹集资金是企业资金运动的起点，会影响乃至决定企业资金运动的规模及效果。企业的经营管理者必须把握企业何时需要资金、需要多少资金、以何种合理的方式取得资金。

视频动画2-2　　企业筹集的资金按照资金的来源渠道不同，可分为权益资金筹资和负债资金筹资。权益资金筹资或称为自有资金筹资，是指企业通过吸收直接投资、发行股票、内部积累等方式筹集资金。负债资金筹资或称为借入资金筹资，是指企业通过向银行借款、发行债券、融资租赁、商业信用等方式筹集的资金。

　　筹资方式是指企业筹集资金所采用的具体形式。目前我国企业的筹资方式主要有以下几种：吸收直接投资、发行股票、利用留存收益、向银行借款、发行公司债券、融资租赁、利用商业信用。

活动1　吸收直接投资分析

　　吸收直接投资，即企业按照"共同投资、共同经营、共担风险、共享利润"的原则直接吸收国家、法人、个人等投入资金的一种筹资方式。

　　1.吸收直接投资的渠道

　　企业可以通过吸收直接投资的方式筹集资金，其渠道包括吸收国家投资、吸收法人投资、吸收个人投资、吸收外商投资四种。

　　2.吸收直接投资时，投资者的出资方式

　　企业在采用吸收直接投资方式筹集资金时，投资者可以用现金、厂房、机器设备、材料物资、无形资产等作价出资。出资方式主要有以下几种：①以现金出资；②以实物出资；③以工业产权出资；④以土地使用权出资等。

　　3.吸收直接投资的优点

　　（1）有利于增强企业信誉。吸收直接投资所筹集的资金属于自有资金，能增强企业的信誉和借款能力，对扩大企业经营规模、壮大企业实力具有重要作用。

　　（2）有利于尽快形成生产能力。吸收直接投资可以直接获取投资者的先进设备和先进技术，有利于尽快形成生产能力，尽快开拓市场。

　　（3）有利于降低财务风险。吸收直接投资可以根据企业的经营状况向投资者支付报酬，企业经营状况好，可向投资者多支付一些报酬，企业经营状况不好，则可不向投资者支付报酬或少支付报酬，报酬支付较为灵活，所以财务风险较小。

　　4.吸收直接投资的缺点

　　（1）资金成本较高。一般而言，采用吸收直接投资的方式筹集资金所需负担的资金成本较高，特别是企业经营状况较好和盈利较多时更是如此。因为向投资者支付的报酬是根据其出资的数额和企业实现利润的比率来计算的。

　　（2）容易分散企业控制权。采用吸收直接投资的方式筹集资金，投资者一般都要求获得与投资数量相适应的经营管理权，这是企业接受外部投资的代价之一。如果外部投资者的投资较多，则投资者会有相当大的管理权，甚至会对企业实行完全控制，这是吸收直接投资的不利因素。

活动2 发行股票分析

发行股票，即股份有限公司通过发行股票筹集权益性资本的一种筹资方式。股票是股份有限公司为筹集主权资金而发行的有价证券，是持股人拥有公司股份的凭证，表示持股人在股份有限公司中拥有的权利和应承担的义务。

股票按股东权利和义务的不同，有普通股和优先股之分。

1.普通股筹资

普通股是股份有限公司发行的具有管理权而股利不固定的股票，是股份制企业筹集权益资金的最主要的方式。

（1）普通股的特点。

①普通股股东对公司有经营管理权。

②普通股股东对公司有盈利分享权。

③普通股股东有优先认股权。

④普通股股东有剩余财产要求权。

⑤普通股股东有股票转让权。

（2）普通股筹资的优点。

①能增加股份有限公司的信誉。普通股筹资能增加股份有限公司主权资金的比重，较多的主权资金为债务人提供了较大的偿债保障，这有助于提高公司的信誉，有助于增加公司的举债能力。

②能减少股份有限公司的风险。普通股既无到期日，又无固定的股利负担，因此不存在不能偿付的风险。

③能增强公司经营的灵活性。普通股筹资比发行优先股或债券的限制少，它的价值较少因通货膨胀而贬值，普通股资金的筹集和使用都较灵活。

（3）普通股筹资的缺点。

①资金成本较高。发行普通股的资金成本一般高丁债务资金，因为普通股股东期望报酬高，又因为股利要从税后净利润中支付，且发行费用也高于其他证券。

②新股东的增加，导致分散和削弱原股东对公司的控股权。

③新股东的增加，有可能降低原股东的收益水平。

2.优先股筹资

优先股是股份有限公司发行的具有一定优先权的股票。它既具有普通股的某些特征，又与债券有相似之处。从法律上讲，企业对优先股不承担还本义务，因此它是企业自有资金的一部分。

（1）优先股的特点。

优先股的特点是较普通股有某些优先权利，但有一定限制，其"优先"表现在：

①优先分配股利权。优先股股利的分配在普通股之前，其额度是固定的。

②优先分配剩余财产权。当企业清算时，优先股的剩余财产请求权位于债权人之后，但位于普通股之前。

（2）优先股筹资的优点。

①没有固定的到期日，不用偿还本金。

②股利支付率虽然固定，但无约定性。当公司财务状况不佳时，也可暂不支付，不像债券到期后无力偿还本息，就有破产风险。

③优先股属于自有资金，能增强公司信誉及借款能力，又能保持原普通股股东的控制权。

（3）优先股筹资的缺点。

①资金成本高。优先股股利要从税后利润中支付，股利支付虽无约定性且可以延时，但终究是一种较重的财务负担。

②优先股较普通股限制条款多。

活动3　留存收益筹资分析

留存收益是指企业按规定从税后利润中提取的盈余公积金、根据投资人意愿和企业具体情况留存的应分配给投资者的未分配利润。利用留存收益筹资是指企业将留存收益转化为投资的过程，它是企业筹集权益性资本的一种重要方式。留存收益也是权益资金的一种，是指企业的盈余公积、未分配利润。与其他权益资金相比，留存收益的取得更为主动简便，它不需做筹资活动，又无筹资费用，因此这种筹资方式既节约了成本，又提高了企业的信誉。留存收益的实质是投资者对企业的再投资。但这种筹资方式受制于企业盈利的多寡及企业的分配政策。

活动4　银行借款分析

银行借款是指企业根据借款合同向银行借入的需要还本付息的款项。

1.银行借款的种类

（1）按借款期限长短分类。

银行借款按借款期限长短不同，可分为短期借款和长期借款。短期借款是指借款期限在1年以内的借款；长期借款是指借款期限在1年以上的借款。

（2）按借款担保条件分类。

银行借款按借款担保条件不同，可分为信用借款、担保借款和票据贴现。

（3）按借款用途分类。

银行借款按借款用途不同，可分为基本建设借款、专项借款和流动资金借款。

（4）按提供贷款的机构分类。

银行借款按提供贷款的机构不同，可分为政策性银行贷款和商业性银行贷款。

2.银行借款的信用条件

向银行借款往往附带一些信用条件，主要有：

（1）补偿性余额。

补偿性余额是银行要求借款企业在银行中保留一定数额的存款余额，为借款额的10％～20％，其目的是降低银行贷款风险，但对借款企业来说，则加重了利息负担。

【例2-14】某企业按年利率9％向银行借款100万元，补偿性余额比例为10％。要求：计算企业实际借款利率。

解答：

$$企业实际借款利率 = \frac{名义利率}{1 - 补偿性余额比率}$$

$$= \frac{9\%}{1 - 10\%}$$

$$= 10\%$$

（2）信贷额度。

信贷额度是借款企业与银行在协议中规定的借款最高限额。在信贷额度内，企业可以随时按需要支用借款。但如果协议是非正式的，则银行无须承担按最高借款限额保证贷款的法律义务。

（3）周转信贷协议。

周转信贷协议是银行有法律义务承诺提供不超过某一最高限额的贷款协议。企业享用周转信贷协议，要对贷款限额中的未使用部分付给银行一笔承诺费。

【例2-15】某企业与银行商定的周转信贷额度为2 000万元，承诺费为1％，该企业年度内实际借款额为1 600万元。要求：计算该企业应向银行支付的承诺费。

解答：

$$应付承诺费 = （2\,000 - 1\,600）\times 1\%$$

$$= 4（万元）$$

3.银行借款筹资的优缺点

（1）银行借款筹资的优点。

①筹资速度快。与发行证券相比，银行借款一般手续简单，所需时间短，可以较快满足资金的需要。

②筹资成本低。与发行债券相比，银行借款利率较低，且不需支付发行费用。

③借款灵活性大。企业与银行可以直接接触，商谈借款金额、期限和利率等具体条款。借款后如情况变化可再次协商。到期还款有困难，如能取得银行谅解，也可延期归还。

（2）银行借款筹资的缺点。

①筹资数额往往不可能很多。

②银行会提出对企业不利的限制条款。

活动5　发行公司债券分析

发行公司债券是公司通过发行债券筹集债务性资本的一种筹资方式。债券是公司依照法定程序发行的，承诺按一定利率定期支付利息，并到期偿还本金的有价证券，是持券人拥有公司债权的凭证。

1.债券的种类

（1）按有无抵押担保分类。

债券按有无抵押担保，可分为信用债券、抵押债券和担保债券。

（2）按偿还期限分类。

债券按偿还期限不同，可分为短期债券和长期债券。

（3）按是否记名分类。

债券按是否记名，可分为记名债券和无记名债券。

（4）按计息标准分类。

债券按计息标准不同，可分为固定利率债券和浮动利率债券。

（5）按是否标明利息率分类。

债券按是否标明利息率，可分为有息债券和贴现债券。

（6）按是否可转换成普通股分类。

债券按是否可转换成普通股，可分为可转换债券和不可转换债券。

2.债券的发行

国有企业、股份有限公司、有限责任公司只要具备发行债券的条件，都可以依法申请发行债券。

（1）发行方式。

债券的发行方式有委托发行和自行发行。委托发行是指企业委托银行或其他金融机构承销全部债券，并按总面额的一定比例支付手续费。自行发行是指债券发行企业不经过金融机构直接把债券配售给投资单位或个人。

（2）发行债券的要素。

①债券的面值。债券面值包括两个基本内容，即币种和票面金额。币种可以是本国货币，也可以是外国货币，这取决于债券发行的地区及对象。票面金额是债券到期时偿还本金的金额。票面金额印在债券上，固定不变，到期必须足额偿还。

②债券的期限。债券从发行之日起至到期之日止之间的时间称为债券的期限。

③债券的利率。债券上一般都注明年利率，年利率有固定的，也有浮动的。面值与年利率相乘即为年利息。

④债券的偿还方式。债券的偿还方式有"分期付息，到期还本"和"到期一次还本付息"两种。

⑤债券的发行价格。这是指债券在发行市场上发行时所使用的价格。通常债券有面值发行、折价发行和溢价发行三种。面值发行是指按债券的面值出售亦称平价发行；折价发行是指以低于债券面值的价格出售；溢价发行是指按高于债券面值的价格出售。

3.债券筹资的优缺点

（1）债券筹资的优点。

①债券利息作为财务费用在税前列支，而股票的股利需由税后利润发放，利用债

券筹资的资金成本较低。

②债券持有人无权干涉企业的经营管理，因而不会减弱原有股东对企业的控制权。

③债券利率在发行时就确定，如遇通货膨胀，则实际减轻了企业负担；如企业盈利情况好，由财务杠杆作用使原有投资者获取更大的收益。

（2）债券筹资的缺点。

①筹资风险高。债券筹资有固定到期日，要承担还本付息的义务。当企业经营不善时，会减少原有投资者的股利收入，甚至会因不能偿还债务而导致企业破产。

②限制条件多。债券持有人为保障债权的安全，往往要在债券合同中签订保护条款，这对企业造成较多约束，影响企业财务灵活性。

③筹资数量有限。债券筹资的数量一般比银行借款多，但它筹集的毕竟是债务资金，不可能太多，否则会影响企业信誉，也会因资金结构变差而导致总体资金成本的提高。

活动6　融资租赁分析

租赁是承租人向出租人交付租金，出租人在契约或合同规定的期限内将资产的使用权让渡给承租人的一种经济行为。融资租赁，也称资本租赁或财务租赁，是区别于经营租赁的一种长期租赁形式，是指出租人根据承租人对租赁物和供货人的选择或认可，将其从供货人处取得的租赁物，按融资租赁合同的约定出租给承租人占有、使用，并向承租人收取租金，最短租赁期限为一年的交易活动。它是企业筹集长期债务性资本的一种方式。

1.融资租赁的形式

融资租赁包括售后租回、直接租赁和杠杆租赁三种形式。

（1）售后租回。售后租回，即根据协议，企业将某资产卖给出租人，再将其租回使用。

（2）直接租赁。直接租赁，即承租人直接向出租人租入所需要的资产，并付出租金。

（3）杠杆租赁。杠杆租赁涉及承租人、出租人和资金出借者三方当事人。从承租人的角度来看，这种租赁与其他租赁形式并无区别，同样是按合同的规定，在基本租赁期内定期支付定额租金，取得资产的使用权。但对出租人却不同，出租人只出购买资产所需的部分资金作为自己的投资，另外以该资产作为担保向资金出借者借入其余资金。因此，它既是出租人又是贷款人，同时拥有对资产的所有权，既收取租金又要偿付债务。如果出租人不能按期偿还借款，资产的所有权就要转归资金的出借者。

2.融资租赁的租金

融资租赁租金是承租企业支付给租赁公司让渡租赁资产的使用权或价值的代价。租金的数额大小、支付方式对承租企业的财务状况有直接的影响，也是租赁决策的重要依据。

3.融资租赁筹资的优缺点

（1）融资租赁筹资的优点。

①筹资速度快。租赁往往比借款购置设备更迅速、更灵活，因为租赁是筹资与设备购置同时进行，可以缩短设备的购进、安装时间，使企业尽快形成生产能力，有利于企业尽快占领市场，打开销路。

②限制条款少。如前所述，银行借款和债券都定有相当多的限制条款，虽然类似的限制在租赁公司中也有，但一般比较少。

③设备淘汰风险小。当今，科学技术迅速发展，固定资产更新周期日趋缩短。企业设备陈旧过时的风险很大，利用融资租赁可减少这一风险。这是因为融资租赁的期限一般为资产使用年限的一定比例，不会像自己购买设备那样整个期间都要承担风险，且多数租赁协议都规定由出租人承担设备陈旧过时的风险。

④财务风险小。租金在整个租期内分摊，不用到期归还大量本金。许多借款都在到期日一次偿还本金，这会给财务基础较弱的公司造成相当大的困难，有时会造成不能偿付的风险。而租赁则把这种风险在整个租期内分摊，可适当减少不能偿付的风险。

⑤税收负担轻。租金可在税前扣除，具有抵免所得税的效用。

（2）融资租赁筹资的缺点。

融资租赁筹资的最主要缺点就是资金成本较高。一般来说，其租金要比银行借款或发行债券所负担的利息高得多。在企业财务困难时，固定的租金也会构成一项较沉重的负担。

活动7　商业信用分析

商业信用是指商品交易中的延期付款、预收货款或延期交货而形成的借贷关系，是企业之间的直接信用行为。商业信用是商品交易中钱与货在时间上的分离，它的表现形式主要是"先取货，后付款"和"先付款，后取货"两种，是自然性融资。商业信用产生于银行信用之前，在银行信用出现以后，商业信用依然存在。企业之间商业信用的形式很多，主要有应付账款、应付票据、预收货款。

1.应付账款

应付账款即赊购商品形成的欠款，是一种典型的商业信用形式。应付账款是卖方向买方提供信用，允许买方收到商品后不立即付款，可延续一定时间。这样做既解决了买方暂时性的资金短缺困难，又便于卖方推销商品。

2.应付票据

应付票据是企业在对外经济往来中，对应付债务所开出的票据。应付票据主要是商业汇票。商业汇票根据承兑人的不同可分为商业承兑汇票和银行承兑汇票。商业承兑汇票是由收款人开出，经付款人承兑，或由付款人开出并承兑的汇票。银行承兑汇票是由收款人或承兑申请人开出，由银行审查同意承兑的汇票。商业承兑汇票由付款人承兑，若到期时付款人银行存款账户余额不足以支付票款，银行不承担付款责任，只负责将汇票退还收款人，由收款人与付款人自行协商处理。银行承兑汇票由承兑银行承兑，若到期时承兑申请人存款余额不足以支付票款，承兑银行应向收款人或贴现银行无条件支付票款，同时对承兑申请人执行扣款，并对未扣回的承兑金额按每天0.5‰计收罚息。商业汇票是一种期票，最长期限为6个月（电子商业汇票可延长至1年），对于买方（即付款人）来说，它是一种短期融资方式。

3.预收货款

预收货款是指卖方按照合同或协议的规定，在发出商品之前向买方预收的部分或全部货款的信用行为。它等于卖方向买方先借一笔款项，然后用商品偿还。这种情况中的商品往往是紧俏的，买方乐意预付货款而取得期货，卖方由此筹集到资金。但应防止卖方企业乘机乱收预收货款，不合理地占用其他企业的资金的情况。

商业信用融资有简单方便、无实际成本、约束和限制少等优点，但它的融资期限较短。

任务三 确定筹资成本

任务分析

资金成本是指企业为筹集和使用资金而发生的代价。它是财务管理中一个十分重要的概念。企业在筹资、投资、盈余分配等时都必须考虑资金成本。由于企业使用的资金中长期资金所占比重较大，且成本也较高，特别是在市场经济条件下，企业不能无偿使用资金，必须向资金提供者支付一定数量的报酬，所以企业必须节约使用资金，降低资金成本。

视频动画 2-3

资金成本由用资费用和筹资费用两部分组成。用资费用是指企业在生产经营、投资等过程中因使用资金而支付的代价，主要包括资金时间价值和投资风险报酬。如向股东支付的股利、向债权人支付的利息等，这是资金成本的主要内容。筹资费用是指企业在筹集资金过程中为获取资金而支付的费用，如向银行支付的借款手续费，因发行股票、债券而支付的发行费用等。筹资费用与用资费用不同，它通常是在筹集资金时一次性支付的，在用资过程不再发生。

资金成本可以用绝对数表示，也可用相对数表示，但在财务管理中，一般用相对数表示，即表示为用资费用与实际筹得资金（即筹资数额扣除筹资费用后的差额）的比率。其通用计算公式为：

$$资金成本 = \frac{用资费用}{实际筹得资金} \times 100\%$$

$$= \frac{用资费用}{筹资数额 - 筹资费用} \times 100\%$$

活动1　债券成本计算

债券成本是指债券利息和筹资费用。债券成本中的利息在税前支付，具有减税效应。债券的筹资费用一般较高，这类费用主要包括申请发行债券的手续费、债券注册费、上市费以及推销费用等。债券成本的计算公式为：

$$企业债券成本 = \frac{债券筹资额 \times 债券年利率 \times (1-所得税税率)}{债券筹资额 \times (1-债券筹资费用率)}$$

$$= \frac{债券年利率 \times (1-所得税税率)}{1-债券筹资费用率}$$

【例2-16】某企业发行一笔期限为10年的债券，债券的总面值为1 000万元，票面年利率为12%，每年付一次利息，发行费用占发行价格的3%，所得税税率为25%，债券按面值平价发行，要求计算该笔债券的成本。

解答：

$$\frac{1\,000 \times 12\% \times (1-25\%)}{1\,000 \times (1-3\%)} \times 100\% = 9.28\%$$

活动2　银行借款成本计算

借款成本是指借款利息和筹资费用。银行借款成本的计算公式与债券成本的基本一致。由于借款利息一般允许在税前支付，因此企业实际负担的利息为：利息×（1-所得税税率）。又由于银行借款的手续费很低，式中的筹资费用率常常可以忽略不计。

活动3　优先股成本计算

企业发行优先股，既要支付筹资费用，又要定期支付股利。它与债券不同的是股利在税后支付，且没有固定到期日。优先股成本的计算公式为：

$$优先股成本 = \frac{优先股年股利额}{优先股筹资额 \times (1-筹资费用率)}$$

由于优先股股东的风险大于债券持有人的风险，这就使得优先股的股利率一般要大于债券的利息率。另外，优先股股利要从净利润中支付，不减少公司的所得税，所以优先股成本通常要高于债券成本。

【例2-17】某企业按面值发行100万元的优先股，筹资费用率为4%，年股利率为12%，要求计算优先股成本。

解答：

$$优先股成本 = \frac{100 \times 12\%}{100 \times (1-4\%)} = 12.5\%$$

活动4　普通股成本计算

普通股成本的计算，存在多种不同方法，其主要方法为估价法。其计算公式为：

$$普通股成本 = \frac{普通股年股利额}{普通股筹资额 \times (1-筹资费用率)} + 普通股股利年增长率$$

【例2-18】东方公司普通股每股发行价格为100元，筹资费用率为5%，第一年年末每股发放股利12元，以后每年增长4%，要求计算普通股成本。

解答：

$$普通股成本 = \frac{12}{100 \times (1 - 5\%)} + 4\% = 16.63\%$$

活动5　留存收益成本计算

一般企业都不会把全部收益以股利形式分给股东，所以留存收益是企业资金的一种重要来源。企业留存收益，等于股东对企业进行追加投资，故也要求有一定的报酬，所以留存收益也要计算成本。留存收益成本的计算与普通股基本相同，但不用考虑筹资费用。其计算公式为：

$$留存收益成本 = \frac{年留存收益增值额}{留存收益资金额} + 普通股股利年增长率$$

普通股与留存收益都属于所有者收益，股利支付不固定。企业如果发生破产，股东的求偿权位于最后，所以普通股股东所承担的风险最大，普通股的成本也最高。

活动6　综合资金成本计算

综合资金成本，亦称加权平均资金成本，是指将各种筹资方式的长期资金按比重加权计算的总成本。由于受多种因素的制约，企业不可能只用某种单一的筹资方式，往往需要通过多种方式筹集所需资金。为了进行筹资决策和投资决策，需要计算企业的加权平均资金成本。其计算公式如下：

$$综合资金成本 = \sum(某种资金来源占全部资金来源的比重 \times 该种资金来源的资金成本)$$

【例2-19】某企业共有资金1 000万元，其中银行借款占50万元，长期债券占250万元，普通股占500万元，优先股占150万元，留存收益占50万元；各种来源资金的资金成本分别为7%，8%，11%，9%，10%。要求计算综合资金成本。

解答：

$$综合资金成本 = \frac{50 \times 7\% + 250 \times 8\% + 500 \times 11\% + 150 \times 9\% + 50 \times 10\%}{1\,000} = 9.7\%$$

小知识 2-11

杠杆原理

杠杆原理是物理学中的一个重要原理。它是指通过杠杆只用一个比较小的力量，便可产生更大的效果。经营和财务管理中的杠杆原理，则是指由于特定费用的存在，致使当某一财务变量以较小幅度变化时，另一相关变量会产生较大幅度的变动。资金结构决策需要在杠杆原理的作用与其相关的风险之间进行合理的权衡。在财务管理中，杠杆有3种：经营杠杆、财务杠杆和复合杠杆。现分别介绍如下：

1.经营杠杆

经营杠杆又称营运杠杆或营业杠杆，是指企业在经营决策时对经营成本中固定成本的利用。将经营杠杆在业务量变动时对利润的影响称为经营杠杆作用。具体来讲，在其他条件不变的情况下，产销业务量的增加（或减少）虽然一般不会改变固定成本总额，但会降低（或增加）单位固定成本，从而提高（或降低）单位利润，使息税前利润的增长率（或下降率）大于产销业务量的增长率（下降率）。这种由于存在固定成本而造成的利润变动率大于产销量变动率的现象，即为经营杠杆作用。运用经营杠杆，企业可以获取一定的经营杠杆利益，同时承担相应的经营风险。

经营杠杆的大小一般用经营杠杆系数来表示，它是指息税前利润变动率与销售额变动率之间的比率，计算公式如下：

$$DOL = \frac{\frac{\Delta EBIT}{EBIT}}{\frac{\Delta Q}{Q}}$$

其中，DOL 为经营杠杆系数；$\Delta EBIT$ 为息税前利润变动额；EBIT 为变动前的息税前利润；ΔQ 为销售量变动量；Q 为变动前的销售量。

在产品成本-销售量-利润保持线性关系的前提条件下，可变成本在销售收入中所占比例不变，固定成本也保持稳定，经营杠杆系数便可通过销售额和成本来表示，计算公式如下：

$$DOL = \frac{Q(P-V)}{Q(P-V)-F}$$

其中，P 为单位销售价格；V 为单位变动成本；F 为固定成本。

【例2-20】兴达公司2019年和2020年的产品销售额、变动成本、固定成本等资料见表2-1，计算该企业2020年的经营杠杆系数。

表2-1　　　　　　　　　　　　　兴达公司相关资料表　　　　　　　　　金额单位：万元

项目	2019年	2020年	变动额	变动率（%）
销售额	100	120	20	20
变动成本	60	72	12	20
边际贡献	40	48	8	20
固定成本	20	20	0	0
息税前利润	20	28	8	40

解答：

$$DOL = \frac{8/20}{20/100} = 2$$

2.财务杠杆

财务杠杆又称筹资杠杆或融资杠杆，是指由于固定债务利息和优先股股利的存在而导致普通股每股利润变动幅度大于息税前利润变动幅度的现象。无论企业营业利润多少，债务利息和优先股的股利都是固定不变的。当息税前利润增大时，每一元盈余所负担的固定财务费用就会相对减少，这能给普通股股东带来更多的盈余。这种债务对投资者收益的影响，称为财务杠杆。财务杠杆影响的是企业的息税后利润而不是息税前利润。

与经营杠杆表示方法类似，财务杠杆的大小通常用财务杠杆系数来表示。财务杠杆系数计算公式如下：

$$DFL = \frac{\frac{\Delta EPS}{EPS}}{\frac{\Delta EBIT}{EBIT}}$$

其中，DFL 为财务杠杆系数；ΔEPS 为普通股每股收益变动额；EPS 为变动前的普通股每股收益。

上述公式还可以推导为：

$$DFL = \frac{EBIT}{EBIT - I}$$

其中，I 为债务利息。

【例2-21】假设甲、乙两个公司资金总额相同，息税前利润及增长率也相等，只是资本结构不同。甲公司的资金全部都是普通股，乙公司的资金中普通股和债务各占50%。有关其他数据见表2-2。计算甲公司、乙公司的财务杠杆系数。

表2-2 　　　　　甲、乙公司资本结构与普通股利润表　　　　　金额单位：元

时间	项目	甲公司	乙公司
2019年	普通股发行在外股数（股）	50 000	25 000
	普通股股本（每股面值：10元）	500 000	250 000
	债务（8%）	0	250 000
	资金总额	500 000	500 000
	息税前利润	50 000	50 000
	债务利息	0	20 000
	利润总额	50 000	30 000
	所得税（25%）	12 500	7 500
	净利润	37 500	22 500
	每股收益	0.75	0.9
2020年	息税前利润增长率	20%	20%
	增长后的息税前利润	60 000	60 000
	债务利息	0	20 000
	利润总额	60 000	40 000
	所得税（25%）	15 000	10 000
	净利润	45 000	30 000
	每股收益	0.9	1.2
	每股收益增加额	0.15	0.3
	普通股每股收益增长率	20%	33.3%

从表2-2的运算结果可知：在甲、乙公司息税前利润均增长20%的情况下，甲公司普通股每股收益增长率为20%，而乙公司普通股每股收益增长率却为33.33%，这主要是因为乙公司的资本结构中有50%是非权益资金，这便是财务杠杆的效应。

解答:

分别代入以上两个公式得:

$$DFL_甲 = \frac{\frac{0.15}{0.75}}{\frac{10\,000}{50\,000}} = 1 \quad DFL_乙 = \frac{\frac{0.3}{0.9}}{\frac{10\,000}{50\,000}} = 1.67$$

或

$$DFL_甲 = \frac{50\,000}{50\,000 - 0} = 1 \quad DFL_乙 = \frac{50\,000}{50\,000 - 20\,000} = 1.67$$

3. 复合杠杆

所谓复合杠杆,指的是经营杠杆与财务杠杆的复合。由于存在固定的生产经营成本,产生经营杠杆作用;同样,由于存在固定财务费用(如固定利息、优先股股利),产生财务杠杆作用。如果两种杠杆共同起作用,那么销售额稍有变动就会使普通股每股收益产生更大的变动。这种由于固定生产经营成本和固定财务费用的共同存在而导致的普通股每股利润变动大于产销业务量变动的现象,称为复合杠杆作用。复合杠杆系数的计算公式可用财务杠杆系数和经营杠杆系数的乘积来表示:

$$DTL = DOL \cdot DFL$$

或

$$DTL = \frac{\frac{\Delta EPS}{EPS}}{\frac{\Delta Q}{Q}}$$

任务四　资金需要量预测

任务分析

视频动画 2-4

科学、合理地预测资金需要量是企业进行筹资决策的前提,只有这样,才能使筹集的资金既能保证生产经营活动的需要,又不会产生不合理的闲置。资金需要量预测的方法主要有定性预测法、销售收入百分比法和线性回归分析法等。下面以销售收入百分比法为例预测企业资金需要量。

小知识 2-12

销售收入百分比法是根据销售收入与资产负债表和利润表项目之间的比例关系,预测各项目短期资金需要量的方法。例如,某企业每年为销售100元货物,需有20元的存货,即存货与销售收入的百分比是20%(20÷100×100%)。若销售额增至200元,那么该企业需有40元(200×20%)存货。由此可见,在某一项目与销售收入的比率既定的前提下,便可预测未来一定销售收入下该项目的资金需要量。

销售收入百分比法的主要优点是能为公司理财提供短期预计的财务报表，以适应外部筹资的需要，而且易于使用。但这种方法也有缺点，倘若有关销售收入百分比与实际不符，据以进行预测就会形成错误的结果。因此，在有关因素发生变动的情况下，必须相应地调整原有的销售收入百分比。

运用销售收入百分比法，一般借助于预计利润表和预计资产负债表。通过预计利润表，预测企业留用利润这种内部资本来源的增加额；通过预计资产负债表，预测企业资本需要总额和外部筹资的增加额。

活动 1　编制预计利润表，预测留用利润

预计利润表是运用营业收入百分比法的原理预测留用利润的一种报表。预计利润表与实际利润表的内容、格式相同。通过提供预计利润表，可预测留用利润这种内部筹资方式的数额，也可为预计资产负债表预测外部筹资数额提供依据。

【例 2-22】海达公司 2019 年实际利润表（简表）及有关项目占营业收入的百分比见表 2-3。试编制 2020 年预计利润表并预测留用利润，另设企业所得税税率为 25%。

表 2-3　　　　2019 年实际利润表（简表）及有关项目占营业收入的百分比　　金额单位：万元

项目	金额	占营业收入的百分比（%）
营业收入	7 500	100.0
减：营业成本	5 700	76.0
销售费用	30	0.4
管理费用	1 530	20.4
财务费用	15	0.2
营业利润	225	3.0
利润总额	225	3.0
减：所得税费用	56.25	—
净利润	168.75	—

若该企业 2020 年预计营业收入为 9 000 万元，则 2020 年预计利润表经测算见表 2-4。

表 2-4　　　　　　　　　　2020 年预计利润表（简表）　　　　　　金额单位：万元

项目	2019年实际数	占营业收入的百分比（%）	2020年预计数
营业收入	7 500	100.0	9 000
减：营业成本	5 700	76.0	6 840
销售费用	30	0.4	32
管理费用	1 530	20.4	1 836
财务费用	15	0.2	18
营业利润	225	3.0	270
利润总额	225	3.0	270
减：所得税费用	56.25	—	67.5
净利润	168.75	—	202.5

若该企业税后利润的留用比例为50%，则2020年预测留用利润额为101.25万元。

现将编制预计利润表法的主要步骤归纳如下：

第一步，收集基年实际利润表资料，计算确定利润表各项目占营业收入的百分比；

第二步，取得预测年度营业收入预计数，用此预计营业收入和基年利润表各项目占营业收入的百分比，计算预测年度预计利润表各项目的预计数，并编制预测年度预计利润表；

第三步，利用预测年度税后利润预计数和预定的留用比例，测算留用利润的数额。

活动2　编制预计资产负债表，预测外部筹资额

预计资产负债表是运用销售收入百分比法的原理预测外部筹资额的一种报表。预计资产负债表与实际资产负债表的内容、格式相同。通过提供预计资产负债表，可预测资产和负债及留用利润有关项目的数额，进而预测企业需要外部筹资的数额。

运用销售收入百分比法，要选定与销售收入有基本稳定、不变比率关系的项目，这种项目称为敏感项目。敏感资产项目一般包括货币资金、应收账款、存货等项目；敏感负债项目一般包括应付账款、应交税费等项目。留用利润不宜列为敏感项目，因为它受企业所得税税率和分配政策的影响。

【例2-23】海达公司2019年实际销售收入为7 500万元，资产负债表（简表）及其敏感项目占销售收入的百分比见表2-5。2020年预计销售收入为9 000万元。试编制2020年预计资产负债表（简表）并预测外部筹资额。

表2-5　　　　2019年实际资产负债表（简表）及其敏感项目占销售收入的百分比　金额单位：万元

项目	金额	占销售收入的百分比（%）
资产：		
货币资金	37.5	0.5
应收账款	1 200	16.0
存货	1 305	17.4
预付款项	5	—
固定资产	142.5	—
资产总额	2 690	33.9
负债及所有者权益：		
应付票据	250	—
应付账款	1 320	17.6
应交税费	52.5	0.7
长期借款	27.5	—
负债合计	1 650	18.3
股本	625	—
留用利润	415	—
所有者权益合计	1 040	—
负债及所有者权益总额	2 690	

根据上述资料，编制该企业 2020 年预计资产负债表（简表），见表 2-6。

表 2-6

2020 年预计资产负债表（简表）　　　　金额单位：万元

项目	2019 年实际数 （1）	2019 年销售收入百分比（%） （2）	2020 年预计数 （3）
资产：			
货币资金	37.5	0.5	45
应收账款	1 200	16.0	1 440
存货	1 305	17.4	1 566
预付款项	5	—	5
固定资产	142.5	—	142.5
资产总额	2 690	33.9	3 198.5
负债及所有者权益：			
应付票据	250	—	250
应付账款	1 320	17.6	1 584
应交税费	52.5	0.7	63
长期借款	27.5	—	27.5
负债合计	1 650	18.3	1 924.5
股本	625		625
留用利润	415		516.25
所有者权益合计	1 040		1 141.25
追加外部筹资额			132.75
负债及所有者权益总额	2 690		3 198.5

分析及解题过程：

第一步，取得基年资产负债表资料，并计算其敏感项目占销售收入的百分比（见表 2-5），列于表 2-6 的（1）、（2）栏中。

第（2）栏的百分比表明，该企业销售收入每增长 100 元，资产将增加 33.9 元。这种每实现 100 元销售收入所需的资本量，可由敏感负债解决 18.3 元。这里增加的敏感负债是自动增加的，如应付账款会因存货增加而自动增加。

每 100 元的销售收入所需资本量与敏感负债的差额为 15.6 元（33.9-18.3），表示销售收入每增长 100 元而需追加的资本净额。它需从企业内部和外部来筹集。在本例中，销售收入增长 1 500 万元（9 000-7 500），需净增资本来源 234 万元（1 500×0.156）。

第二步，用 2020 年预计销售收入 9 000 万元乘以第（2）栏所列的百分比，求得表 2-6 第（3）栏所列示的敏感项目金额。第（3）栏的非敏感项目按第（1）栏数额填列。由此，确定了第（3）栏中除留用利润外的各个项目的数额。

第三步，确定 2020 年留用利润增加额及资产负债表中的留用利润累计额。留用利润增加额可根据利润额、所得税税率和留用利润比例来确定。2020年留用利润累计额等于2019年留用利润累计额加上2020年留用利润增加额。若2020年利润额为270万元，所得税税率为25%，税后利润留用比例为50%，则2020年留用利润增加额为：

270×（1-25%）×50%=101.25（万元）

2020年留用利润累计额为：

415+101.25=516.25（万元）

从需要追加筹资总额（第一步得到的234万元）中减去内部筹资增加额101.25万元，求得需要追加外部筹资额132.75万元。

第四步，加总预计资产负债表的两方：2020年预计资产总额为3 198.5万元，负债及所有者权益合计3 065.75万元，其差额为132.75万元。它既是使资产负债表两方相等的平衡数，也是需要追加的外部筹资额。

任务五　确定资金结构

任务分析

资金结构是指企业各种资金的构成及其比例关系。它是企业筹资管理的核心问题。企业应综合考虑有关影响因素，运用适当的方法确定最佳资金结构，并在以后追加筹资中继续保持。企业现有资金结构不合理，应通过筹资活动进行调整，使其趋于合理化。

在实务中，资金结构有广义和狭义之分。狭义的资金结构是指长期资金结构；广义的资金结构是指企业全部资金（包括长期资金和短期资金）的结构。

企业资金结构是由企业采用各种筹资方式筹集资金而形成的，各种筹资方式的不同组合类型决定着企业资金结构及其变化。企业筹资方式虽然很多，但总的来说分为负债资金和权益资金两类，因此资金结构问题总的来说是负债资金的比例问题，即负债在企业全部资金中所占的比重问题。

小知识 2-13

所谓最优资金结构，是指在一定条件下使企业加权平均资金成本最低、企业价值最大的资金结构。最优资金结构的核心是确定负债的比率，本质上是进行报酬与风险的权衡和选择，以实现报酬与风险的最优组合。从理论上讲，寻找最优资金结构十分困难。下面探讨的方法可以有效地帮助财务管理人员确定合理的资金结构，但这些方法并不能当作绝对的判别标准。在应用这些方法时，还应结合其他因素，以使资金结构趋于最优。

活动1　比较资金成本法确定资金结构

【例2-24】华光公司原来的资金结构见表2-7。普通股每股面值为1元，发行价格为10元，今年期望股利为1元/股，预计以后每年增加股利5%。该企业所得税税率假设为25%，并假设发行的各种证券均无筹资费。

表2-7　　　　　　　　　　　　　资金结构　　　　　　　　　　　　　单位：万元

筹资方式	金额
债券（年利率10%）	800
普通股（每股面值1元，发行价10元，共80万股）	800
合计	1 600

该企业现拟增资400万元，以扩大生产经营规模，现有如下3个方案可供选择：

甲方案：增加发行400万元的债券，因负债增加，投资人风险加大，债券利率增至12%才能发行，预计普通股股利不变，但由于风险加大，普通股市价降至8元/股。

乙方案：增加发行债券200万元，年利率为10%，增加发行股票20万股，每股发行价为10元，预计普通股股利不变。

丙方案：增加发行股票36.36万股，普通股市价增至11元/股。

为了确定上述3个方案哪个最好，下面分别计算其加权平均资金成本。加权平均资金成本计算公式如下：

加权平均资金成本 $= \sum$ 某种资金占总资金的比重 × 该资金的成本

（1）计算原加权平均资金成本。

$$\frac{800}{1600} \times 10\% \times (1-25\%) + \frac{800}{1600} \times (\frac{1}{10} + 5\%) = 11.25\%$$

（2）计算甲方案加权平均资金成本。

$$\frac{800}{1600+400} \times 10\% \times (1-25\%) + \frac{400}{1600+400} \times 12\% \times (1-25\%) + \frac{800}{1600+400} \times (\frac{1}{8} + 5\%) = 11.80\%$$

（3）计算乙方案加权平均资金成本。

$$\frac{800+200}{1600+400} \times 10\% \times (1-25\%) + \frac{800+200}{1600+400} \times (\frac{1}{10} + 5\%) = 11.25\%$$

（4）计算丙方案加权平均资金成本。

$$\frac{800}{1600+36.36 \times 11} \times 10\% \times (1-25\%) + \frac{800+36.36 \times 11}{1600+36.36 \times 11} \times (\frac{1}{11} + 5\%) = 11.45\%$$

经比较，乙方案的加权平均资金成本最低，所以应选用乙方案。这种方法通俗易懂，计算过程也不复杂，是确定最优资金结构的一种常用方法。但因其所拟订的方案数量有限，故有把最优资金结构的方案漏掉的可能。

小知识 2-14

比较资金成本法是通过计算不同资金结构（或筹资方案）的加权平均资金成本，并以此为标准，相互比较进行资金结构决策。具体来讲，企业在做出筹资决策之前，先拟订若干个备选方案，分别计算各方案加权平均资金成本，并根据加权平均资金成本的高低来确定企业的最优资金结构。

活动2　运用每股利润分析法确定资金结构

每股利润分析法是利用每股利润无差别点来进行资金结构决策的方法。每股利润无差别点是指两种筹资（负债筹资和权益筹资）方式下普通股每股利润等于同时的息税前利润点，也称息税前利润平衡点。根据每股利润无差别点，可以分析判断在什么情况下运用债务筹资来安排和调整资金结构。

每股利润无差别点可以通过计算得出。其计算公式为：

$$\frac{(\overline{EBIT} - I_1)(1-T) - D_1}{N_1} = \frac{(\overline{EBIT} - I_2)(1-T) - D_2}{N_2}$$

其中，$\overline{EBIT}$ 为每股利润无差别点处的息税前利润；I_1，I_2 为两种筹资方式下的年利息；D_1，D_2 为两种筹资方式下的优先股股利；N_1，N_2 为两种筹资方式下的流通在外的普通股股数；T 为所得税税率。

在每股利润无差别点上，无论是采用负债筹资，还是采用权益筹资，每股利润都是相等的。

【例2-25】某公司原有资金700万元，其中债务资金200万元（每年负担利息24万元），普通股资金500万元（发行普通股10万股，每股面值50元）。由于扩大业务，需追加筹资300万元，其筹资方式有二：

（1）全部发行普通股：增发6万股，每股面值50元；

（2）全部筹借长期债务：债务利率仍为12%，利息36万元。

所得税税率为25%。要求运用每股利润分析法选择筹资方式。

解答：

将上述资料中的有关数据代入计算公式：

$$\frac{(\overline{EBIT} - 24) \times (1-25\%) - 0}{10 + 6} = \frac{(\overline{EBIT} - 24 - 36) \times (1-25\%) - 0}{10}$$

解上式得：$\overline{EBIT} = 120$（万元）

此时的每股利润为：$\dfrac{(120 - 24) \times (1-25\%) - 0}{10 + 6} = 4.5$（元）

上述每股利润无差别分析如图2-1所示。从图2-1中可以看出，当息税前利润额高于120万元（每股利润无差别点的息税前利润额）时，运用负债筹资可获得较高的每股利润；当息税前利润额低于120万元时，运用权益筹资可获得较高的每股利润。

这种方法只考虑了资金结构对每股利润的影响，并假定每股利润最大，股票价格也最高。但把资金结构对风险的影响置于视野之外，是不全面的。因为随着负债的增加，投资者的风险加大，股票的价格和企业价值也会有下降的趋势。但在资金市场不完善的时候，投资人主要根据每股利润的多少来做出投资决策，每股利润的增加也的确有利于股票价格的上升。

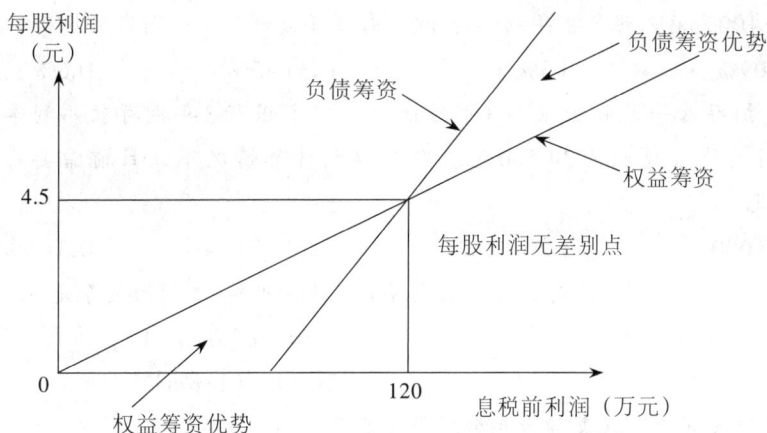

图2-1　息税前利润分析图

情境模拟

1.收集一家房地产开发商销售的住宅楼报价，根据实际情况计算每月的按揭款。

2.实地调查现实中的银行贷款利率，计算企业长期贷款、企业债券的资金成本；制定企业的现金股利发放标准，并测算股票筹资的资金成本；对上述几种资金的成本进行评价；最后确定加权资金成本，并在下一次课程宣讲中对这一数据进行评价。

3.从一个案例出发，确定最佳的资金结构，并在下一次课程以宣讲的形式对最佳资金结构进行一次评价。

4.写一篇题为"我看证券筹资的选择"的小论文。

5.编写一份筹资方案说明书。

实践训练

一、单项选择题

1.从理论上讲，货币时间价值是没有风险和通货膨胀条件下的（　　）。

A.销售利润率　　　　　　　　　　B.社会平均利润率

C.投资收益率　　　　　　　　　　D.利息率

2.从第一期起，在一定期间内每期期末收到或付出的等额资金称为（　　）。

A.永续年金　　　B.预付年金　　　C.普通年金　　　D.递延年金

3.今天将100元存入银行，银行存款年利率为5%，1年后这100元的货币时间价值是（　　）元。

A.5　　　　　　　B.105　　　　　　C.110　　　　　　D.95

4.某企业于年初存入银行10 000元，假定年利息率为12%，每年复利两次。已知（F/P，6%，5）=1.3382，（F/P，6%，10）=1.7908，（F/P，12%，5）=1.7623，（F/P，12%，10）=3.1058，则第5年年末的本利和为（　　）元。

A.13 382　　　　　B.17 623　　　　C.17 908　　　　D.31 058

5.将100元存入银行，年利率为6%，每半年复利一次，则实际年利率为（   ）。

A.6.09%   B.3%   C.3.045%   D.6%

6.甲拟存入一笔资金准备3年后使用。假定银行3年期存款年利率为5%，甲3年后需用的资金总额为34 500元。则在单利计算情况下，目前需要存入的资金为（   ）元。

A.30 000   B.29 803.04   C.32 837.14   D.31 500

7.当一年内复利m次时，其名义利率r与实际利率i之间的关系是（   ）。

A.$i=(1+r/m)^m-1$ B.$i=(1+r/m)-1$

C.$i=(1+r/m)^{m-1}$ D.$i=1-(1+r/m)^{-m}$

8.下列各项中，代表预付年金现值系数的是（   ）。

A.$(P/A, i, n+1)+1$ B.$(P/A, i, n+1)-1$

C.$(P/A, i, n-1)-1$ D.$(P/A, i, n-1)+1$

9.下列（   ）可以认为是永续年金。

A.普通股股利   B.优先股股利   C.国库券利息   D.诺贝尔奖奖金

10.某公司拟设立一永久性进步奖以奖励员工，计划每年颁发奖金20 000元，银行年利率为5%，公司应于期初一次性存入银行（   ）元。

A.200 000   B.400 000   C.1 000 000   D.500 000

11.已知（F/A, 10%, 9）=13.580，（F/A, 10%, 11）=18.531，则10年、10%的预付年金终值系数为（   ）。

A.17.531   B.15.937   C.14.579   D.12.579

12.预付年金与普通年金的区别是（   ）。

A.预付年金首次支付发生在若干年之后

B.预付年金是无限期支付的

C.预付年金支付的时间是在每期期初

D.预付年金没有终值

13.在下列各项资金时间价值系数中，与资金回收系数互为倒数关系的是（   ）。

A.$(P/F, i, n)$ B.$(P/A, i, n)$

C.$(F/P, i, n)$ D.$(F/A, i, n)$

14.普通年金现值系数，期数减1，系数加1，得到的结果在数值上等于（   ）。

A.预付年金现值系数   B.预付年金终值系数

C.普通年金终值系数   D.普通年金现值系数

15.下列各项中属于优先股的优先权的是（   ）。

A.优先配股权   B.优先转让权

C.优先经营决策权   D.优先分配股利权

16.融资租赁实质上是由出租人提供给承租人使用固定资产的一种（   ）。

A.信用业务   B.买卖活动   C.租借业务   D.服务活动

17.根据我国有关规定，股票不得（　　　）。

A.平价发行　　　　　　B.溢价发行　　　　　　C.折价发行　　　　　　D.市价发行

18.下列各项中，不属于商业信用的是（　　　）。

A.应付账款　　　　　　B.应付工资　　　　　　C.应付票据　　　　　　D.预收账款

19.经营杠杆效应产生的原因是（　　　）。

A.不变的固定成本　　　　　　　　　　B.不变的产销量

C.不变的债务利息　　　　　　　　　　D.不变的销售单价

20.每股利润变动率相对于销售额变动率的倍数，即为（　　　）。

A.经营杠杆系数　　　　　　　　　　　B.财务杠杆系数

C.综合杠杆系数　　　　　　　　　　　D.边际资金成本

二、多项选择题

1.货币之所以具有时间价值，是因为（　　　）因素共同作用的结果。

A.通货膨胀　　　　B.利息　　　　C.时间　　　　D.风险

2.下列各项中，属于普通年金形式的项目有（　　　）。

A.零存整取储蓄存款的整取额　　　　B.定期定额支付的养老金

C.年资金等额回收额　　　　　　　　　D.偿债基金

3.下列关于递延年金的表述中，正确的有（　　　）。

A.递延年金是年金的特殊情况　　　　B.递延年金的终值与递延期有关

C.递延年金的现值与递延期有关　　　　D.递延年金一定不在第一期发生

4.下列说法中，正确的有（　　　）。

A.复利终值系数和复利现值系数互为倒数

B.普通年金终值系数和普通年金现值系数互为倒数

C.普通年金终值系数和偿债基金系数互为倒数

D.普通年金现值系数和资本回收系数互为倒数

5.下列属于融资租赁形式的有（　　　）。

A.直接租赁　　　　B.售后回租　　　　C.服务租赁　　　　D.杠杆租赁

6.普通股的特点是（　　　）。

A.有经营管理权　　　　　　　　　　　B.有盈利分配权

C.有优先认股权　　　　　　　　　　　D.有优先分配剩余财产权

7.向银行借款筹资的优点是（　　　）。

A.筹资金额多　　　　　　　　　　　　B.筹资速度快

C.筹资灵活性大　　　　　　　　　　　D.筹资成本低

8.资金筹集费是指企业为筹集资金付出的代价，下列属于资金筹集费的有（　　　）。

A.发行广告费　　　　　　　　　　　　B.股票、债券印刷费

C.债券利息　　　　　　　　　　　　　D.股票股利

9.财务杠杆效应产生的原因是（　　　）。

A.不变的债务利息　　　　　　B.不变的固定成本

C.不变的优先股股利　　　　　D.不变的销售单价

三、判断题

1.一般来说，资金的时间价值是指没有风险条件下的社会平均利润率。（　　）

2.从资金的借贷关系看，利率是一定时期资金使用权的价格。（　　）

3.货币时间价值是指一定数量的货币在不同时点上的价值量。（　　）

4.预付年金与普通年金的区别仅在于计息时间的不同。（　　）

5.永续年金可以看成期限为无限的普通年金。（　　）

6.国库券是一种几乎没有风险的有价证券，其利率可以代表资金时间价值。（　　）

四、计算分析题

1.某企业按年利率5%向银行借款500万元，补偿性余额比例为15%。

要求：计算企业实际借款利率。

2.某企业发行面值为500元、票面年利率为10%、偿还期为5年的长期债券。该债券的筹资费用率为2%，所得税税率为25%。

要求：计算此债券的资金成本。

3.某企业发行面值为50元、年股利率为15%的优先股股票，发行该优先股股票的筹资费用率为4%。

要求：计算此优先股的资金成本。

4.某企业发行普通股股票，每股发行价格为10元，筹资费用率为5%，预计第一年年末股利为1元，年股利增长率为2%。

要求：计算此普通股的资金成本。

5.某企业留用利润500万元，预计普通股下一期股利率为15%，以后每年股利增长率为1%。该普通股每股面值为5元，发行价为8元。

要求：计算留存收益的资金成本。

6.某企业共有资金2 000万元，其中银行借款100万元，长期债券500万元，普通股1 000万元，留存收益400万元。以上4种资金的资金成本依次为5%、6%、12%、11%。

要求：计算该企业的综合资金成本。

7.某企业年初的资金结构见表2-8。

表2-8　　　　　　　　　　某企业年初的资金结构　　　　　　　　单位：万元

资金来源	金额
长期债券（年利率6%）	500
优先股（年股利率10%）	100
普通股（8万股）	400
合计	1 000

普通股每股面值50元，今年期望每股股利5元，预计以后每年股利率将增加2%，发行各种证券的筹资费用率均为1%，该企业所得税税率为25%。

该企业拟增资500万元，有两个备选方案可供选择：

方案一：发行长期债券500万元，年利率为8%，此时企业原普通股每股股利将增加到6元，以后每年的股利率仍可增加2%。

方案二：发行长期债券200万元，年利率为7%，同时以每股60元发行普通股300万元，普通股每股股利将增加到5.5元，以后每年的股利率仍将增长2%。

要求：

（1）计算该企业年初综合资金成本。

（2）分别计算方案一、方案二的综合资金成本并做出决策。

8.某企业计划年初的资金结构见表2-9。

表2-9 　　　　　　　　　　某企业计划年初的资金结构　　　　　　　　　　单位：万元

资金来源	金额
长期借款（年利率10%）	200
长期债券（年利率12%）	300
普通股（5万股，面值100元）	500
合计	1 000

本年度该企业拟考虑增资200万元，有两种筹资方案：

甲方案：发行普通股2万股，面值为100元。

乙方案：发行长期债券200万元，年利率为13%。

增资后预计计划年度息税前利润可达到120万元，所得税税率为25%。

要求：该企业应采用哪一方案进行筹资？分别采用比较资金成本法和每股利润分析法进行分析并做出决策。

项目三 编写投资方案意向书

学习目标

【知识目标】

理解投资决策分析中用现金流量而不用利润指标的原因；掌握静态投资评价方法和动态投资评价方法等项目投资评价的主要方法，以及各种方法的优缺点和适用性；掌握期望值、标准离差和标准离差率的计算，并运用标准离差和标准离差率对风险进行评价。

【能力目标】

能够利用现金流量工具分析投资方案的选择问题；能够利用各种不同的投资评价方法对企业的固定资产投资项目的合理性进行预测和分析评价；能够利用概率的知识测试证券投资的风险；能够运用综合知识对证券组合投资进行评价。

引 例

鲍德温公司的项目投资

鲍德温公司始建于1965年，当时生产美式足球，现在是网球、棒球、美式足球和高尔夫球等的领先制造商。鲍德温公司的管理层热衷于寻找一切能够带来潜在现金流量的机会。在1996年，鲍德温公司的副总裁米德斯先生，发现了另外一个运动球类市场——亮彩色保龄球市场，因为他相信亮彩色保龄球更能博得保龄球爱好者的青睐，更重要的一点是这个大有潜力的市场还未被更大的制造商完全占领。

因此，在1997年下半年，鲍德温公司决定测算亮彩色保龄球的市场潜力。鲍德温公司向市场的消费者发出了调查问卷。调查问卷的结果比预想得要好，这支持了亮彩色保龄球能够获得10%~15%的市场份额的结论。这次市场调查花费了公司250 000美元。米德斯先生认为这应属于沉没成本，不算入项目评价中。

鲍德温公司开始考虑对生产保龄球的机器设备等进行投资。保龄球生产将位于一幢靠近洛杉矶、由公司拥有、尚未使用的建筑物中。这幢空置的建筑加上土地税后净价为150 000美元。

米德斯先生和同事们一起分析该提议的新产品。他的假定如下：保龄球机器设备的成本为 100 000 美元。5 年后预计它的市场价值为 30 000 美元。该机器设备在 5 年的使用寿命时间内年产量预计如下：5 000 单位、8 000 单位、12 000 单位、10 000 单位、6 000 单位。第一年保龄球的价格为 20 美元。由于保龄球市场具有高度竞争性，米德斯先生认为相对于预测为 5% 的一般通货膨胀率，保龄球的价格每年最多增长 2%。然而，用于制造保龄球的塑胶将很快变得更昂贵。因此，制造过程的现金流出预计每年将增长 10%。第一年的制造成本为每单位 10 美元。在鲍德温公司的应税收入基础上，保龄球项目适用的累进公司所得税税率为 34%。

和其他制造类企业一样，鲍德温公司必须在生产和销售之前购买原材料并对存货进行投资。它还得为不可预见的支出保留一定的现金作为缓冲，而且信用销售将产生应收账款。管理层认为对营运资本的各个项目的投资在最初总计为 10 000 美元，且在项目运作的早期将有所增加，当项目结束时则减少至零。换言之，对营运资本的投资在项目周期结束的时候能够完全被抵补。

资料来源　罗斯. 公司理财［M］. 翔高教育管理学教学研究中心，译. 上海：上海财经大学出版社，2012.

这一引例说明，一个项目的投资决策过程，既要考虑项目的可行性，又要考量项目初始投资的资金规模；既要测试货币资金的现值，又要兼顾项目运营过程中的现金流量；既要考虑付现成本，又要兼顾非付现成本等。

从这个引例中不难看出，企业在投资过程中均需要做大量的准备工作。在此期间该企业至少应完成以下几项任务：

（1）在每次方案初选的过程中，从财务的角度来确定投资的未来现金流量。

（2）在多个方案中进行投资方案的筛选工作。

（3）对每个投资方案均进行了投资风险的测算。

（4）对多个方案组合投资进行了评价，并选取最佳组合。

（5）最后从财务的角度编写一份投资意向书。

任务一　确定投资的未来现金流量

任务分析

投资是指特定经济主体为了在未来可预见的时期内获得收益或使资金增值，在一定时期向一定领域的标的物投放足够数额的资金或实物等经济行为。从特定企业角度看，投资就是企业为获取收益而向一定对象投放资金的经济行为。而项目投资是一种实体性资产的长期投资，是一种以特定项目为对象，直接与新建项目或更新改造项目有关的长期投资行为。项目投资从性质上看，是企业直接的、生产性的对内实物投资，通常包括固定资产投资、无形资产投资和流动资金投资等内容。项目投资具有耗资大、时间长、风险大、收益高等特点，对企业长期盈利能力具有决定性影响。

在进行项目投资决策时，首要环节就是估计投资项目的预计现金流量。

所谓现金流量，是指投资项目在其计算期内因资金循环而引起的现金流入和现金流出的数量。这里的"现金"概念是广义的，包括各种货币资金及与投资项目有关的非货币资金的变现价值。

小知识 3-1

项目投资的类型及投资程序

1.项目投资的主要类型

（1）新建项目。

新建项目是指以新建生产能力为目的的外延式扩大再生产。新建项目按其涉及内容又可细分为单纯固定资产投资项目和完整工业投资项目。

①单纯固定资产投资项目，在投资中只包括为取得固定资产而发生的资本投入，不涉及流动资产等周转资金的投入。

②完整工业投资项目，不仅包括固定资产投资，而且涉及流动资金投资，甚至包括无形资产和其他长期资产投资。

（2）更新改造项目。

更新改造项目是指以恢复或改善生产能力为目的的内涵式扩大再生产。

项目投资不能简单地等同于固定资产投资。项目投资对企业的生存和发展具有重要意义，是企业开展正常生产经营活动的必要前提，是推动企业生产和发展的重要基础，是提高产品质量、降低产品成本不可缺少的条件，是提高企业市场竞争能力的重要手段。

2.项目投资的程序

（1）投资项目的提出。

投资规模较大、所需资金较多的战略性项目，应由董事会提议，由各部门专家组成专家小组提出方案并进行可行性研究；投资规模较小、所需资金不多的战术性项目可由主管部门提议，由有关部门组织人员提出方案并进行可行性研究。

（2）项目投资的决策。

①估算出投资方案的预期现金流量。

②预计未来现金流量的风险，并确定预期现金流量的概率分布和期望值。

③确定资金成本的一般水平，即贴现率。

视频动画 3-1

④计算投资方案现金流入量和流出量的总现值。

⑤通过项目投资决策评价指标的计算，做出投资方案是否可行的决策。

（3）项目投资的执行。

对已做出可行决策的投资项目，企业管理部门要编制资金预算，并筹集所需要的资金。在投资项目实施过程中，要进行控制和监督，使之按期按质完工，投入生产，为企业创造经济效益。

活动1　确定项目计算期

项目计算期是指投资项目从投资建设开始到最后清理结束的全部时间，用 n 表示。

项目计算期通常以年为单位，第0年称为建设起点，项目计算期最后一年，即第 n 年称为终结点，假定项目最终报废或清理均发生在终结点。

项目计算期包括建设期和生产经营期，从项目投产日到终结点的时间间隔称为生产经营期。

项目计算期=建设期+生产经营期

从项目投资的角度看，原始投资等于企业为使该项目完全达到设计生产能力、开展正常经营而投入的全部现实资金，包括建设投资和流动资金投资两项内容。

建设投资是指在建设期内按一定生产经营规模和建设内容进行的投资，具体包括固定资产投资、无形资产投资和其他资产投资3项内容。

固定资产原值=固定资产投资+建设期资本化借款利息

项目总投资是反映项目投资总体规模的价值指标，等于原始投资与建设期资本化利息之和。

原始投资的投入方式包括一次投入和分次投入两种。一次投入方式是指投资行为集中一次发生在项目计算期第一个年度的年初或年末；如果投资行为涉及两个或两个以上年度，或虽然只涉及一个年度但分别在该年的年初和年末发生，则属于分次投入方式。

活动2　计算未来投资的现金流量

现金流量包括现金流入量、现金流出量和净现金流量3个具体概念。

1.现金流入量

现金流入量是指投资项目实施后在项目计算期内所引起的企业现金收入的增加额，简称现金流入。现金流入量包括：

视频动画3-2

（1）营业收入。

营业收入是指项目投产后每年实现的全部营业收入，营业收入是经营期主要的现金流入量项目。

（2）固定资产的余值或残值。

固定资产的余值是指投资项目的固定资产在终结报废清理时的残值收入或中途转让时的变价收入。

（3）回收的流动资金。

回收的流动资金是指投资项目在项目计算期结束时，回收的原来投放在各种流动资产上的营运资金。

固定资产的余值或残值和回收流动资金统称为回收额。

（4）其他现金流入量。

其他现金流入量是指除以上3项内容以外的现金流入量。

2.现金流出量

现金流出量是指投资项目实施后在项目计算期内所引起的企业现金流出的增加额，简称现金流出。现金流出量包括：

（1）建设投资（含更改投资）。

建设投资是建设期发生的主要现金流出量，具体包括：

①固定资产投资，包括固定资产的购置成本或建造成本、运输成本和安装成本等。

②无形资产投资。

（2）垫支的流动资金。

垫支的流动资金是指投资项目建成投产后为开展正常经营活动而投放在流动资产（存货、应收账款等）上的营运资金。

建设投资与垫支的流动资金合称为项目的原始总投资。

（3）经营成本（或付现成本）。

经营成本是指在经营期内为满足正常生产经营而需要用现金支付的成本。它是生产经营期内最主要的现金流出量。

（4）税金及附加。

税金及附加是指在经营期内应交纳的消费税、城市维护建设税和教育费附加等。

（5）所得税税额。

所得税税额是指投资项目建成投产后，因应纳税所得额增加而增加的所得税。

（6）其他现金流出量。

其他现金流出量是指不包括在以上5项内容中的现金流出量。

3.净现金流量

净现金流量是指投资项目在项目计算期内现金流入量和现金流出量的净额。由于投资项目的计算期超过一年，且资金在不同的时间具有不同的价值，所以本项目所述的净现金流量是以年为单位的。

净现金流量的计算公式为：

净现金流量（NCF）=年现金流入量-年现金流出量

当流入量大于流出量时，净现金流量为正值；反之，净现金流量为负值。

另外，所得税是企业的一种现金流出，由税前利润和所得税税率决定，因此要考虑所得税对现金流量的影响。

（1）建设期净现金流量。

建设期净现金流量=-原始投资额

（2）经营期净现金流量。

营业期净现金流量=营业收入-经营成本-税金及附加-所得税

　　　　　　　　=息税前利润×（1-所得税税率）+折旧额+无形资产摊销额等

　　　　　　　　=税后利润+折旧额+无形资产摊销额等

终结点净现金流量=营业期净现金流量+回收额

小知识 3-2

1.现金流量的假设

由于项目投资现金流量的确定是一项很复杂的工作，为了便于确定现金流量的具体内容，简化现金流量的计算，特做以下假设：

（1）全投资假设。

全投资假设，即假设在确定项目的现金流量时，只考虑全部投资的运作情况，不论是自有资金还是借入资金等形式的现金流量，都将其视为自有资金。

（2）建设期投入全部资金假设。

建设期投入全部资金假设，即项目的原始投资不论是一次投入还是分次投入，均假设它们是在建设期内投入的。

（3）项目投资的经营期与折旧年限一致假设。

项目投资的经营期与折旧年限一致假设，即假设项目主要固定资产的折旧年限或使用年限与其经营期相同。

（4）时点指标假设。

时点指标假设，即现金流量的具体内容所涉及的价值指标，不论是时点指标还是时期指标，均假设按照年初或年末的时点处理。其中，建设投资在建设期内有关年度的年初发生；垫支的流动资金在建设期的最后一年年末即经营期的第一年年初发生；经营期内各年的营业收入、付现成本、折旧、摊销、利润、所得税等项目的确认均在年末发生；项目最终报废或清理，回收流动资金均发生在经营期最后一年年末。

（5）确定性假设。

确定性假设，即假设与项目现金流量估算有关的价格、产销量、成本水平、所得税税率等因素均为已知常数。

2.现金流量的估算要注意的几个成本问题

（1）沉没成本。

沉没成本是过去发生的支出，而不是新增成本。沉没成本是由于过去的决策所引起的，对企业当前的投资决策不会产生任何影响。例如，某企业在2年前购置的某设备原价为10万元，估计可使用5年，无残值，按直线法计提折旧，目前账面净值为6万元。由于科学技术的进步，该设备已被淘汰，在这种情况下，账面净值6万元就属于沉没成本。所以，企业在进行投资决策时要考虑的是当前的投资是否有利可图，而不是过去已花掉了多少钱。

（2）机会成本。

在投资决策中，如果选择了某一投资项目，就会放弃其他投资项目，其他投资机会可能取得的收益就是本项目的机会成本。机会成本不是我们通常意义上的成本：它不是实际发生的支出或费用，而是一种潜在的、放弃的收益。例如，一笔现金用来购买股票就不能存入银行，那么存入银行的利息收入就是股票投资的机会成本。如果某企业有一闲置的仓库，准备用来改建成职工活动中心，但将仓库出租每年可得租金收入2万元，那么该租金收入就是改建活动中心的机会成本。机会成本作为丧失的收益，离开被放弃的投资机会就无从计量。在投资决策过程中考虑机会成本，有利于全面分析评价所面临的各个投资机会，以便选择经济上最为有利的投资项目。

（3）资金成本。

资金成本也是衡量项目投资经济效益的标准。企业筹得的资金付诸投入使用后，只有当投资项目的投资收益率高于资金成本时，所筹集和使用的资金才能取得较好的经济效益。

【例3-1】某固定资产项目一次投资2 000万元，建设期为1年，建设期资本化利息为200万元。该固定资产可使用10年，按直线法折旧，期满有净残值200万元。投入使用后，经营期第1～10年每年产品销售收入（不含增值税）增加800万元，每年的经营成本增加500万元，税金及附加增加10万元。该企业适用的所得税税率为25%。

要求：计算该项目所得税前后的净现金流量（保留两位小数）。

解答：

（1）项目计算期=1+10=11（年）

（2）固定资产原值=2 000+200=2 200（万元）

（3）年折旧=（2 200-200）÷10=200（万元）

（4）经营期第1～10年每年总成本费用增加额=500+200=700（万元）

（5）经营期第1～10年每年息税前利润增加额=800-700-10=90（万元）

（6）经营期第1～10年每年增加的净利润=90×（1-25%）=67.5（万元）

建设期净现金流量为：

NCF_0=-2 000（万元）

NCF_1=0

经营期所得税前净现金流量为：

$NCF_{2～10}$=90+200=290（万元）

NCF_{11}=90+200+200=490（万元）

经营期所得税后净现金流量为：

$NCF_{2～10}$=67.5+200=267.5（万元）

NCF_{11}=67.5+200+200=467.5（万元）

【例3-2】某投资项目需要投资2 500万元，其中固定资产投资2 000万元，开办费投资100万元，流动资金投资400万元。建设期为1年，建设期发生与购建固定资产有关的资本化利息200万元。固定资产投资和开办费投资于建设起点投入，流动资金于项目建设完工时投入。该项目寿命期10年，固定资产按直线法折旧，期满有100

万元净残值；开办费于投产当年一次摊销完毕；流动资金于终结点一次回收。投产后每年可获得的息税前利润分别为200万元、250万元、300万元、350万元、400万元、450万元、500万元、600万元、550万元和500万元。该企业适用的所得税税率为25%。

要求：计算项目各年所得税后净现金流量。

解答：

（1）项目计算期=1+10=11（年）

（2）固定资产原值=2 000+200=2 200（万元）

（3）固定资产年折旧=（2 200-100）÷10=210（万元）

（4）建设期净现金流量：

NCF_0=-（2 000+100）=-2 100（万元）

NCF_1=-400（万元）

（5）经营期所得税后净现金流量：

NCF_2=200×（1-25%）+210+100=460（万元）

NCF_3=250×（1-25%）+210=397.5（万元）

NCF_4=300×（1-25%）+210=435（万元）

NCF_5=350×（1-25%）+210=472.5（万元）

NCF_6=400×（1-25%）+210=510（万元）

NCF_7=450×（1-25%）+210=547.5（万元）

NCF_8=500×（1-25%）+210=585（万元）

NCF_9=600×（1-25%）+210=660（万元）

NCF_{10}=550×（1-25%）+210=622.5（万元）

NCF_{11}=500×（1-25%）+210+（100+400）=1 085（万元）

【例3-3】某企业欲出售尚可使用5年的旧设备，另购1套新设备来替换它。新设备的投资额为200 000元，旧设备净值为120 000元，其变价净收入为100 000元，到第5年年末新设备与继续使用旧设备预计净残值相等，更新设备的建设期为零。新设备可使企业每年增加营业收入90 000元，增加经营成本50 000元。设备采用直线法计提折旧。适用的企业所得税税率为25%。

要求：计算该更新设备项目计算期内各年的差量净现金流量（ΔNCF_t）。

解答：

（1）购置新设备比继续使用旧设备增加的投资额=200 000-100 000=100 000（元）

（2）经营期第1～5年每年因更新改造而增加的折旧=100 000÷5=20 000（元）

（3）经营期每年总成本费用的变动额=50 000+20 000=70 000（元）

（4）因旧设备提前报废发生的固定资产净损失为：

旧固定资产净值-变价净收入=120 000-100 000=20 000（元）

（5）因旧固定资产提前报废发生净损失而抵减的所得税税额=20 000×25%=5 000（元）

（6）经营期每年息税前利润的变动额=90 000-70 000=20 000（元）

建设期差量现金流量为：

$\Delta NCF_0 = -（200 000-100 000）= -100 000$（元）

经营期差量净现金流量为：

$\Delta NCF_1 = 20 000 \times（1-25\%）+20 000+5 000 = 40 000$（元）

$\Delta NCF_{2\sim5} = 20 000 \times（1-25\%）+20 000 = 35 000$（元）

【例3-4】兴光公司准备购入1台设备以扩充生产能力。现有甲、乙两方案可供选择。甲方案需要投资20 000元，使用寿命为5年，采用直线法计提折旧，5年后设备无残值，5年中每年销售收入为13 000元，每年的付现成本为6 000元。乙方案需要投资12 000元，使用寿命也为5年，采用直线法计提折旧，5年后有残值收入2 000元，5年中每年销售收入为10 000元，第一年的付现成本为4 000元，以后随着设备陈旧，将逐年增加修理费500元，另需垫支营运资金3 000元。假设所得税税率为25%，试计算甲、乙方案的现金流量。

解答：

根据现金流入量和现金流出量的内容分别计算，见表3-1和表3-2。

表3-1　　　　　　　　　　　投资项目的营业现金流量表　　　　　　　　　　单位：元

年份 项目	1	2	3	4	5
甲方案					
销售收入（1）	13 000	13 000	13 000	13 000	13 000
付现成本（2）	6 000	6 000	6 000	6 000	6 000
折旧（3）	4 000	4 000	4 000	4 000	4 000
税前利润（4）=（1）-（2）-（3）	3 000	3 000	3 000	3 000	3 000
所得税（5）=（4）×25%	750	750	750	750	750
税后利润（6）=（4）-（5）	2 250	2 250	2 250	2 250	2 250
现金流量（7）=（3）+（6）	6 250	6 250	6 250	6 250	6 250
乙方案					
销售收入（1）	10 000	10 000	10 000	10 000	10 000
付现成本（2）	4 000	4 500	5 000	5 500	6 000
折旧（3）	2 000	2 000	2 000	2 000	2 000
税前利润（4）=（1）-（2）-（3）	4 000	3 500	3 000	2 500	2 000
所得税（5）=（4）×25%	1 000	875	750	625	500
税后净利（6）=（4）-（5）	3 000	2 625	2 250	1 875	1 500
现金流量（7）=（3）+（6）	5 000	4 625	4 250	3 875	3 500

表 3-2 投资项目的现金流量计算表 单位：元

计算期\n项目	0	1	2	3	4	5
甲方案						
固定资产投资	-20 000					
营业现金流量		6 250	6 250	6 250	6 250	6 250
现金流量合计	-20 000	6 250	6 250	6 250	6 250	6 250
乙方案						
固定资产投资	-12 000					
营运资金垫支	-3 000					
营业现金流量		5 000	4 625	4 250	3 875	3 500
固定资产残值						2 000
营运资金回收						3 000
现金流量合计	-15 000	5 000	4 625	4 250	3 875	8 500

任务二 筛选投资方案

任务分析

为了客观、科学地分析评价各种投资方案是否可行，一般应使用不同的指标，从不同的侧面或角度反映投资方案的内涵。项目投资决策评价指标是衡量和比较投资项目可行性并据以进行方案决策的定量化标准与尺度，由一系列综合反映投资效益、投入产出关系的量化指标构成。

评价指标可以按以下标准进行分类：

（1）按照是否考虑资金时间价值分类，可分为静态评价指标和动态评价指标。前者是指在计算过程中不考虑资金时间价值因素的指标，简称静态指标，包括投资利润率和投资回收期等。后者是指在指标计算过程中充分考虑和利用资金时间价值的指标，简称动态指标，包括净现值、净现值率、现值指数、内含报酬率。

（2）按指标性质不同，可分为在一定范围内越大越好的正指标和越小越好的反指标两大类。投资回收期属于反指标。

（3）按指标在决策中的重要性分类，可分为主要指标、次要指标和辅助指标。净现值、内部收益率、净现值率、现值指数为主要指标；投资回收期为次要指标；投资利润率为辅助指标。

活动1 贴现指标的计算

贴现指标也称为动态指标，即考虑资金时间价值因素的指标，主要包括净现值、净现值率、现值指数、内含报酬率等指标。

1.净现值（NPV）

净现值是指在项目计算期内，按一定贴现率计算的各年净现金流量现值的代数和。所用的贴现率可以是企业的资金成本，也可以是企业所要求的最低报酬率水平。净现值的基本计算公式为：

$$净现值（NPV）=\sum_{t=0}^{n}第t年的净现金流量\times第t年的复利现值系数$$

净现值指标的决策标准是：如果投资方案的净现值大于或等于零，该方案为可行方案；如果投资方案的净现值小于零，该方案为不可行方案；如果几个方案的投资额相同、项目计算期相等且净现值均大于零，那么净现值最大的方案为最优方案。所以，净现值大于或等于零是项目可行的必要条件。

不同情况下净现值指标的计算：

（1）经营期内各年净现金流量相等，建设期为零。

净现值的计算公式为：

净现值=经营期每年相等的净现金流量×年金现值系数-投资现值

【例3-5】某企业购入设备1台，价值为40 000元，按直线法计提折旧，使用寿命为5年，期末无残值。预计投产后每年可获得利润5 000元，假定贴现率为12%。

要求：计算该项目的净现值。

解答：

年折旧额=40 000÷5=8 000（元）

NCF_0=-40 000（元）

NCF_{1-5}=5 000+8 000 =13 000（元）

NPV=13 000×（P/A，12%，5）-40 000=13 000×3.6048-40 000=6 862.4（元）

（2）经营期内各年净现金流量不相等。

净现值的计算公式为：

净现值 =$\sum$(经营期各年的净现金流量×各年的现值系数)-投资现值

【例3-6】假定例3-5中，投产后每年可获得的净利润分别为4 000元、5 000元、6 000元、7 000元、8 000元，其他资料不变。

要求：计算该项目的净现值。

解答：

年折旧额=40 000÷5=8 000（元）

NCF_0=-40 000（元）

NCF_1=4 000+8 000=12 000（元）

NCF_2=5 000+8 000=13 000（元）

NCF_3=6 000+8 000=14 000（元）

NCF_4=7 000+8 000=15 000（元）

NCF_5=8 000+8 000=16 000（元）

NPV=12 000×（P/F，12%，1）+13 000×（P/F，12%，2）+14 000×（P/F，12%，3）+

15 000×（P/F，12%，4）+16 000×（P/F，12%，5）−40 000

=12 000×0.8929+13 000×0.7972+14 000×0.7118+15 000×0.6355+16 000×0.5674−40 000

=9 654.5（元）

【例3-7】某企业欲建一项固定资产项目，工程建设期为1年，需投资98万元，按直线法计提折旧，使用寿命为10年，期末有8万元净残值。投资额于建设期初投入48万元，建设期末投入50万元。预计项目投产后每年可增加营业收入50万元，发生总成本25万元，税金及附加为5万元，不考虑所得税因素，贴现率为10%。

要求：计算该投资项目的净现值。

解答：

建设期净现金流量：

NCF_0=−48（万元）

NCF_1=−50（万元）

经营期营业净现金流量：

年折旧=（98−8）÷10=9（万元）

NCF_{2-10}=（50−25−5）+9=29（万元）

经营期终结净现金流量：

NCF_{11}=29+8=37（万元）

NPV=29×［（P/A，10%，10）−（P/A，10%，1）］+37×（P/F，10%，11）−

［48+50×（P/F，10%，1）］

=29×（6.1446−0.9091）+37×0.3505−（48+50×0.9091）

=71.343（万元）

净现值指标的优点是综合考虑了资金时间价值、项目计算期内的全部净现金流量和投资风险；其缺点是无法从动态的角度直接反映投资项目的实际收益率水平，而且计算比较烦琐。

只有净现值指标大于或等于零的投资项目才具有财务可行性。

2.净现值率（NPVR）

净现值是一个绝对数指标，与其相对应的相对数指标是净现值率与现值指数。

净现值率是指投资项目的净现值占原始投资额的现值合计的比率。

净现值率的计算公式为：

$$净现值率（NPVR）=\frac{项目的净现值}{原始投资额的现值合计}$$

3.现值指数（PI）

现值指数是指项目投产后按一定贴现率计算的在经营期内各年净现金流量的现值合计与原始投资额的现值合计的比值，其计算公式为：

现值指数（PI）=投产后各年净现金流量的现值合计/原始投资额的现值合计

现值指数=净现值率+1

净现值率大于0，现值指数大于1，表明项目的报酬率高于贴现率，存在额外收益；净现值率等于0，现值指数等于1，表明项目的报酬率等于贴现率，收益只能抵补资金成本；净现值率小于0，现值指数小于1，表明项目的报酬率小于贴现率，收益不能抵补资金成本。所以，对于单一方案的项目来说，净现值率大于或等于0、现值指数大于或等于1是项目可行的必要条件。当有多个投资项目可供选择时，由于净现值率或现值指数越大，企业的投资报酬水平就越高，所以应采用净现值率大于0或现值指数大于1的项目中的最大者。

根据例3-5的资料，计算净现值率和现值指数。

净现值率=6 862.4÷40 000=17.16%

现值指数=13 000×（P/A，12%，5）÷40 000=13 000×3.6048÷40 000=1.1716

现值指数=净现值率+1=17.16%+1=1.1716

4.内含报酬率（IRR）

内含报酬率又称内部收益率，是指投资项目在项目计算期内各年净现金流量现值合计数等于零时的贴现率，亦可将其定义为能使投资项目的净现值等于零时的贴现率。

计算内含报酬率指标可以通过特殊方法、一般方法来完成。

（1）内含报酬率指标计算的特殊方法。

该法是指当项目投产后的净现金流量表现为普通年金的形式时，可以直接利用年金现值系数计算内含报酬率的方法，又称为简便算法。

项目的全部投资均于建设起点一次投入，建设期为零，建设起点第0期净现金流量等于原始投资的负值，即$NCF_0=-I$；投产后每年净现金流量相等，第1期至第n期每期净现金流量取得了普通年金的形式。

只有当项目投产后的净现金流量表现为普通年金的形式时才可以直接利用年金现值系数计算内含报酬率，在此法下，内含报酬率可按下式确定：

$$(P/A, IRR, n) = \frac{I}{NCF}$$

【例3-8】内含报酬率的计算——特殊方法。

已知：某投资项目在建设起点一次性投资200 000元，当年完工并投产，投产后每年可获净现金流量40 000元，经营期为15年。

要求：计算该项目的内含报酬率。

解答：

$NCF_0=-I=-200 000$（元）

$NCF_{1\sim15}=40 000$（元）

（P/A，IRR，15）=200 000÷40 000=5

查15年的年金现值系数表：

（P/A，18%，15）=5.0916

（P/A，20%，15）=4.6755

IRR=18%+（5-5.0916）÷（4.6755-5.0916）×（20%-18%）

=18.44%

（2）内含报酬率指标计算的一般方法。

若投资项目在经营期内各年净现金流量不相等，或建设期不为零，投资额是在建设期内分次投入的情况下，无法应用上述简便方法，必须按定义采用逐次测试的方法，计算能使净现值等于零的贴现率，即内含报酬率。

该法是指通过计算项目不同设定折现率的净现值，然后根据内含报酬率的定义所揭示的净现值与设定折现率的关系，采用一定技巧，最终设法找到能使净现值等于零的折现率，即内含报酬率的方法，又称为逐次测试逼近法（简称逐次测试法）。

计算步骤如下：

①估计一个贴现率，用它来计算净现值。如果净现值为正数，说明方案的实际内含报酬率大于预计的贴现率，应提高贴现率再进一步测试；如果净现值为负数，说明方案本身的报酬率小于估计的贴现率，应降低贴现率再进行测算。如此反复测试，寻找出使净现值由正到负或由负到正且接近零的两个贴现率。

②根据上述相邻的两个贴现率用内插法求出该方案的内含报酬率。由于逐次测试法是一种近似方法，因此相邻的两个贴现率不能相差太大，否则误差会很大。

【例3-9】某企业购入设备1台，价值为30 000元，按直线法计提折旧，使用寿命为6年，期末无残值。投产后每年可获利润分别为3 000元、3 000元、4 000元、4 000元、5 000元、6 000元，要求：计算内含报酬率。

解答：先按16%估计的贴现率进行测试，其结果为净现值2 854.8元，是正数。于是把贴现率提高到18%进行测试，净现值为1 090.6元，仍为正数。再把贴现率提高到20%重新测试，净现值为-526.5元，是负数，说明该项目的内含报酬率在18%~20%之间。有关测试计算见表3-3。

表3-3　　　　　　　　　　　　　　　内含报酬率计算表　　　　　　　　　　金额单位：元

年份	净现金流量（NCF）	贴现率=16%		贴现率=18%		贴现率=20%	
		现值系数	现值	现值系数	现值	现值系数	现值
0	-30 000	1	-30 000	1	-30 000	1	-30 000
1	8 000	0.8621	6 896.8	0.8475	6 780.0	0.8333	6 666.4
2	8 000	0.7432	5 945.6	0.7182	5 745.6	0.6944	5 555.2
3	9 000	0.6407	5 766.3	0.6086	5 477.4	0.5787	5 208.3
4	9 000	0.5523	4 970.7	0.5158	4 642.2	0.4823	4 340.7
5	10 000	0.4761	4 761.0	0.4371	4 371.0	0.4019	4 019.0
6	11 000	0.4104	4 514.4	0.3704	4 074.4	0.3349	3 683.9
净现值			2 854.8		1 090.6		-526.5

用内插法近似计算内含报酬率，见表3-4。

表3-4　　　　　　　　　　　用内插法计算内含报酬率　　　　　　　　金额单位：元

贴现率	净现值
18%	1 090.6
IRR	0
20%	−526.5

则：

IRR=18％+（0−1 090.6）÷［（−526.5）−1 090.6］×（20％−18％）

　　=19.35%

内含报酬率指标的优点是既可以从动态的角度直接反映投资项目的实际收益水平，又不受基准收益率高低的影响，比较客观。其缺点是计算过程复杂，尤其当经营期大量追加投资时，又有可能导致多个内含报酬率出现，或偏高或偏低，缺乏实际意义。

只有内含报酬率指标大于或等于基准收益率或资金成本的投资项目才具有财务可行性。

小知识 3-3

贴现评价指标之间的关系

净现值（NPV）、净现值率（NPVR）、现值指数（PI）和内含报酬率（IRR）指标之间存在以下数量关系，它们是同方向变化的，即：

当NPV＞0时，NPVR＞0，PI＞1，IRR＞i_c；

当NPV=0时，NPVR=0，PI=1，IRR=i_c；

当NPV＜0时，NPVR＜0，PI＜1，IRR＜i_c。

所不同的是，净现值（NPV）为绝对量指标，其余为相对数指标，计算净现值（NPV）、净现值率（NPVR）和现值指数（PI）所依据的折现率都是事先已知的贴现率（i_c），而内含报酬率（IRR）的计算本身与i_c的高低无关。

这些指标的计算结果都受到建设期和经营期的长短、投资金额与方式，以及各年净现金流量的影响。

活动2　计算非贴现指标

非贴现指标也称静态指标，即没有考虑资金的时间价值因素的指标，主要包括投资利润率、投资回收期等指标。

1. 投资利润率

投资利润率又称投资报酬率，是指项目投资方案的年息税前利润额或年均息税前利润额占投资总额的百分比。投资利润率的决策标准是：投资项目的投资利润率越高越好，低于无风险投资利润率的方案为不可行方案。投资利润率的计算公式为：

投资利润率=年息税前利润额或年均息税前利润额/投资总额×100%

【例3-10】某企业有甲、乙两个投资方案，投资总额均为10万元，全部用于购置新的设备，折旧采用直线法，使用期均为5年，无残值，有关资料见表3-5。

表3-5　　　　　　　　　　　　　　投资方案有关资料　　　　　　　　　　　　单位：元

项目计算期	甲方案		乙方案	
	利润	净现金流量（NCF）	利润	净现金流量（NCF）
0		−100 000		−100 000
1	12 000	32 000	10 000	30 000
2	12 000	32 000	12 000	32 000
3	12 000	32 000	16000	36 000
4	12 000	32 000	20 000	40 000
5	12 000	32 000	24 000	44 000

要求：计算甲、乙两方案的投资利润率。

解答：

甲方案投资利润率=12 000÷100 000×100%=12%

乙方案投资利润率=（10 000+12 000+16 000+20 000+24 000）÷5÷100 000×100%

=16.4%

从计算结果来看，乙方案投资利润率比甲方案投资利润率高，应选择乙方案。

投资利润率的优点是计算公式比较简单；缺点是没有考虑资金的时间价值因素，不能正确反映建设期长短及投资方式不同和回收额的有无对项目的影响，分子、分母计算口径的可比性较差，无法直接利用净现金流量信息。

只有投资利润率指标大于或等于基准投资利润率的投资项目才具有财务可行性。

2.投资回收期

投资回收期是指收回全部投资总额所需要的时间。投资回收期是一个非贴现的反指标，回收期越短，方案就越有利。它的计算可分为两种情况：

（1）经营期年净现金流量相等。

其计算公式为：

投资回收期=投资总额÷年净现金流量

【例3-11】根据例3-10的资料，计算甲方案的投资回收期。

解答：

甲方案的投资回收期=100 000÷32 000=3.125（年）

（2）经营期年净现金流量不相等。

若经营期年净现金流量不相等，则需计算逐年累计的净现金流量，然后用内插法计算出投资回收期。

【例3-12】根据例3-10的资料，计算乙方案的投资回收期。

解答：列表计算乙方案累计净现金流量，见表3-6。

表3-6　　　　　　　　　　　　乙方案累计净现金流量计算表　　　　　　　　　　　单位：元

项目计算期	乙方案	
	净现金流量（NCF）	累计净现金流量
1	30 000	30 000
2	32 000	62 000
3	36 000	98 000
4	40 000	138 000
5	44 000	182 000

从表3-6可得出，乙方案的投资回收期在第3年与第4年之间，用内插法可计算出：

乙方案的投资回收期=3+（100 000-98 000）÷（138 000-98 000）

=3+2 000÷40 000

=3.05（年）

投资回收期的优点是能够直观地反映原始总投资的返本期限，便于理解，计算也比较简单；可以直接利用投资回收期之前的净现金流量信息。其缺点是没有考虑资金时间价值因素和回收期满后继续发生的现金流量；不能正确反映投资方式不同对项目的影响。

只有投资回收期指标小于或等于基准投资回收期的投资项目才具有财务可行性。

活动3　选择投资方案

小知识 3-4

企业经济活动可分为确定性经济活动和不确定性经济活动两种。确定性经济活动是指企业经济活动的未来结果是确定的，不会偏离既定目标。不确定性经济活动是指企业经济活动的未来结果是不确定的，存在偏离既定目标的可能性，决策者无法预先知道最终的结果。如果这种"无法预先知道最终的结果"的可能性是可以估计的，则该行动的结果所具有的不确定性被称为风险。风险按其成因，一般可分为经营风险和财务风险两大类。

1.风险的衡量

风险是方案中可能的结果，和结果的概率分布相联系。对风险的衡量与计算，必须从概率分析入手。

（1）概率分布。

概率就是用百分数或小数来表示随机事件发生的可能性及出现某种结果的可能性

大小的数值。随机事件是指某一事件在完全相同的条件下可能发生也可能不发生结果的事件。用 X 表示随机事件，X_i 表示随机事件的第 i 种结果，P_i 为出现该种结果的相应概率。若 X_i 出现，则 $P_i=1$；若 X_i 不出现，则 $P_i=0$；所有可能结果出现的概率之和必定为 1，因此概率必须符合下列两个要求：

① $0 \leqslant P_i \leqslant 1$；

② $\sum_{i=1}^{n} P_i = 1$。

（2）期望值。

期望值是一个概率分布中的所有可能结果，以各自相应的概率为权数计算的加权平均值，是反映集中趋势的一种量度，常以符号 $\bar{E}$ 表示，可用下列公式计算：

$$\bar{E} = \sum_{i=1}^{n} X_i P_i$$

（3）标准离差。

标准离差是各种可能的结果偏离期望值的综合差异，是反映离散程度的一种量度，常以符号 δ 表示。标准离差计算公式为：

$$\delta = \sqrt{\sum_{i=1}^{n}\left(X_i - \bar{E}\right)^2 \cdot P_i}$$

标准离差是以绝对数衡量决策方案的风险，在期望值相同的情况下，标准离差越大，风险越大；反之，标准离差越小，则风险越小。

标准离差是一个反映随机变量离散程度的指标，只能用来比较期望值相同的各项投资的风险程度，而不能用来比较期望值不相同的各项投资的风险程度，对于期望值不相同的各项投资的风险程度，应使用标准离差率进行评价。

（4）标准离差率。

标准离差率是标准离差同期望值相比的结果。标准离差率是以相对数反映决策方案的风险程度。在期望值不同的情况下，标准离差率越大，风险越大；反之，标准离差率越小，风险越小。通常用符号 q 表示标准离差率，其计算公式为：

$$q = \frac{\delta}{\bar{E}}$$

2.风险报酬

风险与报酬有着紧密相连的因果关系，一般情况下，风险越大，报酬率越高。在经济活动中，各投资项目的风险大小是不同的，在报酬率相同的情况下，人们都会选择风险小的投资，结果竞争使其风险增加，报酬率下降。最终，高风险的项目必须有高报酬，否则就没有人投资；低报酬的项目必然风险很低，否则也没有人投资。风险与报酬的这种关系，是市场竞争的结果。

视频动画3-3

投资者进行风险投资的目的是获取风险报酬。风险报酬又称风险收益，通常用相对数——风险报酬率表示。风险报酬率是指投资者因冒风险进行投资而要求的超过资金时间价值的那部分额外的报酬率。如果不考虑通货膨胀因素，其公式表示为：

风险报酬率=期望投资报酬率-无风险报酬率（或货币资金时间价值）

1.独立方案的财务可行性评价与投资决策

独立方案是指方案之间存在着相互依赖的关系，但又不能相互取代的方案。在只有一个投资项目可供选择的条件下，只需评价其财务上是否可行。

常用的评价指标有净现值、净现值率、现值指数和内含报酬率。评价指标同时满足以下条件：NPV≥0，NPVR≥0，PI≥1，IRR≥i_c，则项目具有财务可行性；反之，则不具有财务可行性。而投资回收期与投资利润率可作为辅助指标评价投资项目，但需注意，当辅助指标与主要指标的评价结论发生矛盾时，应当以主要指标的结论为准。

【例3-13】某企业拟购进设备，投资额为120万元，分两年投入。第一年年初投入80万元，第二年年初投入40万元，建设期为2年，净残值为20万元，折旧采用直线法。在投产期初投入流动资金30万元，项目使用期满全部回收。该项目可使用10年，每年销售收入为80万元，总成本为40万元，税金及附加为10万元，假定企业期望的投资报酬率为10%，所得税税率为25%。

要求：计算该项目的净现值、净现值率、现值指数，并判断该项目是否可行。

解答：

NCF_0=-80（万元）

NCF_1=-40（万元）

NCF_2=-30（万元）

年折旧额=（120-20）÷10=10（万元）

NCF_{3-11}=（80-40-10）×（1-25%）+10=32.5（万元）

NCF_{12}=32.5+（20+30）=82.5（万元）

NPV=32.5×［（P/A，10%，11）-（P/A，10%，2）］+82.5×（P/F，10%，12）-

　　　［80+40×（P/F，10%，1）+30×（P/F，10%，2）］

　　=32.5×（6.4951-1.7355）+82.5×0.3186-（80+40×0.9091+30×0.8264）

　　=39.8155（万元）

NPVR=39.8155÷（80+40×0.9091+30×0.8264）

　　　=28.21%

PI=［32.5×（6.4951-1.7355）+82.5×0.3186］÷（80+40×0.9091+30×0.8264）

　=1.2821

计算表明，净现值大于零，净现值率大于零，现值指数大于1，所以该项目在财务上是可行的。

2.互斥方案的财务可行性评价与投资决策

项目投资决策中的互斥方案是指在决策时涉及的多个相互排斥、不能同时实施的投资方案。互斥方案决策过程就是在每一个入选方案已具备项目可行性的前提下，利用具体决策方法比较各个方案的优劣，利用评价指标从各个备选方案中最终选出一个最优方案的过程。

项目投资多方案比较决策的方法主要包括净现值法、净现值率法、差额投资内含报酬率法、年等额净回收额法等。

由于各个备选方案的投资额、项目计算期不相一致，因而要根据各个方案的使用期、投资额相等与否，采用不同的方法做出选择。

（1）净现值法。

所谓净现值法，是指通过比较所有已具备财务可行性投资方案的净现值指标的大小来选择最优方案的方法。该法适用于原始投资相同且项目计算期相等的多方案比较决策。

在此方法下，净现值最大的方案为优。

【例3-14】已知：某固定资产投资项目需要原始投资150万元，有A、B、C、D 4 个互相排斥的备选方案可供选择，各方案的计算期相等，其净现值指标分别为305万元、206万元、258万元和192万元。

要求：

①评价每一方案的财务可行性；

②按净现值法进行比较决策。

解答：

①评价方案的财务可行性：

因为A、B、C、D每个备选方案的NPV均大于零，所以这些方案均具有财务可行性。

②按净现值法进行比较决策：

因为305 > 258 > 206 > 192，所以，A方案最优，其次为C方案，再次为B方案，最差为D方案。

（2）净现值率法。

所谓净现值率法，是指通过比较所有已具备财务可行性投资方案的净现值率指标的大小来选择最优方案的方法。在此法下，净现值率最大的方案为优。

（3）差额投资内含报酬率法。

所谓差额投资内含报酬率法，是指在两个原始投资额不同方案的差量净现金流量（记作ΔNCF）的基础上，计算出差额内含报酬率（记作ΔIRR），并与行业基准折现率或资金成本率等进行比较，进而判断方案孰优孰劣的方法。该法适用于两个原始投资额不相同但项目计算期相同的方案比较决策。当差额内含报酬率指标大于或等于行业基准折现率、资金成本率、设定折现率等时，原始投资额大的方案较优；反之，则原始投资额少的方案为优。

该法经常被用于更新改造项目的投资决策中，当该项目的差额内含报酬率指标大于或等于行业基准折现率、资金成本率、设定折现率等时，应当进行更新改造；反之，就不应当进行此项更新改造。

【例3-15】已知：A项目原始投资额的现值为180万元，1～10年的净现金流量为39万元；B项目原始投资额的现值为130万元，1～10年的净现金流量为30万元。行业基准折现率为10%。

要求：

①计算差量净现金流量 ΔNCF。

②计算差额内含报酬率 ΔIRR。

③用差额投资内含报酬率法做出投资决策。

解答：

①差量净现金流量为：

$\Delta NCF_0 = -180 - (-130) = -50$（万元）

$\Delta NCF_{1 \sim 10} = 39 - 30 = 9$（万元）

②差额内含报酬率 ΔIRR 为：

$(P/A, \Delta IRR, 10) = 50 \div 9 = 5.5556$

因为 $(P/A, 12\%, 10) = 5.6502 > 5.5556$

$(P/A, 14\%, 10) = 5.2161 < 5.5556$

所以，$12\% < \Delta IRR < 14\%$，应用内插法：

$\Delta IRR = 12\% + (5.5556 - 5.6502) \div (5.2161 - 5.6502) \times (14\% - 12\%) = 12.44\%$

③用差额投资内含报酬率法决策：

因为：$\Delta IRR = 12.44\% > i_c = 10\%$

所以，应当投资 A 项目。

【例3-16】某更新改造项目的新旧设备的差量净现金流量：$\Delta NCF_0 = -106\,740$ 元，$\Delta NCF_{1 \sim 5} = 28\,500$ 元。

要求：

①计算该项目的差额内含报酬率指标；

②当行业基准折现率分别为8%、12%时，分别说明企业是否更新设备。

解答：

①计算 ΔIRR：

$(P/A, \Delta IRR, 5) = 106\,740 \div 28\,500 = 3.7453$

因为 $(P/A, 10\%, 5) = 3.7908 > 3.7453$

$(P/A, 12\%, 5) = 3.6048 < 3.7453$

所以，$10\% < \Delta IRR < 12\%$，应用内插法：

$\Delta IRR = 10\% + (3.7453 - 3.7908) \div (3.6048 - 3.7908) \times (12\% - 10\%) = 10.49\%$

②行业基准折现率为8%时，$\Delta IRR = 10.49\% > 8\%$，应当购买新设备；行业基准折现率为12%时，$\Delta IRR = 10.49\% < 12\%$，应当使用旧设备。

（4）年等额净回收额法。

所谓年等额净回收额法，是指通过比较所有投资方案的年等额净回收额指标的大小来选择最优方案的决策方法。该法适用于原始投资不相同、特别是项目计算期不同的多方案比较决策。在此法下，年等额净回收额最大的方案为优。

年等额净回收额等于该方案净现值与相关回收系数的乘积，计算公式如下：

年等额净回收额=该方案净现值×年金现值系数$^{-1}$

【例3-17】某公司拟进行一项目投资，现有甲、乙、丙、丁4个可供选择的互斥投资方案。已知相关资料如下：

资料一：已知甲方案的净现金流量为：$NCF_0 = -800$万元，$NCF_1 = -200$万元，$NCF_2 = 0$，$NCF_{3 \sim 11} = 250$万元，$NCF_{12} = 280$万元。公司所在行业的基准折现率为16%。

资料二：乙、丙、丁3个方案在不同情况下的各种投资结果及出现概率资料见表3-7。

表3-7　　　　乙、丙、丁3个方案各种投资结果及出现概率资料　　　金额单位：万元

项目		乙方案		丙方案		丁方案	
		概率	净现值	概率	净现值	概率	净现值
投资的结果	理想	0.3	100	0.4	200	0.4	200
	一般	0.4	60	0.6	100	0.2	300
	不理想	0.3	10	0	0	(C)	*
净现值的期望值		—	(A)	—	140	—	160
净现值的方差		—	*	—	(B)	—	*
净现值的标准离差		—	*	—	*	—	96.95
净现值的标准离差率		—	61.30%	—	34.99%	—	(D)

资料三：假定市场上的无风险收益率为9%，风险价值系数为10%，乙方案和丙方案预期的风险收益率分别为10%和8%，丁方案预期的总投资收益率为22%。

要求：

①根据资料一，指出甲方案的建设期、运营期、项目计算期、原始总投资，并说明资金投入方式。

②根据资料一，计算甲方案的下列指标：不包括建设期的静态投资回收期；包括建设期的静态投资回收期；净现值。

③根据资料二，计算表3-7中用字母A～D表示的指标数值。

④根据资料三，计算下列指标：乙方案预期的总投资收益率；丙方案预期的总投资收益率；丁方案预期的风险收益率和投资收益率的标准离差率。

⑤根据净现值指标评价上述4个方案的财务可行性。该公司从风险的角度考虑，应优先选择哪个投资项目？

解答：

①建设期为2年，运营期为10年，项目计算期为12年，原始总投资为1 000万元，资金投入方式为分次投入。

②甲方案不包括建设期的静态投资回收期=1 000÷250=4（年）

包括建设期的静态投资回收期=4+2=6（年）

净现值=250×［（P/A，16%，11）-（P/A，16%，2）］+280×（P/F，16%，12）-

　　　　［800+200×（P/F，16%，1）+0×（P/F，16%，2）］

　　　　=250×（5.0286-1.6052）+280×0.1685-（800+200×0.8621）

　　　　=-69.39（万元）

③计算结果为：A=57；B=2 400；C=0.4；D=60.59%

④乙方案预期的总投资收益率=9%+10%=19%

丙方案预期的总投资收益率=9%+8%=17%

丁方案预期的风险收益率=22%-9%=13%

丁方案投资收益率的标准离差率=13%÷10%×100%=130%

（依据：风险收益率=标准离差率×风险价值系数）

⑤因为甲方案的净现值小于零，乙方案、丙方案和丁方案的净现值期望值均大于零，所以甲方案不具备财务可行性，其余3个方案均具有财务可行性。

因为在乙、丙、丁3个方案中，丙方案的风险最小，所以该公司的决策者应优先考虑选择丙投资项目。

【例3-18】某企业准备投资建设项目，资金成本为10%，分别有A、B、C3个方案可供选择。

A方案的有关资料见表3-8。

表3-8　　　　　　　　　　　　　　A方案的有关资料　　　　　　　　　　　　单位：元

计算期	0	1	2	3	4	5	6	合计
净现金流量	-60 000	0	30 000	30 000	20 000	20 000	30 000	—
折现的净现金流量	-60 000	0	24 792	22 539	13 660	12 418	16 935	30 344

已知A方案的投资于建设期起点一次投入，建设期为1年，年等额净回收额为6 967元。

B方案的项目计算期为8年，包括建设期的投资回收期为3.5年，净现值为50 000元，年等额净回收额为9 370元。

C方案的项目计算期为12年，包括建设期的投资回收期为7年，净现值为70 000元。

要求：

①计算或指出A方案的下列指标：包括建设期的投资回收期；净现值。

②评价A、B、C3个方案的财务可行性。

③计算C方案的年等额净回收额。

④用年等额净回收额法做出投资决策。

解答：

①因为A方案第3年的累计净现金流量=30 000+30 000-0-60 000=0，所以该方案

投资回收期为3年。

净现值=折现的净现金流量之和=30 344（元）

②对于A方案，由于净现值（30 344元）大于0，投资回收期为3年，所以该方案完全具备财务可行性。

对于B方案，由于净现值（50 000元）大于0，投资回收期为3.5年，所以该方案完全具备财务可行性。

对于C方案，由于净现值（70 000元）大于0，投资回收期为7年，该方案基本具备财务可行性。

③C方案的年等额净回收额=70 000×（A/P，10%，12）

=70 000×0.1468

=10 276（元）

④年等额净回收额法：

A方案的年等额回收额=6 967（元）

B方案的年等额回收额=9 370（元）

C方案的年等额回收额=10 276（元）

因为10 276＞9 370＞6 967，

所以，C方案最优，B方案次之，A方案最差。

任务三　评价证券投资

任务分析

证券是各类财产所有权或债权凭证的通称，是指具有一定票面金额并能给其持有者带来一定收益的财产所有权凭证或债权凭证。证券投资是指投资者将资金投资于股票、债券、基金及衍生证券等资产，从而获得收益的一种投资行为。与其他投资方式相比，证券投资具有如下特点：

（1）流动性强

证券投资具有高度的"市场力"，即流通变现的能力。

（2）价格不稳定

证券投资是对预期会带来收益的有价证券的风险投资，因为它受各种不同因素的影响较大，所以价格不稳定、投资风险大。

（3）交易成本低

二级市场的证券投资交易成本低，不会增加社会资本总量，而是在持有者之间进行再分配。

（4）投资和投机是证券投资活动中不可缺少的两种行为

因此，证券投资可以暂时存放闲置资金，通过与筹集长期资金相配合可以满足未来的财务需求，满足季节性经营对现金的需求，并且获得对相关企业的控制权。

基于以上内容，本任务主要分解为认识证券投资，以及对债券投资和股票投资的相关收益价值的计算。

活动1　认识证券投资

1.证券投资的种类

（1）债券投资

债券投资是指企业将资金投入各种债券，如国债、公司债和短期融资券等。相对于股票投资，债券投资一般风险较小，能获得稳定收益，但要注意投资对象的信用等级。

（2）股票投资

股票投资是指企业购买其他企业发行的股票作为投资，如普通股、优先股股票。股票投资风险较大，收益也相对较高。

（3）基金投资

基金是投资者将资金聚合在一起，由基金公司的专家负责管理，用来投资于多家公司的股票或者债券，以获取收益的投资方式。基金按可否赎回分为封闭式基金与开放式基金。封闭式基金投资者在契约期限未满时，不得向发行人要求赎回所投资的基金份额；而开放式基金投资者可随时向发行人赎回所投资的基金份额。基金投资者的收益主要来自基金分红。基金投资由于是专家经营管理，风险相对较小。

2.证券投资的一般程序

（1）选择投资对象

选择投资对象是证券投资成败的关键。企业应根据一定的投资原则，认真分析投资对象的收益水平和风险程度，以便合理选择投资对象，将风险降到最低限度，取得较好的投资收益。

（2）开户与委托

由于投资者无法直接进场交易，买卖证券业务需委托证券商代理。企业可通过电话委托、电脑终端委托、递单委托等方式委托券商代为买卖有关证券。

（3）成交

证券买卖双方通过中介券商的场内交易员分别出价委托，若买卖双方的价位与数量合适，交易即可达成，这个过程叫作成交。

（4）交割与清算

企业委托券商买入某种证券成功后，即应解交款项，收取证券，此过程即为交割。清算即指证券买卖双方结清价款的过程。

（5）过户

投资者在交易市场买入证券后，需办理变更持有人姓名的手续。证券过户只限于记名证券的买卖业务。当企业委托买卖某种记名证券成功后，必须办理证券持有人的姓名变更手续。

活动2　计算债券的收益价值

1.债券的价值模型

债券的价值又称债券的内在价值。根据资产的收入资本化定价理论,任何资产的内在价值都是由在投资者资产预期的可获得的现金收入的基础上进行贴现决定的。运用到债券上,债券的价值是指进行债券投资时投资者预期可获得的现金流入的现值。债券的现金流入主要包括利息和到期收回的本金或出售时获得的现金两部分。当债券的购买价格低于债券价值时,才值得购买。

（1）债券价值基本模型

债券价值的基本模型主要是指按复利方式计算的每年定期付息、到期一次还本情况下的债券的估价模型。其价值模型为:

$$P = \sum_{t=1}^{n} \frac{I_t}{(1+K)^t} + \frac{M}{(1+K)^n}$$

其中,P为债券价值;I_t为第t年利息;K为折现率（当时的市场利率或者投资者要求的必要报酬率）;M为债券面值;n为债券期限。

【例3-19】甲公司债券面值为2 000元,期限为3年,票面利率为9%,复利计息,每年定期付息,到期一次还本。若企业要对该债券进行投资,市场利率为8%。

要求:计算债券价格为多少元时才能进行投资。

解答:

P=2 000×9%×（P/A,8%,3）+2 000×（P/F,8%,3）

　=180×2.5771+2 000×0.7938

　=2 051.478（元）

即该债券的价格必须低于2 051.478元时才能进行投资。

（2）一次还本付息的单利债券价值模型

我国很多债券属于一次还本付息、单利计算的债券。其价值模型为:

$$P = \frac{M \cdot i \cdot n + M}{(1+K)^n}$$

其中,i为票面利率;其他符号含义同前。

【例3-20】乙公司拟购买另一家企业债券作为投资,该债券面值为1 000元,期限为3年,票面利率为4%,单利计息,一次还本付息,市场利率为6%。

要求:计算该债券价格为多少元时才能购买。

解答:

P=1 000×（1+4%×3）×（P/F,6%,3）

　=1 000×1.12×0.8396

　=940.352（元）

所以,该债券的价格必须低于940.352元时才可以购买。

（3）零票面利率债券的价值模型

零票面利率债券是指到期只能按面值收回,期内不计息的债券。其价值模型为:

$$P = \frac{M}{(1+K)^n}$$

公式中的符号含义同前。

【例3-21】丙公司债券面值为2 000元，期限为3年，期内不计利息，到期按面值还本，目前市场利率为6%。

要求：该债券价格为多少时，企业才能购买？

解答：

P=2 000×（P/F，6%，3）=2 000×0.8396=1 679.20（元）

所以，当债券的价格低于1 679.20元时，企业才能购买。

2.债券的收益率

（1）债券收益的来源

债券收益的来源主要包括：一是债券的利息收入；二是资本损益，即债券卖出价与买入价之间的差额，当卖出价大于买入价时为资本收益，反之为资本损失；三是有的债券可能因参与公司盈余分配，或者拥有转股权而获得其他收益。

（2）影响债券收益率的因素

债券收益率是指债券在特定期间带来的收益额与买入价（或者本金）的比率。影响债券收益率的因素主要有票面利率、期限、面值、持有时间、购买价格和出售价格。

（3）票面收益率

票面收益率又称名义收益率或息票率，是印在票面上的固定利率。

$$票面收益率 = \frac{债券年利息收入}{债券面值} \times 100\%$$

（4）本期收益率

本期收益率又称直接收益率或当期收益率。

$$本期收益率 = \frac{债券年利息收入}{债券买入价} \times 100\%$$

（5）持有期收益率

①持有时间较短，不超过1年的债券收益率。

$$持有期收益率 = \frac{债券持有期间的利息收入 +（卖出价 - 买入价）}{债券买入价} \times 100\%$$

为了便于不同期限收益率比较，一般将持有期收益率换算成持有期年均收益率：

持有期年均收益率=持有期收益率/持有年限

持有年限=实际持有天数/360

【例3-22】某企业于2019年4月1日以960元购进一张面值为1 000元、票面利率为6%、每年付息一次的债券，于2020年3月31日以980元的价格出售。

要求：计算债券的投资收益率。

解答：

K=（980-960+1 000×6%）÷960×100%=8.33%

该债券的投资收益率为8.33%。

②持有时间较长，超过1年的债券收益率。

每年年末支付利息的债券价值计算公式：

$$P = \sum_{t=1}^{n} \frac{I}{(1+K)^t} + \frac{M}{(1+K)^n}$$

其中，P为债券买入价；n为偿还期限（年）；M为债券到期兑付的金额或者提前出售时的卖出价；t为债券实际持有期限（年）；K为债券持有期年均收益率；I为持有期间收到的利息额。

【例3-23】某公司2019年1月1日平价发行债券，每张面值为1 000元，5年期，每年12月31日付息100元，到期归还本金1 000元。

①计算该债券票面收益率。

票面收益率＝（债券年利息收入÷债券面值）×100%

　　　　　＝（100÷1 000）×100%

　　　　　＝10%

②假定该债券以1 050元买入，本期收益率是多少？

本期收益率＝（债券年利息收入÷债券买入价）×100%

　　　　　＝（100÷1 050）×100%

　　　　　＝9.52%

③假定2023年1月1日的市价为900元，此时购买该债券持有至到期日的收益率是多少？（持有期1年）

持有至到期日收益率＝［100+（1 000-900）］÷900×100%

　　　　　　　　　＝22.22%

④假定2023年1月1日的市场利率下降到8%，那么此时债券的价值是多少？

2023年1月1日债券价值＝（100+1 000）÷（1+8%）

　　　　　　　　　　＝1 018.52（元）

⑤假定2021年1月1日的市场利率为12%，债券的市价为950元，你是否购买？（持有期3年）

2021年1月1日债券价值＝100×（P/A，12%，3）+1 000×（P/F，12%，3）

　　　　　　　　　　＝100×2.4018+1 000×0.7118

　　　　　　　　　　＝951.98（元）

债券的价值951.98元大于当时的债券市价950元，所以应购买该债券。

【例3-24】A企业2019年1月1日购买某公司2016年1月1日发行的面值为100 000元、票面利率为4%、期限为10年、每年年末付息1次的债券。

①若此时市场利率为5%，计算该债券的价值。

债券价值＝100 000×4%×（P/A，5%，7）+100 000×（P/F，5%，7）

　　　　＝4 000×5.7864+100 000×0.7107

　　　　＝94 215.6（元）

②若按94 000元的价格购入债券，一直持有至到期日，则购买债券的持有期年均

收益率为多少?

94 000=100 000×4%×(P/A, i, 7) +100 000×(P/F, i, 7)

即 94 000=4 000×(P/A, i, 7) +100 000×(P/F, i, 7)

当 i_1=5%时:

4 000×(P/A, 5%, 7) +100 000×(P/F, 5%, 7) =94 215.6>94 000

当 i_2=6%时:

4 000×(P/A, 6%, 7) +100 000×(P/F, 6%, 7) =88 839.6<94 000

根据以上测算可以看出,该债券收益率在5%至6%之间,采用内插法确定:

i=5.04%

【例3-25】甲企业于2019年1月1日以1 100元的价格购入A公司新发行的面值为1 000元、票面年利率为10%、每年1月1日支付一次利息的5年期债券。

①计算该项债券投资的本期收益率。

本期收益率=1 000×10%÷1 100×100%=9.09%

②计算该项债券投资的到期收益率。

设到期收益率为i, 则有:

NPV=1 000×10%×(P/A, i, 5) +1 000×(P/F, i, 5) -1 100=0

当 i_1=7%时:

NPV=1 000×10%×(P/A, 7%, 5) +1 000×(P/F, 7%, 5) -1 100

= 1 000×10%×4.1002+1 000×0.7130-1 100

= 23.02 > 0

当 i_2=8%时:

NPV=1 000×10%×(P/A, 8%, 5) +1 000×(P/F, 8%, 5) -1 100

= 1 000×10%×3.9927+1 000×0.6806-1 100

= -20.13 < 0

到期收益率i=7%+ (0-23.02) ÷ [(-20.13) -23.02] × (8%-7%)

= 7.53%

③假定市场利率为8%,根据债券投资的到期收益率,判断甲企业是否应当继续持有A公司债券,并说明原因。

甲企业不应当继续持有A公司债券,理由是:A公司债券到期收益率为7.53%,小于市场利率8%。

④如果甲企业于2020年1月11日以1 150元的价格卖出A公司债券,计算该项投资的持有期收益率。

持有期收益率= [1 000×10%+ (1 150-1 100)] ÷1 100×100%

= 13.64%

3.债券投资的优缺点

(1) 债券投资的优点

①投资收益稳定。进行债券投资一般可按时获得固定的利息收入,收益稳定。

②投资风险较低。相对于股票投资而言，债券投资风险较低。政府债券有国家财力作为后盾，通常被视为无风险证券。而企业破产时，企业债券的持有人对企业的剩余财产有优先求偿权，因而风险较低。

③流动性强。大企业及政府债券很容易在金融市场上迅速出售，流动性较强。

（2）债券投资的缺点

①无经营管理权。债券投资者只能定期取得利息，无权影响或控制被投资企业。

②购买力风险较大。由于债券面值和利率是固定的，如投资期间通货膨胀率较高，债券面值和利息的实际购买力就会降低。

活动3　计算股票的收益价值

股票是股份有限公司发行的、用以证明投资者股东身份和权益，并据此获得股利的一种可以转让的有价证券。

1.普通股评价模型

股票的价值又称股票的内在价值，是进行股票投资所获得的现金流入的现值。股票带给投资者的现金流入包括两部分：股利收入和股票出售时的资本利得。因此，股票的内在价值由一系列的股利和将来出售股票时售价的现值所构成，通常当股票的市场价格低于股票内在价值时才适宜投资。

（1）股票价值的基本模型

$$P = \sum_{t=1}^{\infty} \frac{R_t}{(1+K)^t}$$

其中，P是股票价值；R_t是股票第t年的现金流入量（包括股利收入、卖出股票的收入）；K是折现率；t是持有年限。

（2）固定股利、长期持有的股票价值模型

$$P = \sum_{t=1}^{\infty} \frac{D}{(1+K)^t} = \frac{D}{K}$$

其中，D为各年收到的固定股息；其他符号的含义与基本模型相同。

【例3-26】永利公司拟投资购买并长期持有某公司股票，该股票每年分配股利2.5元，必要收益率为12%。

要求：分析该股票价格为多少元时适合购买。

解答：

P=2.5÷12%=20.83（元）

计算表明，该股票价格低于20.83元时才适合购买。

（3）股利固定增长、长期持有的股票价值模型

$$P = \sum_{t=1}^{\infty} \frac{D_0 \times (1+g)^t}{(1+K)^t}$$

$$P = \frac{D_0 \times (1+g)}{K-g} = \frac{D_1}{K-g}$$

其中，D_0、D_1分别表示评价时已经发放的股利和预计第一年的股利；g为股利每

年增长率，g<K；其他符号含义与基本模型相同。

【例3-27】永利公司拟投资某公司股票，该股票上年每股股利为3元，预计年增长率为5%，必要投资报酬率为10%。

要求：计算该股票价格为多少元时可以投资。

解答：

P=3×（1+5%）÷（10%-5%）=63（元）

计算表明，该股票价格低于63元时才可以投资。

（4）股利非固定成长股票的价值

有些公司股票的股利在一段时间里高速成长，在另一段时间里又正常固定增长或固定不变，这样我们就要分段计算，才能确定股票的价值。

【例3-28】某企业持有甲公司的股票，期望的最低报酬率为15%。预计甲公司未来3年股利将按每年20%递增。之后转为正常增长，增长率为10%。甲公司最近支付的股利是3元。要求分析该公司股票的内在价值。

解答：

首先，计算非正常增长期的股利现值，见表3-9。

表3-9　　　　　　　　　　　　非正常增长期的股利现值　　　　　　　　金额单位：元

年次	股利（D_t）	现值系数（15%）	现值（P）
1	3×（1+20%）=3.6	0.870	3.132
2	3.6×（1+20%）=4.32	0.756	3.266
3	4.32×（1+20%）=5.184	0.658	3.411
现值合计（3年股利）			9.809

其次，计算第3年年末的普通股内在价值：

P_3=5.184×（1+10%）÷（15%-10%）

　=114.048（元）

计算其现值：

P=114.048×（P/F，15%，3）=114.048×0.658=75.04（元）

最后，计算股票目前的内在价值：

P_0=9.809+75.04=84.85（元）

2.股票投资的收益率

（1）股票收益与收益率

股票收益是指投资者从购入股票开始到出售股票为止整个持有期间的收入与成本的差额，由股利和资本利得两方面组成。

股票收益率是股票收益额与购买成本的比值。为便于与其他年度收益指标比较，可折算为年均收益率。

（2）股票收益率计算公式

①本期收益率：

$$本期收益率 = \frac{年现金股利}{本期股票价格} \times 100\%$$

式中，本期股票价格是指当日证券市场收盘价。

②持有期收益率。

持有股票时间不超过1年，不考虑资金时间价值：

$$持有期收益率 = \frac{(售出价 - 买入价) + 持有期间分得的现金股利}{股票买入价} \times 100\%$$

$$持有期年均收益率 = \frac{持有期收益率}{持有年限}$$

持有年限=实际持有天数/360

或：

持有年限=持有月数/12

持有时间超过1年，按每年复利一次考虑资金时间价值：

$$P = \sum_{t=1}^{n} \frac{D_t}{(1+i)^t} + \frac{F}{(1+i)^n}$$

式中，i为股票的持有期年均收益率；P为股票的购买价格；F为股票的售出价格；D_t为各年分得的股利；n为投资期限。

【例3-29】某公司在2016年4月1日投资550万元购买某种股票100万股，在2017年、2018年和2019年的3月31日，每股分别分得现金股利0.4元、0.5元和0.7元，并于2019年4月1日以每股7元的价格，将其全部出售，试求该项投资的投资收益率。

解答：

采用逐次测试和内插法进行计算，见表3-10。

表3-10　　　　　　　　　　　逐次测试和内插法计算表　　　　　　　　　金额单位：万元

年份	股利及出售股票的现金流量	测试20%		测试18%		测试16%	
		系数	现值	系数	现值	系数	现值
2017	40	0.8333	33.33	0.8475	33.90	0.8621	34.48
2018	50	0.6944	34.72	0.7182	35.91	0.7432	37.16
2019	770	0.5787	445.60	0.6086	468.62	0.6407	493.34
合计	—	—	513.65	—	538.43	—	564.98

①先按20%的收益率进行测算：

未来流入现值=40×（P/F，20%，1）+50×（P/F，20%，2）+770×（P/F，20%，3）

=513.65（万元）

现金流入现值，比原来的投资额550万元小，说明实际收益率低于20%。

②按18%的收益率进行测算：

未来流入现值=538.43（万元）

未来现金流入的现值还比550万元小，说明实际收益率比18%还要低。

③按16%的收益率进行测算：

未来流入现值=564.98（万元）

未来现金流入的现值比550万元大，说明实际收益率比16%高。

可以看出收益率在16%和18%之间，采用内插法确定：

（K-16%）÷（18%-16%）=（550-564.98）÷（538.43-564.98）

K=17.13%

该项投资的投资收益率为17.13%。

情境模拟

1.以案例宣讲的形式分析影响计算现金流量的因素，并评价其在计算现金流量过程中所起的作用。

2.以教师给出的一个案例出发，计算投资方案的NPV、PI、IRR等指标，并对这些指标进行评价，最终决定方案的取舍。

3.要求学生自行设计情境，对事件发生的概率进行统计，并计算相关指标，包括期望值、标准离差和标准离差率，最后对这些指标进行评价。

4.编写一份投资方案意向书。

实践训练

一、单项选择题

1.某债券已经发行2年，5年期，面值为1 000元，发行价为1 100元，票面年利率为6%，单利计息，到期一次还本付息，现在市场价格为1 250元。甲欲购入后持有至到期日，则其持有期年均收益率是（　　）。

A.5.72%　　　　B.1.33%　　　　C.1.98%　　　　D.8.71%

2.某公司发行面值为1 000元、票面年利率为5%、期限为10年、每年支付一次利息、到期还本的债券，发行时市场利率为6%，则该债券的发行价格为（　　）元。

A.1 000　　　　B.982.24　　　　C.926.41　　　　D.1 100

3.某上市公司2019年3月初对外发布公告，按照每10股派发现金股利5元进行利润分配，如果3月20日该公司股票的开盘价为20元，收盘价为21元，则该股票的本期收益率为（　　）。

A.25%　　　　B.23.8%　　　　C.2.5%　　　　D.2.4%

4.以下关于债券的叙述，错误的是（　　）。

A.债券是债务人依照法定程序发行，承诺按约定的利率和日期支付利息，并在特定日期偿还本金的书面债务凭证

B.对于新发行的债券而言，估价模型计算结果反映了债券的发行价格

C.债券价值是指债券未来现金流入的现值，又称"债券的内在价值"

D.对于到期一次还本付息的债券而言，随着时间的推移，债券价值逐渐降低

5.将投资区分为直接投资和间接投资所依据的分类标准是（　　）。

A.投资行为的介入程度　　　　　　　　B.投资的领域

C.投资的方向　　　　　　　　　　　　D.投资的内容

6.下列指标中，可能受投资资金来源结构，即权益资金和债务资金的比例影响的是（　　）。

A.原始投资　　　　　　　　　　　　　B.固定资产投资

C.流动资金投资　　　　　　　　　　　D.项目总投资

7.若某投资项目的建设期为零，则直接利用年金现值系数计算该项目内含报酬率指标所要求的前提条件是（　　）。

A.投产后净现金流量为普通年金形式　　B.投产后净现金流量为递延年金形式

C.投产后各年的净现金流量不相等　　　D.在建设起点没有发生任何投资

8.下列投资项目评价指标中，不受建设期长短、投资回收时间先后、现金流量大小影响的是（　　）。

A.投资回收期　　　B.投资利润率　　　C.净现值率　　　D.内含报酬率

9.A项目全部投资于建设起点一次投入，建设期为0，计算期为N，投产后每年净现金流量相等，该项目的投资回收期为4年，则（P/A，IRR，n）（　　）。

A.等于4　　　　　　B.等于5　　　　　C.无法计算　　　D.等于n-4

10.下列指标中属于静态相对量正指标的是（　　）。

A.静态投资回收期　　　　　　　　　　B.投资收益率

C.净现值率　　　　　　　　　　　　　D.内含报酬率

二、多项选择题

1.与长期持有、股利固定增长的股票价值呈同方向变化的因素有（　　）。

A.预期第一年的股利　　　　　　　　　B.股利年增长率

C.投资人要求的收益率　　　　　　　　D.β系数

2.在计算不超过一年的债券的持有期年均收益率时，应考虑的因素包括（　　）。

A.利息收入　　　B.持有时间　　　C.买入价　　　D.卖出价

3.债券的收益率包括（　　）。

A.息票率　　　　B.直接收益率　　　C.持有期收益率　　　D.间接收益率

4.股票的价值形式有（　　）。

A.票面价值　　　B.账面价值　　　C.清算价值　　　D.市场价值

5.完整工业投资项目的现金流出量包括（　　）。

A.工资及福利费

B.税金及附加

C.旧固定资产提前报废产生的净损失抵税

D.外购原材料、燃料和动力费

6.某单纯固定资产投资项目的资金来源为银行借款，按照项目投资假设和简化公式计算经营期某年的税前净现金流量时，要考虑的因素有（　　）。

A.该年因使用该固定资产新增的息税前利润

B.该年因使用该固定资产新增的折旧

C.该年回收的固定净产净残值

D.该年偿还的相关借款本金

7.下列指标中，属于动态评价指标的有（　　）。

A.现值指数　　　B.净现值率　　　C.内含报酬率　　　D.投资收益率

8.在项目投资决策中，下列各项属于建设投资的有（　　）。

A.固定资产投资　　B.开办费投资　　C.生产设备投资　　D.流动资金投资

9.净现值指标的优点有（　　）。

A.考虑了资金时间价值

B.能够利用项目计算期的全部净现金流量

C.考虑了投资风险

D.可从动态的角度反映投资项目的实际投资收益率水平

10.投资利润率的特点有（　　）。

A.计算公式最为简单

B.没有考虑资金时间价值因素

C.不能正确反映建设期长短及投资方式不同和回收额的有无对项目的影响

D.分子、分母计算口径的可比性较差，无法直接利用净现金流量信息

三、判断题

1.对于到期一次还本付息的债券而言，随着时间的推移，债券价值逐渐增加。

（　　）

2.股票的收益即持有期间获得的股利。（　　）

3.股利固定，长期持有的股票价值与投资人要求的必要报酬率成反比，与预期股利成正比。（　　）

4.在持有期短于一年的情况下，票面利率、期限、购买价格等和债券的收益率同向变动。（　　）

5.债券的当前收益率和票面收益率一样，不能全面地反映投资者的实际收益。（　　）

6.对于单纯固定资产投资项目而言，原始投资等于固定资产投资。（　　）

7.评价投资项目的财务可行性时，如果投资回收期或投资利润率的评价结论与净现值指标的评价结论发生矛盾，应当以净现值指标的结论为准。（　　）

8.按指标在决策中的重要性分类，可分为主要指标、次要指标和辅助指标。投资

利润率为次要指标，投资回收期为辅助指标。　　　　　　　　　　　（　　）

9.净现值指标的计算考虑了资金时间价值，但没有考虑风险性。　　　（　　）

10.净现值等于运营期净现金流量的现值总和减去建设期净现金流量现值总和。

　　　　　　　　　　　　　　　　　　　　　　　　　　　　　　　（　　）

四、计算分析题

1.某上市公司本年度支付的股利为 20 000 万元，每股支付股利 2 元。预计该公司未来 3 年进入成长期，股利第 1 年增长 10%，第 2 年增长 10%，第 3 年增长 8%，第 4年及以后将保持第 3 年的股利水平。该公司没有增发普通股的计划。

要求：假设投资人要求的报酬率为 12%，计算股票的价值。

2.某企业拟进行一项固定资产投资（均在建设期内投入），该项目的现金流量表（部分）见表 3-11。

表3-11　　　　　　　　　　　　现金流量表（部分）　　　　　　　　　单位：万元

项目	建设期		运营期				
	0	1	2	3	4	5	6
净现金流量	−500	−1 000	100	1 000	B	1 000	1 000
累计净现金流量	−500	−1 500	−1 400	A	100	1 100	2 100
折现净现金流量	−500	−900	C	729	328.05	590.49	531.44

要求：

（1）计算表 3-11 中用英文字母表示的项目的数值。

（2）计算或确定下列指标：

①静态投资回收期。

②净现值。

③原始投资以及原始投资现值。

④净现值率。

⑤现值指数。

（3）评价该项目的财务可行性。

3.A 企业在建设起点投入固定资产 550 万元，在建设期末投入无形资产 100 万元，并垫支流动资金 150 万元，建设期为 2 年，资本化利息 12 万元。预计项目使用寿命为10 年，固定资产净残值为 50 万元。项目投产后第 1～5 年每年预计外购原材料、燃料和动力费为 100 万元，工资及福利费为 70 万元，修理费为 10 万元，其他费用为 20 万元，每年折旧费为 50 万元，无形资产摊销额为 10 万元；第 6～10 年每年不包括财务费用的总成本费用为 280 万元，每年预计外购原材料、燃料和动力费为 120 万元，每年折旧费为 50 万元，无形资产摊销额为 10 万元。项目投产后第 1～5 年每年预计营业收入（不含增值税）为 400 万元，第 6～10 年每年预计营业收入（不含增值税）为

620 万元，适用的增值税税率为 16%，城市维护建设税税率为 7%，教育费附加税率为 3%。该企业的营业收入需要缴纳消费税，适用税率为 10%，不涉及其他税费。A 企业适用的所得税税率为 25%。

要求：

（1）判断该项目属于哪种类型的投资项目，并计算原始投资额；

（2）计算投产后第 1~5 年每年的经营成本；

（3）计算投产后各年的应交增值税；

（4）计算投产后各年的税金及附加；

（5）计算投产后第 6~10 年每年的经营成本；

（6）计算投产后各年的息税前利润；

（7）计算各年所得税后的净现金流量。

4. 甲企业打算在 2016 年年末购置一套不需要安装的新设备，以替换一套尚可使用 5 年、折余价值为 90 000 元、变价净收入为 60 000 元的旧设备。取得新设备的投资额为 265 000 元。到 2021 年年末，新设备的预计净残值超过继续使用旧设备的预计净残值 5 000 元。使用新设备可使企业在 5 年内每年增加息前税后利润 18 000 元。新旧设备均采用直线法计提折旧。假设全部资金来源均为自有资金，适用的企业所得税税率为 25%。

要求：

（1）计算更新设备比继续使用旧设备增加的投资额。

（2）计算运营期因更新设备而每年增加的折旧。

（3）计算因旧设备提前报废发生的处理固定资产净损失。

（4）计算运营期第 1 年因旧设备提前报废发生净损失而抵减的所得税税额。

（5）计算建设期起点的差量净现金流量 ΔNCF_0。

（6）计算运营期第 1 年的差量净现金流量 ΔNCF_1。

（7）计算运营期第 2~4 年每年的差量净现金流量 $\Delta NCF_{2\sim4}$。

（8）计算运营期第 5 年的差量净现金流量 ΔNCF_5。

5. 某企业计划进行某项投资活动，有甲、乙两个备选的互斥投资方案资料如下：

（1）甲方案原始投资 150 万元，其中固定资产投资 100 万元，流动资金投资 50 万元，全部资金于建设起点一次性投入，建设期为 0，运营期为 5 年，到期净残值收入 5 万元，预计投产后年营业收入（不含增值税）90 万元，年不含财务费用总成本费用 60 万元。

（2）乙方案原始投资额 200 万元，其中固定资产投资 120 万元，流动资金投资 80 万元，建设期为 2 年，运营期为 5 年，建设期资本化利息 10 万元，固定资产投资于建设期起点投入，流动资金投资于建设期结束时投入，固定资产净残值收入 8 万元，预计项目投产后，年营业收入 170 万元，年经营成本 80 万元，运营期每年归还利息 5 万元。固定资产按直线法折旧，全部流动资金于终结点收回。

该企业为免税企业,可以免交所得税,不考虑税金及附加的变化。

要求:

(1) 计算甲、乙方案各年的净现金流量。

(2) 计算甲、乙方案包括建设期的静态投资回收期。

(3) 该企业所在行业的基准折现率为10%,计算甲、乙方案的净现值。

(4) 计算甲、乙方案的年等额净回收额,并比较两方案的优劣。

项目四　编制现金管理方案

引　例

现金如何为王

　　东方软件是印度新德里的一家软件公司，为印度、中东和非洲的企业提供软件产品与服务，具备软件行业 CMM 5 级认证。据东方软件的 CEO 桑杰先生介绍，东方软件以"天"为周期来管理现金流，采用成熟的流程和工具，每天自动计算现金存量及其与预算的差距，以及当前现金还能支撑多少天。桑杰自信地说："我们现在的现金可以维持 178 天，而去年这个时候我们的现金只能维持 123 天，这说明我们今年在现金管理方面有了很大的进步。"

　　其他印度公司是不是也能做到按天管理？

　　桑杰说："以'天'为单位进行现金流管理，尽管不是每个企业都能做到，但是也并不鲜见。在印度，普通的企业最起码要做到以'周'为单位进行现金流管理，按'月'为单位进行现金流管理非常罕见。这主要是因为印度企业的资金非常短缺，资金成本很高。平均而言，印度企业的账面现金能维持 60～90 天的消耗。"

　　如果一个企业的现金仅仅够 60 天的消耗，怎么可能以"月"为单位进行现金流管理呢？60 天约等于 8 周，也就是两个月。如果按"天"进行管理，有 59 次管理和调整的机会；如果按"周"进行管理，有 7 次管理和调整的机会；如果按"月"进行管理，则只有 1 次管理和调整的机会。哪个企业家能够保证自己 1 次管理和调整现金就能解决问题呢？

资料来源 佚名. 现金如何为王 [EB/OL]. [2016-06-20]. http://wenku.baidu.com/view/213a73d733d4b14e852468bd.html.

从这个引例中不难看出，一家处在正常运营状况中的企业，现金流的控制合理与否直接关系到企业的供应、生产、销售及债务的清偿。在对现金管理过程中企业至少应完成以下两项工作：

（1）制定合理的现金使用的决策，确定现金留存的最佳持有量。

（2）利用现金的理念来加强对现金的日常管理。

任务一 现金决策

任务分析

现金是指在生产过程中暂时停留在货币形态的资金，包括库存现金、银行存款、银行本票、银行汇票等。

现金是变现能力最强的资产，可以用来满足生产经营开支的各种需要，也是还本付息和履行纳税义务的保证。因此，拥有足够的现金对于降低企业的风险，增强企业资产的流动性和债务的可清偿性具有重要意义。但是，现金属于非盈利性资产，即使是银行存款，其利率也非常低。现金持有量过多，它所提供的流动性边际收益便会随之下降，进而导致企业的收益水平降低。因此，企业必须合理确定现金持有量，使现金收支不但在数量上，而且在时间上相互衔接，以便在保证企业经营活动所需现金的同时，尽量减少企业闲置的现金数量，提高资金收益率。

视频动画 4-1

活动1 认清企业持有现金的动机

企业持有一定数量的现金主要是基于以下几方面的动机：

1. 交易性动机

交易性动机是指持有现金以满足日常业务的现金支付需要，如用于购买材料、支付工资、缴纳税款、偿还到期债务、支付股利等。这是公司持有现金的主要动机。

2. 预防性动机

预防性动机是指持有现金以防发生意外支出。由于理财环境的复杂性和多变性，公司难以对未来现金的收支情况做出准确的估计和预期。一旦预期的现金收支与实际情况发生较大差异，势必影响公司的正常经营。因此，在正常现金需要量的基础上，追加一定数量的现金余额，以应付未来理财活动中现金支出增加的需求，是现金管理的一项重要要求。

3. 投机性动机

投机性动机是指持有现金用于不寻常的投资和购买机会，如购买廉价的原材料，或适时地买进卖出，赚取价差；根据证券市场上证券价格的波动规律，低价买入高价卖出有价证券，从中盈利等。

4.其他动机

企业除以上3种原因持有现金外，也会为满足将来某一特定要求或者为在银行维持补偿性余额等其他原因而持有现金。企业在确定现金余额时，一般应综合考虑各方面的持有动机。但要注意的是，由于各种动机所需的现金可以调节使用，企业持有的现金总额并不等于各种动机所需现金余额的简单相加，前者通常小于后者。另外，上述各种动机所需保持的现金，并不要求必须是货币形态，也可以是能够随时变现的有价证券以及能够随时转换成现金的其他各种存在形态，如可随时借入的银行信贷资金等。

各种动机之间的关系见表4-1。

表4-1 各种动机之间的关系

动机	含义	影响因素
交易性动机	为维持正常生产经营活动而持有的现金	主要取决于企业销售水平
预防性动机	为应付紧急情况而持有的现金	（1）企业愿意承担风险的程度 （2）企业临时举债能力的强弱 （3）企业对现金流量预测的可靠程度
投机性动机	为把握市场投机机会，获得较大收益而持有的现金	（1）企业在金融市场的投资机会 （2）企业对待风险的态度
其他动机	为满足将来某一特定要求或为在银行维持补偿性余额等原因而持有的现金	
说明	企业持有的现金总额并不等于各种动机所需现金余额的简单相加，前者通常小于后者；各种动机所需保持的现金，并不要求必须是货币形态，也可以是能够随时变现的有价证券以及能够随时转换成现金的其他各种存在形态	

活动2 确定现金持有成本

现金持有成本通常由以下4个部分组成：

1.管理成本

管理成本是指企业因持有一定数量的现金而发生的管理费用，如管理人员工资及必要的安全措施费，这部分费用在一定范围内与现金持有量的多少关系不大，一般属于固定成本。

2.机会成本

机会成本是指企业因持有一定数量的现金而丧失的再投资收益。由于现金属于非盈利性资产，保留现金必然丧失再投资的机会及相应的投资收益，从而形成持有现金的机会成本，这种成本在数额上等同于资金成本。比如，企业欲持有5万元现金，则只能放弃5 000元的投资收益（假设企业平均收益率为10%）。可见，放弃的再投资收益属于变动成本，它与现金持有量的多少密切相关，即现金持有量越大，机会成本越高，反之就越小。

3.转换成本

转换成本是指企业用现金购入有价证券以及转让有价证券换取现金时付出的交易费用，如委托买卖佣金、委托手续费、证券过户费、交割手续费等。证券转换成本与现金持有量的关系是：在现金需要量既定的前提下，现金持有量越少，进行证券变现的次数就越多，相应的转换成本就越大；反之，现金持有量越多，进行证券变现的次数就越少，相应的转换成本也就越小。因此，现金持有量的不同必然通过证券变现次数多少而对转换成本产生影响。

4.短缺成本

短缺成本是指因现金持有量不足而又无法及时通过有价证券变现加以补充而给企业造成的损失，包括直接损失与间接损失。现金的短缺成本随现金持有量的增加而下降，随现金持有量的减少而上升，即与现金持有量负相关。

各成本与现金持有量之间的关系见表4-2。

表4-2　　　　　　　　　**各成本与现金持有量之间的关系**

种类	含义	与现金持有量之间的关系
管理成本	企业因持有一定数量的现金而发生的管理费用	管理成本与现金持有量无明显关系
机会成本	企业因持有一定数量的现金而丧失的再投资收益	机会成本与现金持有量成正比
转换成本	企业用现金购入有价证券以及转让有价证券换取现金时付出的交易费用	固定性转换成本与现金持有量成反比；变动性转换成本与现金持有量无关
短缺成本	因现金持有量不足而又无法及时通过有价证券变现加以补充而给企业造成的损失	短缺成本与现金持有量之间成反比

活动3　最佳现金持有量的确定

基于交易、预防、投机等动机的需要，企业必须保持一定数量的现金余额。但是现金作为盈利性最差的资产，其数额太多会导致企业盈利水平下降；其数额太少，又可能出现现金短缺，从而影响生产经营。因此，最佳现金持有量的确定必须权衡收益和风险。

确定最佳现金持有量的方法有很多，这里只介绍成本分析模式、存货模式等几种常见的模式。

1.成本分析模式

成本分析模式是根据现金持有的有关成本，分析、预测其总成本最低时现金持有量的一种方法。

成本分析模式只考虑持有一定数量的现金而发生的管理成本、机会成本和短缺成本，而不考虑转换成本。由于管理成本具有固定成本的性质，与现金持有量不存在明显的线性关系；机会成本（因持有现金而丧失的再投资收益）与现金持有量成正比例变动，机会成本=现金持有量×有价证券利率（或报酬率）；短缺成本同现金持有量负相关，现金持有量愈大，现金短缺成本愈小，反之，现金持有量愈小，现金短缺成本愈大。

在实际工作中运用该模式确定最佳现金持有量的具体步骤为：

（1）根据不同现金持有量测算并确定有关成本数值。

（2）按照不同现金持有量及其有关成本资料编制最佳现金持有量测算表。

（3）在测算表中找出总成本最低时的现金持有量，即最佳现金持有量。

【例4-1】立升公司有4种现金持有量方案，它们各自的机会成本率、管理成本、短缺成本见表4-3。

表4-3 现金持有量方案表 单位：元

方案	现金持有量	机会成本率	管理成本	短缺成本
A	50 000	10%	3 000	7 000
B	80 000	10%	3 000	3 000
C	100 000	10%	3 000	0
D	130 000	10%	3 000	0

根据表4-3编制最佳现金持有量计算表，见表4-4。

表4-4 最佳现金持有量计算表 单位：元

方案	现金持有量	机会成本	管理成本	短缺成本	总成本
A	50 000	5 000	3 000	7 000	15 000
B	80 000	8 000	3 000	3 000	14 000
C	100 000	10 000	3 000	0	13 000
D	130 000	13 000	3 000	0	16 000

将以上各方案的总成本加以比较，可以看出C方案的总成本最低，也就是说，当公司持有100 000元的现金时对公司最合算，因此100 000元就是该公司的最佳现金持有量。

2.存货模式

存货模式是将存货经济订货批量模型原理用于确定目标现金持有量，其着眼点也是现金相关成本之和最低。

运用存货模式确定最佳现金持有量时，是以下列假设为前提的：

第一，企业所需要的现金可通过证券变现取得，且证券变现的不确定性很小；

第二，企业预算期内现金需要总量可以预测；

第三，现金的支出过程比较稳定，波动较小，而且每当现金余额降至零时，均通过部分证券变现得以补足，换句话说，这种模式也不考虑短缺成本，只对持有现金的机会成本和证券变现的交易成本予以考虑；

第四，证券的市场利率或收益率以及每次固定性交易费用可以获悉。

如果这些条件基本得到满足，企业便可以利用存货模式来确定最佳现金持有量。这里所说的最佳现金持有量是指能够使现金管理的机会成本与转换成本之和保持最低的现金持有量。当持有现金的机会成本与证券变现的交易成本相等时，现金管理的总成本最低，此时的现金持有量即为最佳现金持有量。

现金管理总成本可表示为：

总成本=持有现金机会成本+有价证券交易成本

　　　　=现金平均余额×证券市场利率+证券变现次数×证券每次交易成本

即
$$TC = \frac{Q}{2} \times K + \frac{T}{Q} \times F$$

式中，TC为持有现金的总成本；Q为最佳现金持有量；K为有价证券的市场利率（机会成本）；T为一定期间内公司现金需求总量；F为有价证券每次交易的成本。

现金管理总成本与持有现金机会成本、有价证券交易成本的关系如图4-1所示。

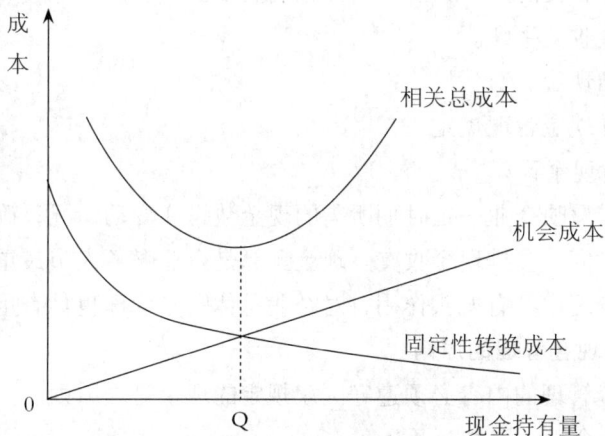

图4-1　存货模式示意图

从图4-1可以看出，持有现金的机会成本与证券变现的交易成本相等时，现金管理的总成本最低。此时的现金持有量为最佳现金持有量，即：

$$Q = \sqrt{\frac{2TF}{K}}$$

将上式带入现金管理总成本公式，得出最低现金管理相关总成本为：

$$TC = \sqrt{2TFK}$$

【例4-2】兴海公司预计在1个月内需用现金40 000元，每天现金收支均匀，有价证券每次转换成本为200元，有价证券的年利率为12%，则：

月内最合理的现金持有量：

$$Q = \sqrt{\frac{2 \times 40\,000 \times 200}{12\% \div 12}} = 40\,000 （元）$$

月内最佳现金管理总成本：

$$TC = \sqrt{2 \times 40\,000 \times 200 \times 12\% \div 12} = 400（元）$$

其中：证券交易成本 $= \dfrac{40\,000}{40\,000} \times 200 = 200$（元）

持有现金机会成本 $= \dfrac{40\,000}{2} \times \dfrac{12\%}{12} = 200$（元）

月内有价证券转换次数 $= 40\,000 \div 40\,000 = 1$（次）

任务二　现金管理

在现金管理中，企业除合理编制现金收支计划和认真确定最佳现金余额外，还必须进行现金的日常控制。

活动1　了解现金的日常收支

企业现金日常管理的内容主要有以下几个方面：

1.建立和健全现金收支管理制度

（1）实行现金收支的职责分工与内部控制制度。

（2）严格现金收支手续。

（3）及时清结现金。

（4）严格遵守现金管理规定。

2.编制和执行现金预算

现金预算用以反映企业一定时期所需的现金数量和变动情况，确定需要融资的数额和适当的融资时间，安排现金收支。现金预算是企业财务人员最重要的现金调控工具之一，在现金管理中具有龙头作用，对企业总体财务管理也具有重要意义。

活动2　了解现金管理的原则

企业日常现金管理的内容必须遵守国家规定的现金管理原则。

1.钱账分管，会计、出纳分开

要实行管钱的不管账，管账的不管钱。出纳员和会计员互相牵制、互相配合、互相监督，可以保证少出差错，堵塞漏洞。

2.建立现金交接手续，坚持查库制度

凡有现金收付，必须坚持复核。在款项转移或出纳人员调换时，必须办理交接手续，做到责任清楚。要经常检查库存现金与账面记录是否一致，以保证钱柜安全。

3.遵守规定的现金使用范围

国家规定，现金只能是用于支付个人款项及不够支票结算起点的公用开支，其范围如下：

（1）支付给职工的工资、津贴。

（2）支付给个人的劳务报酬。

（3）根据规定发给个人的科学技术、文化艺术、体育等各种奖金。

（4）支付各种劳保福利费用以及国家规定的对个人的其他支出。

（5）向个人收购农副产品和其他物资的价款。

（6）出差人员必须随身携带的差旅费。

（7）结算起点以下的小额收支。

（8）银行确定需要支付现金的其他支出。

除上述（5）、（6）两项外，超过使用现金限额的部分应以银行支票或本票支付；确需全额支付现金的，经开户银行审核同意后，予以支付现金。国家鼓励用户单位和个体经济户在经济活动中采取转账结算方式进行结算，减少现金使用。

4.遵守库存现金限额

为了控制现金使用，有计划地组织货币流通，企业的库存现金数额由开户银行根据企业规模的大小、每日现金收付金额的多少以及企业距离银行的远近同企业协商确定，一般以不超过3～5天零星开支的正常需要为限额，距离银行较远或交通不便的可以多于5天，但一般不得超过15天零星开支的正常需要。核定的限额必须遵守，超过库存限额的现金出纳员应及时送存银行。需要增减库存现金限额的应当向开户银行提出申请，由开户银行核定。

5.严格现金存取手续，不得坐支现金

开户单位收入的现金应于当日送存开户银行。当日送存确有困难的由开户银行确定送存时间。有关现金的支出，除了限额内的零星开支可以从库存现金中支付以外，其余的开支必须从银行提取，不得从本单位现金收入中直接支付（即坐支现金）。因特殊情况需要坐支现金的，应事先报开户银行审查批准，由开户银行核定坐支范围和限额。坐支单位应定期向开户银行报送坐支金额和使用情况。

企业不得将单位收入的现金以个人名义存入储蓄户。

活动3　现金收支综合管理

1.加速现金收款

企业加速收款的任务不仅是要尽量使顾客早付款，而且是要尽快地使这些付款转化为可用现金。为此，必须满足如下要求：

（1）减少顾客付款的时间。

（2）减少企业收到顾客开来支票与支票兑现之间的时间。

（3）加速资金存入自己往来银行的过程。

为达到以上要求，可采用银行业务集中法。银行业务集中法是指通过设立多个收款中心来代替通常在公司总部设立的单一收款中心，以加速账款回收的一种方法。其目的是缩短从顾客寄出账款到现金收入企业账户这一过程的时间。

除以上方法外，还有一些加速收现的方法。例如，对于金额较大的货款可采用电汇或者直接派人前往收取支票，并送存银行的方法，以加速收款；公司对于各银行之间以及公司内部各单位之间的现金往来也要严加控制，以防有过多的现金闲置在各部门之间。

2.控制现金支出

现金支出管理的主要任务是尽可能延缓现金的支出时间，当然这种延缓必须是合理合法的，否则企业延期支付账款所得到的收益将远远低于由此而遭受的损失。控制现金支出的方法主要有以下几种（见表4-5）：

表4-5   控制现金支出的几种方法

方法	做法	效果
合理利用现金浮游量	准确预测浮游量并加以运用	可以节约大量的现金
推迟支付应付款	尽可能推迟支付期	应在不影响信誉的情况下
采用商业承兑汇票付款	利用不是见票即付的商业承兑汇票支付方式	合法地延期付款

（1）合理利用现金浮游量。所谓现金浮游量，是指企业账户上现金余额与银行账户上所示的企业存款余额之间的差额。有时，公司账簿上的现金余额已为零或负数，而银行账簿上该公司的现金余额还有不少。这是因为有些支票公司虽已开出，但顾客还没有到银行兑现。如果能正确预测浮游量并加以利用，可节约大量现金。

（2）推迟支付应付款。为了最大限度地利用现金，企业在不影响信誉的情况下，应尽可能推迟应付款的支付期。例如，企业在采购材料时，如果付款条件是"2/10，n/45"，应安排在发票开出日期后的第10天付款，这样，企业可以最大限度地利用现金而又不丧失现金折扣。

（3）采用商业承兑汇票付款。在使用支票付款时，只要受票人将支票送交银行，付款人就要无条件地付款。但商业承兑汇票不采用见票即付的付款方式，在受票人将商业承兑汇票送交银行后，银行要将商业承兑汇票送交付款人承兑，并由付款人将一笔相当于商业承兑汇票金额的资金存入银行，银行才会付款给受票人，这样就有可能合法地延期付款。

企业应尽量使现金流入与现金流出发生的时间趋于一致，这样就可以使其所持有的交易性现金余额降到较低水平，这就是所谓的现金流量同步。基于这种认识，企业可以重新安排付出现金的时间，尽量使现金流入与现金流出趋于同步。

3.闲置现金投资管理

企业现金管理的目的首先是保证主营业务的现金需求，其次才是使这些现金获得最大的收益。这两个目的要求企业把闲置资金投入到流动性高、风险性低、交易期限短的金融工具中，以期获得较多的收入。

情境模拟

1.思考题：父母是怎样支付你的生活费的？请介绍一下你怎样管理这笔现金。

2.分组解决怎样尽量避免持有现金的额外成本支出这一问题，并在课堂中进行宣讲。

　　3.试分析确定最佳现金持有量的成本分析模式和存货模式的特点。

　　4.课后要求以小组的形式自行设计一个比较合理的现金日常管理方案。

　　5.编写一份现金管理方案。

实践训练

　　一、单项选择题

　　1.最佳现金持有量是指持有现金的机会成本与（　　　）之和最低时的现金持有量。

　　A.机会成本　　　　　B.转换成本　　　　　C.短缺成本　　　　　D.管理成本

　　2.在确定最佳现金持有量时，成本分析模式和存货模式均需考虑的因素是（　　　）。

　　A.持有现金的机会成本　　　　　　　B.固定性转换成本

　　C.现金短缺成本　　　　　　　　　　D.现金保管费用

　　3.企业在进行现金管理时，可利用的现金浮游量是指（　　　）。

　　A.企业账户所记存款余额

　　B.银行账户所记企业存款余额

　　C.企业账户上现金余额与银行账户上所示的企业存款余额之间的差额

　　D.企业实际现金余额超过最佳现金持有量的数额

　　4.企业应持有的现金总额通常小于出于交易动机、预防动机和投机动机所需要的现金余额之和，其原因是（　　　）。

　　A.现金的存放形式在不断变化　　　　B.现金与有价证券可以互相转换

　　C.现金在不同时点能够可以灵活使用　　D.各种动机所需要的现金可以调节使用

　　5.与现金持有量没有明显比例关系的成本是（　　　）。

　　A.机会成本　　　　　B.转换成本　　　　　C.管理成本　　　　　D.短缺成本

　　6.企业为满足交易动机而持有现金，所需要考虑的主要因素是（　　　）。

　　A.企业销售水平的高低　　　　　　　B.企业临时举债能力的大小

　　C.企业对待风险的态度　　　　　　　D.金融市场投机机会的多少

　　二、多项选择题

　　1.现金交易动机是为了满足（　　　）。

　　A.购买生产经营所需原材料的需要

　　B.支付生产经营中应付工资的需要

　　C.支付税款的需要

　　D.防止主要客户延期付款而影响正常收支的需要

　　2.企业在确定为应付紧急情况而持有现金数额时，需考虑的因素有（　　　）。

　　A.企业销售水平的高低　　　　　　　B.企业临时举债能力的强弱

　　C.金融市场投资机会的多少　　　　　D.企业现金流量预测的可靠程度

3.企业为维持预防动机所需要的现金余额主要取决于（　　）。

A.企业的临时举债能力　　　　　　B.企业愿意承担的风险程度

C.企业在金融市场上的投资机会　　D.企业对现金流量预测的可靠程度

4.企业持有现金的动机有（　　）。

A.交易性动机　　　　　　　　　　B.预防性动机

C.投机性动机　　　　　　　　　　D.为在银行维持补偿性余额

5.为了确定最佳现金持有量，企业可以采用的方法有（　　）。

A.存货模式　　　　　　　　　　　B.邮政信箱模式

C.成本分析模式　　　　　　　　　D.银行业务集中模式

三、判断题

1.给客户提供现金折扣的主要目的是扩大企业销售。　　　　　　　　（　　）

2.现金折扣是企业为了鼓励买者多买而在价格上给予的一定的折扣。（　　）

3.企业现金持有量过多会降低企业的收益水平。　　　　　　　　　　（　　）

4.现金持有成本是指企业持有现金所放弃的企业投资报酬率。　　　　（　　）

5.企业如果发生现金短缺，就有可能造成信用损失，有可能出现因缺货而停工，因此企业保有的现金越多越好，现金短缺成本也就可能下降到最低水平。（　　）

6.若现金的管理成本是相对固定的，则在确定现金最佳持有量时，可以不考虑它的影响。　　　　　　　　　　　　　　　　　　　　　　　　　　　　　（　　）

四、计算分析题

1.预计下月月初：现金余额8 000元，应收账款4 000元，下月可收回80%，应付账款50 000元需全部付清；下月月末：销售收入50 000元，当期收现50%，采购材料付现8 000元，当期付款70%，支付工资8 400元，间接费用50 000元，其中折旧4 000元，预交所得税900元，购买设备付现20 000元；现金不足时使用银行借款，借款额为1 000元的倍数，现金余额不得低于3 000元，现金多余可购买有价证券。要求：

（1）计算经营现金收入。

（2）计算经营现金支出。

（3）计算现金余缺。

（4）确定资金筹集或运用数额。

（5）确定现金期末余额。

2.ABC公司2019年度设定的每季末现金余额的额定范围为50万～60万元，其中，年末余额已预定为60万元。假定当前银行约定的单笔短期借款必须为10万元的倍数，年利率为6%，借款发生在相关季度的期初，每季末计算并支付借款利息，还款发生在相关季度的期末。2019年该公司无其他融资计划。ABC公司编制的2019年度现金预算的部分数据见表4-6。

表4-6　　　　　　　　　2019年度ABC公司现金预算　　　　　金额单位：万元

项目	第一季度	第二季度	第三季度	第四季度	全年
期初现金余额	40	*	*	*	（H）
经营现金收入	1 010	*	*	*	5 516.3
可运用现金合计	*	1 396.30	1 549		（I）
经营现金支出	800	*	*	1 302	4 353.7
资本性现金支出	*	300	400	300	1 200
现金支出合计	1 000	1 365	*	1 602	5 553.7
现金余缺	（A）	31.3	−37.7	132.3	*
资金筹集及运用	0	19.7	（F）	−72.3	*
加：短期借款	0	（C）	0	−20	0
减：支付短期借款利息	0	（D）	0.3	0.3	*
购买有价证券	0	0	−90	（G）	*
期末现金余额	（B）	（E）	*	60	（J）

说明：表中"*"表示省略的数据。

要求：计算表4-6中用字母A～J表示的项目数值（除H项和J项外，其余各项必须列出计算过程）。

项目五 编制应收账款管理方案

学习目标

【知识目标】

掌握应收账款机会成本的计算；熟知企业的信用标准；掌握信用期和现金折扣的选择方法；了解企业日常应收账款的收账政策。

【能力目标】

能够结合应收账款基本特征计算应收账款机会成本；能够利用应收账款管理的具体方法对企业的信用标准和信用条件决策提出自己的建议；能够根据实际情况确定应收账款的收账政策；能够综合运用上述基本能力点编写企业应收账款管理方案。

引 例

宝洁公司的应收账款管理

宝洁公司是一家具有百余年历史的跨国日化公司，进入中国市场以来，无论产品质量、销量以及销售额，始终在同行业中处于领先地位。在每年巨大的销售额下，应收账款的回款率始终保持在95%以上，这得益于其具有一个先进的应收账款内部控制系统。

宝洁公司对应收账款的控制，是由销售会计组来完成的。销售会计组分成两大体系：一是销售会计；二是分公司财务会计。前者负责应收账款等专项的总体策划、分析；后者负责对部分区域具体财务事项的运作，以及为前者提供准确、详细、及时的有关信息和数据。宝洁公司不仅对这一组织的每一环节都明确了其主要负责的工作任务，使之各有分工，还对每一工作环节设定了衡量其工作好坏的标准，以便每月对其进行严格的考核。如销售会计组在应收账款专项管理中所负责的工作主要有：赊销信用额的建立和修改；全国客户每星期赊销状况报告；客户应收账款的记录；计算和发送客户的付款优惠额；计算应收账款的回收期；分析超期应收账款和跟踪处理坏账等。而对销售会计组的工作衡量标准包括：地区应收账款的回收期；超期应收账款的百分比；客户付款按要求的百分比；应收账款与客户账目一致性的百分比；其他。落实到具体环节中的组织成员也是如此，如分公司下的财务客户主管，他所负责的工作包括：应收账款的记录；跟踪收账及付款情况；计算客户的付款优惠额等。另外，为更及时有效地控制应收账款，宝洁公司还在总部专门设定了应收账款控制员，他是应收账款系统及运作流程的统一协调人，负责应收账款系统控制、应收账款会计分析报告、提出建议并负责执行与应用以及有效地提高应收账款的运作系统效率等工作。

资料来源　根据河北省高等学校精品课程"财务管理"案例编写.

从这个引例中不难看出，一个企业要想合理地管理和控制应收账款，需要在具体工作中完成以下工作：

（1）准确计算应收账款的机会成本。

（2）确定企业的信用政策。

（3）制定企业相应的应收账款收账政策。

（4）编制企业的应收账款管理方案。

任务一　计算应收账款机会成本

任务分析

企业采取赊销方式，尽管可以增加销售，减少存货，缩短产成品向销售收入的转化时间，但同时企业必须付出一定的代价，即应收账款成本。应收账款成本是指企业采取赊销方式而产生应收账款所必须花费的代价。应收账款成本由机会成本、管理成本和坏账成本3部分构成。

视频动画 5-1

活动1　确定应收账款机会成本

机会成本是指应收账款占用资金而失去的投资收益，这种成本的大小通常与公司维持赊销业务所需资金量和资金成本或有价证券的利息率有关。其计算公式为：

应收账款平均余额=平均日赊销额×平均收账天数

维持赊销业务所需资金量=应收账款平均余额×变动成本率

应收账款机会成本=维持赊销业务所需资金量×资金成本

其中，资金成本一般可按有价证券利息率计算。

【例5-1】兴光公司预测年度赊销额为6 000 000元，应收账款收账天数为60天，变动成本率为50%，资金成本为10%，则该公司应收账款的机会成本可计算如下：

应收账款平均余额=6 000 000÷360×60=1 000 000（元）

维持赊销业务所需资金量=1 000 000×50%=500 000（元）

应收账款机会成本=500 000×10%=50 000（元）

以上计算结果表明，公司投放500 000元的资金可维持6 000 000元的赊销业务，相当于垫支资金的12倍，这一较高的倍数在很大程度上取决于应收账款的收账速度。在正常情况下，应收账款收账天数越少，等量资金所维持的赊销额就越大；反之，收账天数越多，等量资金所维持的赊销额就越少。应收账款机会成本在很大程度上取决于公司维持赊销业务所需资金量的多少。

活动2　确定应收账款管理成本

管理成本是指企业对应收账款进行管理而花费的各种开支，主要包括对客户信用状况调查、应收账款登记的管理费用和收账费及其他费用，这种成本一般与应收账款的数额无直接关系，是相对固定的一种费用，因而是一种间接成本。

活动3　确定应收账款坏账成本

坏账成本是指应收账款无法收回产生坏账而给企业带来的损失。坏账成本一般与应收账款数额成正比，即应收账款越多，可能发生的坏账成本越多。为降低坏账成本，企业应该加强对坏账成本的管理力度，如计提坏账准备，建立账龄分析表等。

小知识 5-1

发生应收账款的原因，主要有以下两种：

第一，商业竞争。这是发生应收账款的主要原因。在社会主义市场经济条件下，存在着激烈的商业竞争。竞争机制的作用迫使企业以各种手段扩大销售。除了依靠产品质量、价格、售后服务、广告等之外，赊销也是扩大销售的手段之一。对于同等的产品价格、类似的质量水平、一样的售后服务，实行赊销的产品的销售额将大于实行现金销售的产品的销售额。这是因为顾客将从赊销中得到好处。出于扩大销售的竞争需要，企业不得不以赊销或其他优惠方式招揽顾客，于是就产生了应收账款。由竞争引起的应收账款，是一种商业信用。

第二，销售和收款的时间差距。商品成交的时间和收到货款的时间经常不一致，这也导致了应收账款。当然，现实生活中现金销售是很普遍的，特别是零售企业更常见。不过就一般批发和大量生产企业来讲，发货的时间和收到货款的时间往往不同。这是因为货款结算需要时间。结算手段越是落后，结算所需时间就越长，销售企业只能承认这种现实并承担由此引起的资金垫支。由于销售和收款的时间差而造成的应收账款，不属于商业信用，也不是应收账款的主要内容，不再对它进行深入讨论，我们只论述属于商业信用的应收账款的管理。

任务二　确定企业信用政策

任务分析

信用政策即应收账款的管理政策，是企业为了实现应收账款管理目标而制定的赊销与收账政策。信用政策包括信用期间、信用标准和现金折扣政策。

活动1　确定信用期间

信用期间是企业允许顾客从购货到付款之间的时间，或者说是企业给予顾客的付款期间。例如，若某企业允许顾客在购货后的50天内付款，则信用期为50天。信用期过短，不足以吸引顾客，在竞争中会使销售额下降；信用期过长，对销售额增加固然有利，但只顾及销售额增加而盲目放宽信用期，所得的收益有时会被增加的费用所抵销，甚至造成利润减少。因此，企业必须慎重研究，确定出恰当的信用期。

信用期的确定，主要是分析改变现行信用期对收入和成本的影响。延长信用期，会使销售额增加，产生有利影响；与此同时，应收账款、收账费用和坏账损失增加，会产生不利影响。当前者大于后者时，可以延长信用期；否则不宜延长。如果缩短信用期，情况与此相反。

【例5-2】凯胜企业预测的2019年度赊销额为3 500万元，其信用条件是n/30，变动成本率为65%，资金成本为10%。假设企业的收账政策不变，固定成本总额不变。凯胜企业准备了3个信用条件的备选方案：

A：维持n/30的信用条件；

B：将信用条件放宽到n/60；

C：将信用条件放宽到n/90。

为各种备选方案估计的赊销水平、坏账损失率和收账费用等有关数据见表5-1。

表5-1　　　　　　　　　　　信用条件备选方案表　　　　　　　　　　金额单位：万元

项目 \ 方案	A方案（n/30）	B方案（n/60）	C方案（n/90）
年赊销额	3 500	4 000	4 500
应收账款平均收账天数（天）	30	60	90
应收账款平均余额	3 500÷360×30=292	4 000÷360×60=667	4 500÷360×90=1 125
维持赊销业务所需资金量	292×65%=190	667×65%=434	1 050×65%=683
坏账损失率（%）	2	3	6
坏账损失	3 500×2%=70	4 000×3%=120	4 500×6%=270
收账费用	40	70	150

根据以上资料，可计算相应的指标，见表5-2。

表5-2　　　　　　　　　　　信用条件分析评价表　　　　　　　　　　　单位：万元

项目 \ 方案	A方案（n/30）	B方案（n/60）	C方案（n/90）
年赊销额	3 500	4 000	4 500
变动成本	2 275	2 600	2 925
信用成本前收益	1 225	1 400	1 575
信用成本：	—	—	—
应收账款机会成本	190×10%=19	434×10%=43.4	683×10%=68.3
坏账损失	70	120	270
收账费用	40	70	150
小计	129	233.4	488.3
信用成本后收益	1 096	1 166.6	1 086.7

根据表 5-2 中资料可知，在这 3 种方案中，B 方案的获利最大。因此，在其他条件不变的情况下，应选择 B 方案，将信用条件放宽到 n/60。

活动2　选定信用标准

信用标准是客户获得企业商业信用所必须具备的最低条件，通常用预期的坏账损失率来表示，也可以通过信用分数来衡量。

信用标准的制定应在充分了解同业竞争对手的情况下，考虑公司所能承受违约风险的能力，认真分析和掌握客户的信用状况，再在此基础上决定是否给客户提供信用，提供多少信用。

企业制定信用标准的高低与客户的信用状况有着密切的关系。客户的信用状况评估一般由信用品质（character）、偿付能力（capacity）、资本（capital）、担保（collateral）和经济状况（conditions）5 个方面决定，简称 5C 系统。

信用品质是指客户履约或赖账的可能性，这是决定是否给予客户信用的首要条件。品质的衡量一般可根据对方客户过去的付款记录来确定。

偿付能力是客户付款的能力。客户偿付能力的高低取决于其资产特别是流动资产的数量、可变现能力以及与流动负债的比率大小。

资本反映了客户的经济实力与财务状况的优劣，如注册资本、总资产、净资产和所有者权益等，是客户偿付债务的最终保证。

担保是客户提供的担保付款的资产，客户提供了具有变现能力的抵押品，企业可以向其提供信用，这样，即使客户不付款，企业也可以变卖抵押品以保障其债权。

经济状况是指不利经济环境对客户偿付能力的影响及客户是否具有较强的应变能力。对此，应着重了解客户以往在困境时期的付款表现。

活动3　现金折扣政策

现金折扣是企业对顾客在商品价格上所做的扣减。向顾客提供这种价格上的优惠，主要目的在于吸引顾客为享受优惠而提前付款，缩短企业的平均收款期。另外，现金折扣也能招揽一些视折扣为减价出售的顾客前来购货，借此扩大销售量。折扣的表示常采用如 5/10、3/20、n/30 这样一些符号形式。这 3 种符号的含义分别为：5/10 表示 10 天内付款，可享受 5% 的价格优惠，即只需支付原价的 95%，如原价为 10 000 元，只支付 9 500 元；3/20 表示 20 天内付款，可享受 3% 的价格优惠，即只需支付原价的 97%，若原价为 10 000 元，只支付 9 700 元；n/30 表示付款的最后期限为 30 天，此时付款无优惠。

企业采用什么程度的现金折扣，要与信用期间结合起来考虑。比如，要求顾客最迟不超过 30 天付款，若希望顾客 20 天、10 天付款，能给予多大折扣？或者给予 5%、3% 的折扣，能吸引顾客在多少天内付款？不论是信用期间还是现金折扣，都可能给企业带来收益，但也会增加成本。现金折扣带给企业的好处前面已讲过，它使企业增加的成本，则指的是价格折扣损失。当企业给予顾客某种现金折扣时，应当考虑折扣所能带来的收益与成本孰高孰低，权衡利弊，抉择决断。

因为现金折扣是与信用期间结合使用的，所以确定折扣程度的方法和程序实际上与前述确定信用期间的方法和程序一致，只不过要把所提供的延期付款时间和折扣综合起来，看各方案的延期与折扣能取得多大的收益增量，再计算各方案带来的成本变化，最终确定最佳方案。

【例5-3】某公司现在采用30天按发票金额付款的信用政策，拟将信用期放宽至60天，仍按发票金额付款即不给折扣。假设等风险投资的最低报酬率为15%，其他有关的数据见表5-3。

表5-3　　　　　　　　　　　　　　某公司信用期相关数据　　　　　　　　　金额单位：元

项目＼信用期	30天	60天
销售量（件）	100 000	120 000
销售额（单价5元）	500 000	600 000
销售成本：	—	—
变动成本（每件4元）	400 000	480 000
固定成本	50 000	50 000
毛利	50 000	70 000
可能发生的收账费用	3 000	4 000
可能发生的坏账损失	5 000	9 000

在分析时，先计算放宽信用期得到的收益，然后计算增加的成本，最后根据两者比较的结果做出判断。

（1）收益的增加

收益的增加＝销售量的增加×单位边际贡献

$$=（120\,000-100\,000）×（5-4）$$

$$=20\,000（元）$$

（2）应收账款占用资金的机会成本增加

应收账款机会成本＝应收账款占用资金×资金成本

应收账款占用资金＝应收账款平均余额×变动成本率

应收账款平均余额＝日销售额×平均收现期

30天信用期
机会成本 $=\dfrac{500\,000}{360}×30×\dfrac{400\,000}{500\,000}×15\%=5\,000（元）$

60天信用期
机会成本 $=\dfrac{600\,000}{360}×60×\dfrac{480\,000}{600\,000}×15\%=12\,000（元）$

机会成本的增加＝12 000-5 000＝7 000（元）

（3）收账费用和坏账损失增加

收账费用的增加＝4 000-3 000＝1 000（元）

坏账损失的增加=9 000-5 000=4 000（元）

（4）改变信用期的税前损益

收益增加-成本费用增加=20 000-（7 000+1 000+4 000）=8 000（元）

由于收益的增加大于成本的增加，故应采用60天的信用期。

另外，假定该公司在放宽信用期的同时，为了吸引顾客尽早付款，提出了0.8/30、n/60的现金折扣条件，估计会有一半的顾客（按60天信用期所能实现的销售量计）享受现金折扣优惠。

（1）收益的增加

$$收益的增加=销售量的增加×单位边际贡献$$
$$=（120 000-100 000）×（5-4）$$
$$=20 000（元）$$

（2）应收账款占用资金的机会成本增加

$$\begin{array}{l}30天信用期\\机会成本\end{array}=\frac{500\ 000}{360}×30×\frac{400\ 000}{500\ 000}×15\%=5\ 000（元）$$

$$\begin{array}{l}提供现金折扣的\\机会成本\end{array}=\left(\frac{600\ 000×50\%}{360}×60×\frac{480\ 000×50\%}{600\ 000×50\%}×15\%\right)+$$

$$\left(\frac{600\ 000×50\%}{360}×30×\frac{480\ 000×50\%}{600\ 000×50\%}×15\%\right)$$

$$=9\ 000（元）$$

机会成本的增加=9 000-5 000=4 000（元）

（3）收账费用和坏账损失增加

收账费用的增加=4 000-3 000=1 000（元）

坏账损失的增加=9 000-5 000=4 000（元）

（4）估计现金折扣成本的变化

$$\begin{array}{l}现金折扣\\成本的增加\end{array}=\begin{array}{l}新的\\销售水平\end{array}×\begin{array}{l}新的现金\\折扣率\end{array}×\begin{array}{l}享受现金折扣的\\顾客比例\end{array}-\begin{array}{l}旧的\\销售水平\end{array}×\begin{array}{l}旧的现金\\折扣率\end{array}×\begin{array}{l}享受现金折扣的\\顾客比例\end{array}$$

$$=600\ 000×0.8\%×50\%-500\ 000×0×0$$

$$=2\ 400（元）$$

（5）提供现金折扣后的税前损益

收益增加-成本费用增加=20 000-（4 000+1 000+4 000+2 400）

$$=8\ 600（元）$$

由于可获得税前收益，故应当放宽信用期，提供现金折扣。

任务三　制定应收账款收账政策

任务分析

收账政策是指企业向客户收取过期账款所制定和采用的程序与方法。收账政策应建立在一个适宜的范围之内，消极的收账政策虽然可以减少收账费用，但会增加企业应收账款的机会成本和坏账损失。积极的收账政策会减少企业应收账款的机会成本和坏账损失，但会增加收账费用，还会因影响与客户的正常业务关系而导致一些其他的问题。收账费用与机会成本、坏账损失的消长关系有如下表现：初始时，发生一些收账费用，机会成本与坏账损失有一定幅度的下降；随着收账费用的增加，机会成本与坏账损失有较大幅度的下降；当收账费用增加到一定限度，机会成本和坏账损失的下降幅度会大大缩小，甚至不再下降。

活动1　监控应收账款

企业已发生的应收账款期限有长有短，有的尚未超过收款期，有的则超过了收款期。一般来讲，拖欠时间越长，款项收回的可能性越小，形成坏账的可能性越大。对此，企业应实施严密的监督，随时掌握回收情况。实施对应收账款回收情况的监督，可以通过编制账龄分析表进行。

【例5-4】账龄分析表是一张能显示应收账款在外天数（账龄）长短的报告，其格式见表5-4。

表5-4　　　　　　　　　　　　**账龄分析表**

应收账款账龄	账户数量	金额（元）	百分率（%）
信用期内	200	80 000	40
超过信用期1~20天	100	40 000	20
超过信用期21~40天	50	20 000	10
超过信用期41~60天	30	20 000	10
超过信用期61~80天	20	20 000	10
超过信用期81~100天	15	10 000	5
超过信用期101天以上	5	10 000	5
合计	420	200 000	100

利用账龄分析表，企业可以了解以下情况：

（1）有多少欠款尚在信用期内。表5-4显示，有价值80 000元的应收账款处在信用期内，占全部应收账款的40%。这些款项未到偿付期，欠款是正常的；但到期后能否收回，还要待时再定，故及时的监督仍是必要的。

（2）有多少欠款超过了信用期，不同超过时间的款项各占多少，有多少欠款会因拖欠时间太久而可能成为坏账。表5-4显示，有价值120 000元的应收账款已超过了信用期，占全部应收账款的60%。不过，其中拖欠时间较短的（20天内）有40 000元，占全部应收账款的20%，这部分欠款收回的可能性很大；拖欠时间较长的（21~100天）有70 000元，占全部应收账款的35%，这部分欠款的回收有一定难度；拖欠时间很长的（101天以上）有10 000元，占全部应收账款的5%，这部分欠款有可能成为坏账。对不同拖欠时间的欠款，企业应采取不同的收账方法，制定经济、可行的收账政策；对可能发生的坏账损失，则应提前做准备，充分估计这一因素对损益的影响。

活动2　制定收账政策

企业对各种不同过期账款的催收方式，包括准备为此付出的代价，就是它的收账政策。

企业在收款过程中所遵循的一系列特定步骤，取决于账款过期多久、负债的大小和其他因素。典型的收款过程可以包括以下几个步骤：

（1）信件。当账款过期几天时，可以做出友好的提醒。如果没有收到付款，可以发出1～2封甚至更多的信，措辞可以更为严厉和迫切。

（2）电话。在送出最初的几封信后，给客户打电话。如果客户有财务上的困难，可以找出折中的办法，付一部分款比一点也不付要好。

（3）个人拜访。促成这笔销售的销售人员可以拜访客户，请求付款。除销售人员外，还可以派出其他的特别收款员。

（4）收款机构。可以把应收账款交由专门催收过期账款的收款机构负责。收款机构一般要收费，因此公司的应收账款可能遭受较大比例的损失。

（5）诉讼程序。如果账款数额相当大，可以采取诉讼行为来获得不利于债务人的判决。

【例5-5】京飞公司2019年中期遇到严重的应收账款收账问题，打算改变收账政策以尽快盘活短期债权，原有的收账政策和拟改变的收账政策见表5-5。

表5-5　　　　　　　　　　　收账政策备选方案表　　　　　　　　　　金额单位：元

项目 ＼ 政策	现行收账政策	拟改变的收账政策
年收账成本	80 000	120 000
平均收账期（天）	60	30
坏账损失占赊销额的比例	3%	2%
赊销额	6 000 000	6 000 000
变动成本率	65%	65%

假设资金利润率为15%，根据表5-5中的资料，两种方案的收账总成本的计算见表5-6。

表5-6的计算结果表明，拟改变的收账政策较现行收账政策减少的坏账损失和减少的应收账款机会成本之和108 750元（180 000-120 000+（97 500-48 750）），大于增加的收账成本40 000元（120 000-80 000），因此拟改变的收账政策的方案可以接受。

此外，企业还要改变经营观念和经营方式，提供能满足客户不断变化的需求的服务。如果企业的产品质量低劣，不适销对路，即使派出更多的人去催讨货款，也不会

表5-6   收账政策分析评价表   金额单位：元

政策 项目	现行收账政策	拟改变的收账政策
赊销额	6 000 000	6 000 000
应收账款周转次数（次）	360÷60=6	360÷30=12
应收账款平均余额	6 000 000÷6=1 000 000	6 000 000÷12=500 000
应收账款占用的资金	1 000 000×65%=650 000	500 000×65%=325 000
收账成本	80 000	120 000
机会成本	650 000×15%=97 500	325 000×15%=48 750
坏账损失	6 000 000×3%=180 000	6 000 000×2%=120 000
收账总成本	357 500	288 750

有成效。因此，企业要从根本上防止坏账损失，就必须不断地调整企业产品设计观念、经营观念和方式等，瞄准客户多样化的需求，提供满意的产品和服务。

任务四　应收账款的日常管理

任务分析

信用政策建立以后，企业要做好应收账款的日常控制，编写应收账款管理方案，完成应收账款形成后的后续管理工作。

活动1　建立专门的信用管理部门

企业信用风险管理是一项专业性、技术性和综合性较强的工作，需特定的部门或组织才能完成。企业对赊销的信用管理需要专业人员大量的调查、分析以及专业化的管理和控制，因此设立企业独立的信用管理职能部门是非常必要的。信用管理部门要取得财务和销售部门支持，并在赊销管理中起到主导作用。

活动2　建立客户动态资源管理系统

专门的信用管理部门必须对客户进行风险管理，其目的是防患于未然。对客户尤其是核心客户，要了解客户的资信情况，给客户建立档案并根据收集的信息进行动态监督管理。

1.确定是否给予赊销

信用管理部门的职员在收到销售单后，将销售单与该客户已被授权的赊销信用额度以及至今尚欠的账款余额加以比较，并对每个新客户进行信用调查，建立客户动态资源管理系统。然后根据调查的客户资信状况和其他相关信息，信用管理部门决定是否批准该客户的赊销，并在销售单上签署明确的意见。

2.加强对应收账款的分析管理

财务部门应定期编制赊销客户的销售、赊销、收账等情况的应收账款明细表、账龄分析表及分析资料交信用管理部门。在分析中应利用比率、比较、趋势和结构等方法，分析逾期债权的坏账风险及其对财务状况的影响，以便确定坏账处理和当前赊销策略。

对应收账款的统计分析，主要是定期进行应收账款的账龄分析，即对应收账款的账龄结构进行分析。所谓应收账款的账龄结构，是指已经发生的各账龄应收账款的余额占应收账款总余额的比重，见表5-7。

表5-7　　　　　　　　　　　　**应收账款账龄分析表**

应收账款账龄	账户数量	金额（万元）	比重（%）
信用期以内	90	100	50
超过信用期1个月以内	45	30	15
超过信用期2个月以内	15	10	5
超过信用期3个月以内	10	10	5
超过信用期4个月以内	20	14	7
超过信用期5个月以内	18	16	8
超过信用期6个月以内	8	12	6
超过信用期6个月以上	15	8	4
应收账款余额总计	221	200	100

表5-7表明，该企业应收账款余额中，有100万元尚在信用期内，占全部应收账款的50%。逾期应收账款的数额为100万元，占全部应收账款的50%。其中逾期在1、2、3、4、5、6个月以内的，分别占全部应收账款的15%、5%、5%、7%、8%和6%。有4%的应收账款已逾期6个月以上。企业对逾期应收账款应予以足够重视，查明原因，采取有力对策。

3.对应收账款的跟踪管理服务

从赊销过程一开始，到应收账款到期日前，要对客户进行跟踪、监督，从而确保客户正常支付货款，最大限度地降低逾期账款的发生率。通过应收账款跟踪管理服务，保持与客户经常联系，提醒付款到期日，催促付款，可以发现货物质量、包装、运输、货运期以及结算等存在的问题和纠纷，以便提出相应的对策，维护与客户的良好关系。同时会使客户感觉到债权人施加的压力，使其一般不会轻易推迟付款，极大地提高应收账款的回收率。通过应收账款跟踪管理服务，可以快速识别应收账款的逾期风险，以便选择有效的追讨手段。

财务部门也应将销售数据和资金回收数据及时反馈给信用管理部门，以便更新客户动态资源管理系统。

小知识 5-2

1.应收账款收现保证率分析

由于企业当期现金支付需要量与当期应收账款收现额之间存在非对称性矛盾，并呈现出预付性与滞后的差异特征（如企业必须用现金支付与赊销收入有关的增值税和所得税、弥补应收账款资金占用等），这就决定了企业必须对应收账款收支水平制定一个必要的控制标准，即应收账款收现保证率。

应收账款收现保证率是为适应企业现金收支匹配关系的需要，所制定出的有效收现的账款占全部应收账款的百分比，是两者应当保持的最低比例，公式为：

$$\text{应收账款收现保证率} = \frac{(\text{当期必要现金支付总额} - \text{当期其他稳定可靠的现金流入总额})}{\text{当期应收账款总额}} \times 100\%$$

式中，当期其他稳定可靠的现金流入总额，是指从应收账款收现以外的途径可以取得的各种稳定可靠的现金流入数额，包括短期有价证券变现净额、可随时取得的银行贷款额等。

应收账款收现保证率指标反映了企业既定会计期间预期现金支付数量扣除各种可靠、稳定来源后的差额，必须通过应收账款有效收现予以弥补的最低保证限度，其意义在于：应收账款未来是否发生坏账损失对企业并非最为重要，更为关键的是实现收现的账项能否满足同期必需的现金支付要求，特别是能否满足具有刚性约束的税金以及偿付不得展期或调换的到期债务的需要。

企业应定期计算应收账款实际收现率，看其是否达到了既定的控制标准。如果发现应收账款实际收现率低于应收账款收现保证率，应查明原因，采取相应措施，确保企业有足够的现金满足同期必需的现金支付要求。

2.应收账款的处置

对于可能收不回来的应收账款，企业应采取积极的态度尽快处理，如进行资产置换和债务重组等，不能任其发展。对于确定收不回来的应收账款要确认其坏账损失，并采用备抵法进行坏账核算。

（1）债务重组

债务重组是处置企业应收账款的一种有效方法，主要包括采取贴现方式收回债权、债转股和以非现金资产偿债3种方式。

①采取贴现方式收回债权。

贴现方式是指在企业资金严重缺乏而购货者又无力偿还的情况下，可以考虑给予债务人一定的折扣而收回逾期债权。

②债转股。

债转股是指应收账款持有人与债务人通过协商，将应收账款作为对债务人的股权投资，从而解决双方债权债务问题的一种方法。由于债务人一般为债权人的下游产品线生产商或流通渠道的销售商，债权人把债权转为股权投资后对产品市场深度和广度的推广很有利。自20世纪90年代后期开始，随着企业产权制度的改革，债转股已成为企业处理巨额应收账款的方式之一。

③以非现金资产偿债。

以非现金资产偿债是指债务人转让其非现金资产给债权人以清偿债务。

利用债务重组方式收回应收账款时，企业要根据自身与债务人的情况选择合适的方法。

（2）出售债权

出售债权是指应收账款持有人（出让方）将应收账款的所有权让售给代理商或信贷机构，由它们直接向客户收账的交易行为。

在这种方法下，企业可以在商品发运前向贷款者申请贷款，经贷款者同意贷款，即可以在商品发运以后将应收账款让售给贷款者。贷款者根据发票金额，减去容许扣除的现金折扣、贷款者的佣金以及主要用以冲抵销货退回和销货折扣等款项，将余额付给筹资企业。随着外资金融机构涌入我国，出售债权今后将成为企业处理逾期应收账款的主要手段之一。中国工商银行曾与摩托罗拉公司签订合约购买其10亿元应收账款即是成功的例子。

情境模拟

1.思考题：如何认识应收账款资金占用额和应收账款机会成本？结合相关知识阐述除了机会成本之外，应收账款还会给企业带来哪些成本支出？

2.查阅相关资料，收集有关企业信用评级的相关资料。

3.实地考察一家企业，总结其日常应收账款的收账政策，并对其进行评价。

4.为该企业编写一份应收账款管理方案。

实践训练

一、单项选择题

1.下列项目中，不属于信用条件的是（　　）。

A.现金折扣率　　　　B.信用标准　　　　C.信用期间　　　　D.折扣期

2.企业将资金占用在应收账款上而放弃投资于其他方面的收益称为应收账款的（　　）。

A.管理成本　　　　B.坏账成本　　　　C.短缺成本　　　　D.机会成本

3.企业在进行应收账款管理时，除需合理确定信用标准和信用条件外，还要合理确定（　　）。

A.信用期限　　　　B.现金折扣比率　　C.收账政策　　　　D.现金折扣期限

4.企业发生应收账款的原因是（　　）。

A.商业竞争　　　　　　　　　　B.提高速动比率

C.加速流动资金的周转　　　　　D.减少坏账损失

5.企业应收账款信用政策的内容不包括（　　）。

A.确定信用期间　　　　　　　　B.确定信用条件

C.确定现金折扣政策　　　　　　D.确定收账方法

6.对信用期限的表述，正确的是（　　）。

A.信用期越长，企业坏账风险越小

B.信用期越长，表明客户享受的信用条件越优越

C.延长信用期限，不利于销售收入的扩大

D.信用期限越长，应收账款的机会成本越低

7.下列对现金折扣的表述，正确的是（　　）。

A.又叫商业折扣

B.折扣率越低，企业付出的代价越高

C.目的是加快账款的回收

D.为了增加利润，应当取消现金折扣

8.衡量信用标准的指标是（　　）。

A.未来收益率　　　　　　　　　B.未来损失率

C.预计坏账损失率　　　　　　　D.账款收现率

9.若某企业预计的年赊销收入净额为600万元，应收账款周转期为30天，则该企业的应收账款平均余额为（　　）万元。

A.20　　　　　B.30　　　　　C.40　　　　　D.50

10.某企业规定的信用条件是3/10、1/20、n/30，一客户从该企业购入原价为10 000元的原材料，并于第18天付款，则该客户实际支付的货款为（　　）元。

A.7 700　　　　B.9 900　　　　C.10 000　　　　D.9 000

11.在其他因素不变的情况下，企业采用积极的收账政策，可能导致的后果是（　　）。

A.坏账损失增加　　　　　　　　B.应收账款投资增加

C.收账费用增加　　　　　　　　D.平均收账期延长

12.下列不属于应收账款管理成本的是（　　）。

A.信用调查费用　　B.记录分析费用　　C.收账人员工资　　D.催收账款费用

13.应收账款的成本包括（　　）。

A.资金成本　　　B.短缺成本　　　C.管理成本　　　D.主营业务成本

14.企业为应付紧急情况的需要而置存货币资金主要是出于（　　）动机的需要。

A.交易　　　　　B.预防　　　　　C.投机　　　　　D.安全

15.下列（　　）属于应收账款的机会成本。

A.对客户的资信调查费　　　　　B.收账费用

C.坏账损失　　　　　　　　　　D.应收账款占用资金的应计利息

16.下列各项中，信用条件构成要素不包括（　　）。

A.信用期限　　　B.现金折扣　　　C.折扣期限　　　D.商业折扣

二、多项选择题

1.下列信用条件为"1/10, n/40"的经济含义不正确的有（　　）。

A.付款期限为10天，现金折扣为1%，信用期限为40天

B.信用期限为40天，现金折扣为1/10

C.如果在10天内付款，可享受10%的现金折扣，否则应在10天内全额付清

D.如果在10天内付款，可享受1%的现金折扣，否则就在40天内全额付清

2.确定信用标准时须（　　）。

A.确定取得信用企业的坏账损失率　　　　B.确定提供信用企业的坏账损失率

C.确定取得信用企业的信用等级　　　　　D.确定提供信用企业的信用等级

3.为缩短收现时间，企业可以（　　）。

A.采用银行业务集中法　　　　　　　　　B.采用邮政信箱法

C.采取内部往来多边结算　　　　　　　　D.指派专人处理大额款项

4.企业在制定信用标准时应考虑的基本因素有（　　）。

A.企业承担违约风险的能力　　　　　　　B.同行业竞争对手的情况

C.客户的资信程度　　　　　　　　　　　D.企业同客户关系密切程度

5.企业制定收账政策所要解决的问题是（　　）。

A.最大限度地防止客户拖欠账款　　　　　B.明确收账程序

C.确定收账方式　　　　　　　　　　　　D.控制收账费用

6.在其他条件不变的情况下，减少应收账款周转天数，有利于（　　）。

A.提高流动比率　　　　　　　　　　　　B.缩短营业周期

C.减少流动资金占用　　　　　　　　　　D.扩大销售规模

7.延长信用期限，会使销售额增加，但也会增加相应的成本，主要有（　　）。

A.应收账款机会成本　　　　　　　　　　B.坏账损失

C.收账费用　　　　　　　　　　　　　　D.现金折扣成本

8.应收账款信用条件的组成要素有（　　）。

A.信用期限　　　　B.现金折扣期　　　　C.现金折扣率　　　　D.商业折扣

9.应收账款周转率提高意味着（　　）。

A.销售成本降低　　　　　　　　　　　　B.短期偿债能力增强

C.收账费用水平降低　　　　　　　　　　D.赊账业务减少

10.下列各项中，属于信用政策的有（　　）。

A.信用条件　　　　B.信用标准　　　　　C.收账政策　　　　　D.现销政策

11.缩短信用期有可能会使（　　）。

A.销售额增加　　　　B.应收账款减少　　　C.收账费用增加　　　D.坏账损失减少

12.信用政策主要包括（　　）。

A.信用标准　　　　B.信用期间　　　　　C.收账政策　　　　　D.商业折扣

13.应收账款的主要功能有（　　）。

A.促进销售　　　　B.阻碍销售　　　　C.减少存货　　　　D.增加存货

14.客户资信程度的高低通常取决于客户的（　　　）。

A.信用品质　　　　B.偿付能力　　　　C.资本　　　　D.抵押品

15.应收账款投资的风险性，具体表现为（　　　）。

A.坏账损失会增加

B.为尽快收回应收账款，向客户提供现金折扣时会损失部分现金收入

C.增加了收账费用

D.没有直接收益，机会成本较大

三、判断题

1.一般来说，资产的流动性越高，其盈利能力就越强。（　　　）

2.在有关现金折扣业务中，"1/10"表示：若客户在1天内付款，可以享受10%的折扣优惠。（　　　）

3."5C"系统中的"能力"，是指可能影响顾客付款能力的经济环境。（　　　）

4.编制账龄分析表，可以了解客户的欠款金额、欠款时间和偿还欠款的可能时间。（　　　）

5.从财务管理的角度看，客户是否按期付款，会影响应收账款的成本高低。（　　　）

6.增加收账费用，就会减少坏账损失，当收账费用增加到一定程度时，就不会发生坏账损失。（　　　）

7.流动资金在企业正常经营中是必需的，企业的流动资金，特别是其中的货币资金越多越好。（　　　）

8.企业是否延长信用期限，应将延长信用期后增加的销售利润与增加的机会成本、管理成本和坏账成本进行比较。（　　　）

四、计算分析题

1.某企业只生产销售一种产品，每年赊销额为240万元，该企业产品变动成本率为80%，资金利润率为25%。企业现有A、B两种收账政策可供选用，相关资料见表5-8。

表5-8　　　　　　　　某企业A、B两种收账政策的相关资料

项目	A政策	B政策
平均收账期（天）	60	45
坏账损失率（%）	3	2
应收账款平均余额（万元）		
收账成本	×××	×××
应收账款机会成本（万元）		
坏账损失（万元）		
年收账费用（万元）	1.8	7
收账成本合计		

要求：

（1）计算填列表中的空白部分（一年按360天计算）。

（2）对上述收账政策进行决策。

（3）若企业倾向于选择B政策，判断若其他条件不变，B政策的收账费用上限为多少？

2.某公司的年赊销收入为720万元，平均收账期为60天，坏账损失为赊销额的10%，年收账费用为5万元。该公司认为通过增加收账人员等措施，可以使平均收账期降为50天，坏账损失降为赊销额的7%，假设公司的资金成本为6%，变动成本率为50%。

要求：为使上述变更在经济上合理，计算年收账费用的上限（每年按360天计算）。

3.某企业计划年度销售收入为7 200万元，全部采用商业信用方式销售，客户在10天内付款折扣为2%，超过10天但在20天内付款折扣为1%，超过20天但在30天内付款按全价付款。预计客户在10天内付款的比率为50%，20天内付款的比率为30%，超过20天但在30天内付款的比率为20%。同期有价证券年利率为10%，变动成本率为50%。

要求：

（1）计算企业平均收账天数。

（2）计算每日信用销售额。

（3）计算应收账款平均余额。

（4）计算应收账款机会成本。

4.某企业目前A产品销售收入为6 000万元，总成本为4 500万元，其中固定成本为900万元。该企业准备改变目前的信用政策，有甲、乙两种方案可供选择：

甲方案给予客户60天信用期限，预计销售收入为7 500万元，货款将于第60天收到，其信用成本共计210万元；乙方案的信用政策为（2/10，1/20，n/90），预计销售收入为8 100万元，将有50%的货款于第10天收到，10%的货款于第20天收到，其余40%的货款于第90天收到（前两部分货款不会产生坏账，后一部分货款的坏账损失率为该部分货款的2%），收账费用为30万元。

企业改变信用政策后将不改变目前的变动成本率，企业的资金成本为10%。

要求：通过计算判定企业应采用哪种方案。

5.某公司预计的年度销售额为2 400万元，目前的信用期为n/30，坏账损失率为2%，收账费用为24万元，变动成本率为65%，资金成本为10%。为扩大销售，增强公司竞争力，准备了两个信用期间的备选方案：A方案为n/60，销售额能增加到2 640万元，坏账损失率为3%，收账费用为40万元；B方案为n/90，销售额能增加到2 800万元，坏账损失率为5%，收账费用为56万元。采用新政策后，变动成本率和资金成本均不变。

要求：通过计算选择最有利的方案。

6.某企业的年赊销额为240万元，平均收账天数为60天，坏账损失率为3%，收账费用为1.8万元。该企业拟采用新的收账政策，将收账费用增加到3.2万元，以使平均收账天数降到45天，坏账损失率降为2%。该企业变动成本率为80%，资金成本为25%。

要求：通过计算说明该企业是否应改变目前的收账政策。

项目六　编制存货管理方案

学习目标

【知识目标】

掌握存货形成过程的资金占用额的计算方法；理解和掌握存货经济订货批量确定的方法；掌握存货再订货点确定的基本方法。

【能力目标】

能够运用相关知识确定存货形成过程的资金占用额；能够熟练运用公式对存货经济订货批量进行测算；能够结合实际确定存货再次订货点。

引　例

戴尔公司的零库存管理

戴尔是世界领先的直销计算机系统公司，在全球34个国家中拥有大约34 400名员工。一个大胆的理念——直接的客户联系，使戴尔成为当今最成功的公司之一。

戴尔从20世纪90年代初开始为亚太地区的商业、政府、大型机构和个人等提供服务。目前戴尔公司在亚太区13个市场开展直线订购业务：澳大利亚、文莱、中国大陆、中国香港、中国台湾、印度、日本、韩国、中国澳门、马来西亚、新西兰、新加坡和泰国。另外，还有34家分销商向另外20个市场提供服务。

戴尔同一部分供应商建立了密切的关系，后者随时都可以知道订货模式和零件需求的变化情况，它们通过即时的方式为戴尔提供零件，这样就节省了戴尔在仓库上的投资。

互联网逐渐普及之后，戴尔根据客户在网上的订单来组织生产，提供完全个性化的产品和服务。戴尔提出了"摒弃库存、不断聆听客户意见、绝不进行间接销售" 3项黄金律。戴尔公司完全消灭了产成品库存，其零件库存量是以小时计算的，当它的销售额达到123亿美元时，库存额仅为2.33亿美元。

戴尔目前的存货平均不到6天，因为戴尔的信息是通畅的——通过各种渠道，特别是互联网，当某种芯片、主板和显示器的需求突然发生变化时，供应商能够立即跟进，戴尔称其为"用存货换信息"。

戴尔公司实施企业数字化后，基本实现了零库存管理，在财务上也取得了巨大的成果，其销售利润率从7%增加到11%，利润增长由5%增加到33%，市值与销售额的比例由1∶1增加到7∶1。

资料来源　佚名．存货管理案例［EB／OL］．（2019-12-22）．http：//www.doc88.com／p-1126885249378.html.

这一引例表明：企业运营过程中，在不影响生产、销售的前提下，要尽量避免存货给企业带来的额外支出。该引例为企业节约运营成本、降低经营风险提供了很好的借鉴。同时，我们意识到，无论从主观上还是从客观上，这种"零存货"理念并不是所有企业都能做得到的。

戴尔公司在存货管理过程中，至少应思考以下问题：

（1）存货的资金占用额是多少？

（2）存货经济订货批量是多少？

（3）存货的再次订货点是多少？

在综合思考以上问题的基础上，编制较为全面的存货管理方案。

任务一　确定存货形成过程的资金占用额

任务分析

存货是指企业在生产经营过程中为销售或者耗用而储备的物资，包括材料、燃料、低值易耗品、在产品、半成品、产成品、协作件等。

企业保持一定数量的存货，就必然会付出一定的代价。储备过多会占用资金，造成资金沉淀，使资金丧失了再投资获利的机会，还要支付大量利息和保管费用；储备过少又会造成频繁采购，使采购成本上升。所以，企业必须做好存货资金的规划工作，合理确定存货资金的占用量，节约使用资金，并加强存货日常控制，加速存货周转。

一般来讲，拥有一定数量的存货，必定会产生一定数额的资金占用额。在企业的存货管理决策中，通常要考虑与存货有关的以下3项成本，即取得成本、储存成本和缺货成本。

活动1　取得成本的确定

取得成本是指为取得某种存货而支出的成本，通常用TC_a来表示，分为订货成本和购置成本。

1.订货成本

订货成本是指取得订单的成本，如办公费、差旅费、邮资、电话费等支出。订货成本中有一部分与订货次数无关，如常设采购机构的基本开支等，称为订货的固定成本，用F_1表示；另一部分与订货次数有关，如差旅费、邮资等，称为订货的变动成本。每次订货的变动成本用 K 表示；订货次数等于存货年需要量 D 与每次订货量 Q 之商。订货成本的计算公式为：

$$订货成本 = F_1 + \frac{D}{Q} \times K$$

2.购置成本

购置成本是指存货本身的价值，经常用数量与单价的乘积来确定。存货年需要量用 D 表示，单价用 U 表示，于是购置成本为 DU。当存货价格保持不变，并无数量折扣时，存货的购置成本是稳定的（在存货管理中属于决策无关成本）；若存货购置有数量折扣时，必须考虑订购数量变动时购置成本的变动（在存货管理中属于决策相关成本）。

订货成本加上购置成本，就等于存货的取得成本。其公式可表达为：

取得成本=订货成本+购置成本

　　　　=订货固定成本+订货变动成本+购置成本

即　　$TC_a = F_1 + \frac{D}{Q} \times K + DU$

活动 2　储存成本的确定

储存成本是指为保持一定数量的存货而发生的成本，包括存货占用资金所应计的利息（若企业用现有现金购买存货，便失去了现金存放在银行或投资于证券本应取得的利息，视为"放弃利息"；若企业借款购买存货，便要支付利息费用，视为"付出利息"）、仓库费用、保险费用、存货破损和变质损失等，通常用 TC_c 来表示。

储存成本也分为固定成本和变动成本。固定成本与存货数量的多少无关，如仓库折旧、仓库职工的固定月工资等，常用 F_2 表示。变动成本与存货的数量有关，如存货资金的应计利息、存货的破损和变质损失、存货的保险费用等，单位成本用 K_c 来表示。用公式表达的储存成本为：

储存成本=储存固定成本+储存变动成本

即　　$TC_c = F_2 + K_c \times \frac{Q}{2}$

活动 3　缺货成本的确定

缺货成本是指由于存货供应中断而造成的损失，包括材料供应中断造成的停工损失、产成品库存缺货造成的拖欠发货损失和丧失销售机会的损失（还应包括需要主观估计的商誉损失）；如果生产企业以紧急采购代用材料解决库存材料中断之急，那么缺货成本表现为紧急额外购入成本（紧急额外购入的开支会大于正常采购的开支）。缺货成本用 TC_s 表示。

活动 4　存货形成过程中资金占用总额的确定

如果工业企业能在生产投料时随时购入所需的原材料，或者商业企业能在销售时随时购入该项商品，就不需要存货。但实际上，企业总有储存存货的需要，并因此占用或多或少的资金。通过以上的工作步骤，我们如果以 TC 来表示储备存货的总成本，那么存货形成过程中资金占用总额的计算公式就为：

$$TC = TC_a + TC_c + TC_s$$

$$= F_1 + \frac{D}{Q} \times K + DU + F_2 + K_c \times \frac{Q}{2} + TC_s$$

企业存货的最优化，即是使上式中 TC 值最小。

小知识 6-1

企业拥有存货主要基于以下原因：

（1）保证生产经营的需要。企业很少能够做到随时购入生产或销售所需的各种物资，即使是市场供应充足、采购计划控制十分严密的物资也是如此。

（2）出于价格的考虑。一般来讲，零购物资的价格往往较高，而整批购买物资在价格上常有优惠。但是，过多的存货需要占用较多的资金和承担较多的资金成本，并且会增加包括仓储费、保险费、维护费和管理人员工资在内的各项开支。

任务二 确定存货经济订货批量

任务分析

经济订货批量是指一定时间内储存成本和订货成本总和最低的订货批量。确定经济订货批量后便可以找出最适宜的订货时间和订货周期。与存货总成本有关的变量（即影响总成本的因素）很多，为了解决比较复杂的问题，有必要简化或舍弃一些变量，先研究解决简单的问题，然后再扩展到复杂的问题。这需要设立一些假设，在此基础上建立经济订货批量的基本模型。

视频动画 6-1

经济订货批量基本模型需要设立的假设条件是：

（1）企业能够及时补充存货，即需要订货时便可立即取得存货。

（2）能集中到货，而不是陆续入库。

（3）不允许缺货，即无缺货成本，TC_s 为零，这是因为良好的存货管理本来就不应该出现缺货成本。

（4）需求量稳定，并且能预测，即 D 为已知常量。

（5）存货单价不变，即 U 为已知常量。

（6）企业现金充足，不会因现金短缺而影响订货。

（7）所需存货市场供应充足，不会因买不到需要的存货而影响其他。

活动 1 确定经济订货批量

设立了上述假设后，存货总成本的公式可以简化为：

$$TC = F_1 + \frac{D}{Q} \times K + DU + F_2 + K_c \times \frac{Q}{2}$$

当 F_1、K、D、U、F_2、K_c 为常数量时，TC 的大小取决于 Q。为了求出 TC 的极小值，对其进行求导演算，可得出下列公式：

$$Q^* = \sqrt{\frac{2KD}{K_c}}$$

活动2 确定每年最佳订货次数

每年最佳订货次数公式为：

$$N^* = \frac{D}{Q^*} = \frac{D}{\sqrt{\dfrac{2KD}{K_c}}} = \sqrt{\frac{DK_c}{2K}}$$

活动3 确定与经济订货批量有关的存货总成本

与经济订货批量有关的存货总成本为：

$$TC_{(Q^*)} = \sqrt{2KDK_c}$$

活动4 确定最佳订货周期

在经济订货批量条件下最佳订货周期为：

$$t^* = \frac{1}{N^*} = \frac{1}{\sqrt{\dfrac{DK_c}{2K}}}$$

活动5 确定经济订货批量占用资金

经济订货批量占用资金为：

$$I^* = \frac{Q^*}{2} \times U = \frac{\sqrt{\dfrac{2KD}{K_c}}}{2} \times U = \sqrt{\frac{KD}{2K_c}} \times U$$

【例6-1】某企业每年耗用某种材料 3 600 千克，单位存储成本为 2 元，一次订货成本为 25 元。要求：分析确定该材料的经济订货批量。

解答：

该材料的经济订货批量根据公式计算得：

$$Q^* = \sqrt{\frac{2KD}{K_c}} = \sqrt{\frac{2 \times 25 \times 3\,600}{2}} = 300\,(千克)$$

在经济订货批量条件下每年最佳订货次数为：

$$N^* = \frac{D}{Q^*} = \frac{3\,600}{300} = 12\,(次)$$

经济订货批量有关的存货总成本为：

$$TC_{(Q^*)} = \sqrt{2KDK_c} = \sqrt{2 \times 25 \times 3\,600 \times 2}$$
$$= 600\,(元)$$

在经济订货批量条件下最佳订货周期为：

$$t^* = \frac{1}{N^*} = \frac{1}{12}\,年 = 1\,个月$$

经济订货批量占用资金为：

$$I^* = \frac{Q^*}{2} \times U = \frac{300}{2} \times 10 = 1\,500\,(元)$$

在上述经济订货批量的确定中，假设存货采购价格不随采购批量变动。但是在目前的市场经济条件下，许多公司在销售时都有批量折扣，对大批量采购在采购价格上给予一定的优惠。在这种情况下，确定经济订货批量，除了要考虑存货的订货成本和储存成本以外，还应考虑采购成本，存货采购成本等于采购数量乘以单位存货的购买价格。

【例6-2】海达公司全年需要辅助生产材料2 400吨，每次的订货成本为600元，每吨材料的年储存成本为8元。供应商规定，每次订货量达到800吨时，可获1%的价格优惠，不足800吨时单价为100元。要求：分析确定该材料的经济订货批量。

解答：

在这种情况下，该材料的经济订货批量的确定可分3步进行：

第一步，计算没有数量折扣时的经济订货批量。

因为当有可能获取数量折扣时，最低采购数量可由经济订货批量Q的计算来确定。

$$Q = \sqrt{\frac{2 \times 2\ 400 \times 600}{8}} = 600（吨）$$

于是，该材料最佳采购批量不是600吨，就是800吨，不存在其他更经济的采购批量。

第二步，计算不考虑数量折扣时该材料的年总成本。

采购成本=2 400×100=240 000（元）

订货成本=（2 400÷600）×600=2 400（元）

储存成本=（600÷2）×8=2 400（元）

年总成本=240 000+2 400+2 400=244 800（元）

第三步，计算考虑数量折扣时该材料的年总成本。

采购成本=2 400×100×（1-1%）=237 600（元）

订货成本=（2 400÷800）×600=1 800（元）

储存成本=（800÷2）×8=3 200（元）

年总成本=237 600+1 800+3 200=242 600（元）

将以上两种情况的总成本进行比较可知，取得数量折扣可使存货成本降低2 200元，因此本例题中有数量折扣的采购批量才是经济订货批量。

任务三　确定企业存货再订货点

任务分析

为了保证生产和销售正常进行，企业必须在材料用完之前订货，这就涉及再订货点的控制和订货提前期的确定问题。此外，企业在生产经营过程中经常要面对很多不确定的情况，很难做到均匀使用原料和各订货批次之间的衔接。为了保证企业生产经营正常进行，企业需要安排一个保险储备，以应对耗用量突然增加或交货延期等意外情况。

活动1　确定再订货点

确定订货点，必须考虑如下因素：

（1）每日平均需用量，用d来表示；

（2）交货时间，指从发出订单到货物验收完毕所用的时间，用L来表示。

则再订货点的数量就等于交货时间（L）和每日平均需用量（d）的乘积：

$R=L×d$

【例6-3】承接例6-1，企业订货日至到货日的时间为10天，每日存货需要量为10千克，要求：确定再订货点的数量。

解答：

$R=L×d=10×10=100$（千克）

即企业在尚存100千克存货时，就应当再次订货，等到下批订货到达时（再次发出订货单10天后），原有库存刚好用完。此时，有关存货的每次订货批量、订货次数、订货间隔时间等并无变化，与瞬时补充时相同。订货提前期的情形如图6-1所示。这就是说，订货提前期对经济订货批量并无影响，可仍以原来瞬时补充情况下的300千克为订货批量，只不过在达到再订货点（库存100千克）时即发出订货单罢了。

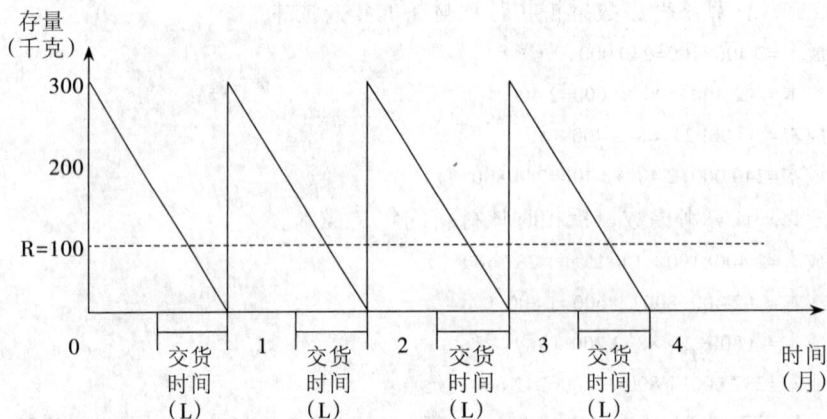

图6-1　订货提前期

活动2　确定考虑保险储备的再订货点

假定存货的供需稳定且确知，即每日需求量不变，交货时间也固定不变。实际上，每日需求量可能变化，交货时间也可能变化。按照某一订货批量（如经济订货批量）和再订货点发出订单后，如果需求增大或送货延迟，就会发生缺货或供货中断。为防止由此造成的损失，就需要多储备一些存货以备应急之需，称为保险储备（安全存量）。这些存货在正常情况下不动用，只有当存货过量使用或送货延迟时才动用。

建立保险储备，虽然可以使企业避免缺货或供货中断造成的损失，但存货平均储备量加大会使储备成本升高。

【例6-4】图6-2中，年需用量（D）为3 600件，已计算出经济订货批量为300件，每年订货12次。又知全年平均日需求量（d）为10件，平均每次交货时间（L）为10天。为防止需求变化引起缺货损失，设保险储备量（B）为100件。要求：计算再订货点R。

解答：

R=交货时间×平均日需求量+保险储备

　=L×d+B=10×10+100=200（件）

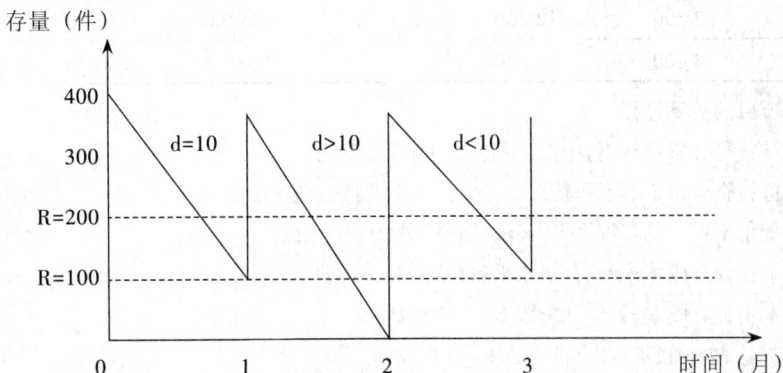

图6-2　存货的保险储备

在第一个订货周期里，d=10，不需要动用保险储备；在第二个订货周期内，d>10，需求量大于供货量，需要动用保险储备；在第三个订货周期内，d<10，不仅不需动用保险储备，正常储备亦未用完，下次存货即已送到。

活动3　缺货成本与储存成本的权衡

【例6-5】建南公司每年需要生产用原材料500 000千克，每次订货的固定成本为1 000元，每千克原材料年储存保管费为10元，已经计算得到经济订货批量为20 000千克。另外，已知交货期内的平均需求是2 000千克，也就是说再订货点等于保险储备加上2 000千克。根据这些资料，该企业每年需要订货25次（500 000÷20 000），每年的订货成本为25 000元（1 000×25）。要求：计算不同保险储备下企业预计的缺货成本。

解答：

公司正在考虑0~3 000千克的保险储备水平，表6-1给出了不同保险储备下企业预计的缺货成本。

从表6-1中可以看出，当保险储备为零时，预计缺货成本很高，但随着保险储备的增加迅速变小，当缺货成本下降的幅度大于储存成本上升的幅度时，加大保险储备是有利的，可以降低总成本。但超过一定限度后，保险储备的增加所带来的储存成本的增加要大于缺货成本的减少，此时会对总成本产生不利影响。该企业的最小存货总成本为139 500元，最佳再订货点为3 000千克，对应保险储备为1 000千克。

表6-1　　　　　　　　　　　　建南公司的最优安全储备量和再订货点分析

再订货点（千克）	保险储备（千克）	平均存货水平（千克）	缺货成本（元）	储存成本（元）	订货成本（元）	总成本（元）
2 000	0	10 000	25 000	100 000	25 000	150 000
2 500	500	10 500	13 000	105 000	25 000	143 000
3 000	1 000	11 000	4 500	110 000	25 000	139 500
3 500	1 500	11 500	1 700	115 000	25 000	141 700
4 000	2 000	12 000	500	120 000	25 000	145 500
4 500	2 500	12 500	120	125 000	25 000	150 120
5 000	3 000	13 000	0	130 000	25 000	155 000

注：各项目的计算过程如下：

再订货点：再订货点存货量=交货期的需求+保险储备

保险储备：企业设定的不同档次，需要在其中选择最佳保险储备。

平均存货水平：平均存货水平=经济订货批量/2+保险储备

储存成本：储存成本=平均存货水平×单位储存保管费

订货成本：订货成本=单位订货成本×订货次数

总成本：总成本=缺货成本+储存成本+订货成本

视频动画6-2

当前，有的企业存在因生产的盲目性而造成产品大量积压、资金使用效率低下等比较严重的问题。如果能在企业中因地制宜地引进适时生产系统，逐步实现"零存货"，对企业来说，可以减少资金占用，节约成本，增强活力，提高市场竞争力；对社会来说，可以降低社会资金的需求，缓解资金紧张的局面，促进国民经济持续、健康、稳定发展。

小知识 6-2

ABC控制法是意大利经济学家巴雷特于19世纪首创的，以后经不断发展和完善，现已被广泛应用于存货管理、成本管理和生产管理。对于一个大型企业来说，常有成千上万种存货。在这些存货中，有的价格昂贵，有的不值几文；有的数量庞大，有的寥寥无几。如果不分主次，面面俱到，对每一种存货都进行周密的规划，严格的控制，就抓不住重点，不能有效地控制存货资金。ABC控制法正是针对这一问题而提出的重点管理方法。运用ABC控制法控制存货资金，一般分如下几个步骤：

（1）计算每一种存货在一定时间内（一般为一年）的资金占用额。

（2）计算每一种存货资金占用额占全部资金占用额的百分比，并按大小顺序排列、编成表格。

（3）根据事先测定好的标准，把最重要的存货划为A类，把一般存货划为B类，把不重要的存货划为C类，并画图表示出来。

（4）对A类存货进行重点规划和控制，对B类存货进行重点管理，对C类存货只进行一般管理。

把存货划分成A、B、C三大类，目的是对存货占用资金进行有效管理。A类存货种类虽少，但占用的资金多，应集中主要力量管理，对其经济订货批量要进行认真规划，对收入、发出要进行严格控制；C类存货虽然种类繁多，但占用的资金不多，不必耗费大量人力、物力、财力去管，这类存货的经济订货批量可凭经验确定，不必花费大量时间和精力去进行规划与控制；B类存货介于A类和C类之间，也应给予相当的重视，但不必像A类那样进行非常严格的控制。

例如，对于汽车生产厂家，如发动机和实际上所有的其他汽车配件都是A类存货，应得到精心管理。而办公用品，如夹纸的回形针、铅笔和纸张等在需要时才订货，不用太多管理。

情境模拟

1.收集资料，对戴尔公司倡导的零存货策略进行评价，并在课堂上进行宣讲。

2.编写一份存货管理方案。

实践训练

一、单项选择题

1.A公司全年需用C产品2 400吨，每次订货成本为400元，每吨产品年储备成本为12元，则每年最佳订货次数为（　　）次。

A.14　　　　　　　B.5　　　　　　　C.3　　　　　　　D.6

2.经济订货批量模式所依据的假设不包括（　　）。

A.所需存货市场供应充足

B.存货价格稳定

C.一定时期的订货总量可以准确预测

D.允许缺货

3.下列不属于变动储存成本的是（　　）。

A.存货占用资金的利息　　　　　　B.紧急额外购入成本

C.存货的变质破损损失　　　　　　D.仓库折旧费

4.在确定存货的再订货点时，不予考虑的因素是（　　）。

A.存货的交货时间　　　　　　　　B.存货的每日平均需要量

C.存货的每日平均送货量　　　　　D.存货的保险储备量

5.在存货管理中，通过交货时间和每日平均需用量的乘积计算出来的库存量称为（　　）。

A.订货提前期　　　　　　　　　　B.最高存货量

C.再订货点存货量　　　　　　　　D.经济定货量

6.（　　）存货种类少，占用资金多，应进行重点规划和控制。

A.A 类　　　　　　　B.B 类　　　　　　　C.C 类　　　　　　　D.原材料

7.下列各项经济业务不会影响流动比率的是（　　　）。

A.赊购原材料　　　　　　　　　　　B.用现金购买长期债券

C.用存货对外进行长期投资　　　　　D.向银行借款

二、多项选择题

1.缺货成本指由于不能及时满足生产经营需要而给企业带来的损失，它们包括（　　　）。

A.商誉（信誉）损失　　　　　　　　B.延期交货的罚金

C.采取临时措施而发生的超额费用　　D.停工待料损失

2.通常在经济订货批量模型下确定经济订货批量时，应考虑的成本是（　　　）。

A.采购成本　　　B.订货费用　　　C.储存成本　　　D.缺货成本

3.下列（　　　）属于存货的变动储存成本。

A.存货占用资金的应计利息　　　　　B.紧急额外购入成本

C.存货的破损变质损失　　　　　　　D.存货的保险费用

4.存货的主要成本包括（　　　）。

A.订货成本　　　B.缺货成本　　　C.储存成本　　　D.管理成本

5.存货变动储存费包括（　　　）。

A.存货资金占用费　　　　　　　　　B.仓库员工固定工资

C.仓储损耗（较大）　　　　　　　　D.仓库折旧费

6.存货的功能主要包括（　　　）。

A.防止停工待料　　　　　　　　　　B.适应市场变化

C.降低订货成本　　　　　　　　　　D.维持均衡生产

7.ABC 分类的标准主要有（　　　）。

A.重量　　　　　B.金额　　　　　C.品种数量　　　D.体积

8.决定存货经济订货批量的成本因素主要包括（　　　）。

A.变动性订货费用　　　　　　　　　B.变动性储存成本

C.固定性储存成本　　　　　　　　　D.允许缺货时的缺货成本

9.确定建立保险储备量时的订货点，需要考虑的因素有（　　　）。

A.交货时间　　　　　　　　　　　　B.预计日最大需求量

C.保险储备量　　　　　　　　　　　D.平均日需求量

10.下列项目中，与存货基本经济订货批量无关的是（　　　）。

A.储存变动成本　　　　　　　　　　B.订货提前期

C.年度计划订货总量　　　　　　　　D.存货单价

11.下列属于存货变动成本的有（　　　）。

A.存货占用资金的应计利息　　　　　B.紧急额外购入成本

C.存货的破损变质损失　　　　　　　D.存货的保险费用

12.在确定经济订货批量时，下列表述正确的有（　　）。

A.经济订货批量是指通过合理的订货批量和订货时间，使存货的总成本最低的采购批量

B.随每次订货批量的变动，订货成本和储存成本呈反方向变化

C.储存成本的高低与每次订货批量成正比

D.订货成本的高低与每次订货批量成反比

13.在存货陆续供应和使用的情况下，导致经济订货批量增加的因素有（　　）。

A.存货年需用量增加　　　　　　B.一次订货成本增加

C.每日耗用量增加　　　　　　　D.每日耗用量降低

14.确定建立保险储备量时的再订货点，需要考虑的因素有（　　）。

A.交货时间　　　　　　　　　　B.平均日需求量

C.保险储备量　　　　　　　　　D.平均库存量

15.经济订货批量基本模型需要设立的假设条件有（　　）。

A.需要订货时便可立即取得存货，并能集中到货

B.存货单价不变，不考虑现金折扣

C.允许缺货，并建立保险储备量

D.需求量稳定，存货单价不变

三、判断题

1.订货成本的高低取决于订货的数量与质量。（　）

2.一般来说，资产的流动性越高，其盈利能力就越强。（　）

3.存货的经济订货批量是指达到最低的订货成本的批量。（　）

4.企业净营运资金余额越高，说明企业经济状况越好，支付能力越强。（　）

5.存货的经济订货批量大小与订货提前期无关。（　）

6.存货占用资金的应计利息属于变动储存成本，在存货决策时应加以考虑。（　）

7.能够使企业的取得成本、储存成本和缺货成本之和最低的订货批量便是经济订货批量。（　）

8.保险储备的存货在正常情况下不动用，只有当存货过量使用或送货延迟时才动用，这部分存货是以备应急之需的。（　）

9.一般来讲，当某种存货数量达到70%左右时，可将其划分为A类存货，进行重点管理和控制。（　）

10.在经济订货批量（基本模型）决策中，存货购置成本是决策相关成本。（　）

11.存货的取得成本是由购置成本和订货成本两部分构成的，这两部分成本都是实际发生的，都是存货控制决策中的相关成本。（　）

12.存货ABC控制法中，C类物资是指数量少、价值低的物质。（　）

13.存货分级归口控制要求使用资金和管理资金相结合、物资管理和资金管理相结合。　　　　　　　　　　　　　　　　　　　　　　　　　　　　　（　　）

14.基于保险目的储备的存货不管发生何种情况也不会被动用。　　（　　）

四、计算分析题

1.若某企业A材料年需用量为4 800千克，年单位储存成本为12元，每次订货费用为50元。试计算A材料的经济订货批量。

2.某企业全年需外购某零件1 200件，每次订货费用为400元，单位零件的年储存成本为6元，该零件每件进价为10元。销售企业规定：客户每批购买量不足600件，按标准价格计算；每批购买量达到600件，价格优惠3%。

要求：

（1）计算该企业订货批量为多少时，才是有利的。

（2）计算该企业最佳的订货次数。

（3）计算该企业最佳的订货间隔期为多少天。

3.某公司预计年耗用乙材料6 000千克，单位采购成本为15元，单位储存成本为9元，平均每次订货费用为30元，假设该材料不存在缺货情况。

要求：

（1）计算乙材料的经济订货批量。

（2）计算经济订货批量的总成本。

（3）计算经济订货批量的平均占用资金。

（4）计算年度最佳订货次数。

4.甲公司全年需要A部件50 000件，当采购批量为100件时，单价为96元；当采购批量达到500件时，单价为92元。每次订货的变动成本为16元，每件A部件年平均变动储存成本为10元。要求：计算确定最优采购批量及最小相关总成本。

5.某商店准备购进一批商品，该商品单位成本为156元，以1 000件为一基本订货单位安排订货，每次订货的成本为160元，该商品每月的需求量为40 000件，每件商品月储存成本为0.1元。

要求：

（1）计算该商品的经济订货批量。

（2）计算每月最佳订货次数。

6.某公司生产一种W产品，该产品所耗费的材料为A材料，生产一件产品需要使用3.6千克的A材料，A材料单价为5元。假设该公司每年生产W产品10 000件，且一年中W产品的需求量非常稳定。公司采购A材料的每次订货成本为400元，单位材料的年储存成本为6元。

要求：

（1）计算A产品的经济订货批量。

（2）计算经济订货批量下的存货的总成本。

（3）计算每年最佳订货次数。

假设该材料的交货时间为10天，交货期内存货需要量及其概率分布情况见表6-2，问何时订货最佳？

表6-2　　　　　　　交货期内存货需要量及其概率分布情况

需要量（10×d）（千克）	700	800	900	1 000	1 100	1 200	1 300
概率（P_i）	0.3	0.06	0.08	0.4	0.04	0.1	0.02

项目七　编制股利分配方案

【知识目标】

掌握股利分配管理的基本要求、股利的分配原则和分配程序；掌握并理解股份有限公司的股利支付方式；掌握不同股利政策的特点。

【能力目标】

能够根据企业具体实际情况设计股利分配程序；能够结合各方面因素正确选择股利分配政策；能够在兼顾各方面利益的基础上确定股利支付形式和股利支付水平。

引　例

五粮液股利分配风波

号称中国股市新千年第一绩优股的五粮液公布了2000年度股利分配预案，决定2000年度"不进行分配，也不实施公积金转增股本"。五粮液一直业绩颇佳，截至2000年年底，公司未分配利润为13 566亿元，按1999年年底总股本计算，平均每股未分配利润为2.83元，每股公积金为2.17元。

五粮液积累了如此多的未分配利润，却连续两年不给股东以现金回报，引起了中小股东的普遍不满。于是，一些中小股东委托北京君之创证券投资咨询有限公司（以下简称君之创）做他们的代言人和代理人。受人之托，君之创先是发出倡议，希望五粮液股东积极参加股东大会，行使股东权利，对股东大会的讨论、表决事项提出自己的看法，并建议修改五粮液公司2000年度分配预案。继而代表12个省市的31人参加了于2001年2月20日举行的股东大会。尽管君之创表达了很充分的理由，尽管中小股东发泄了很不满的情绪，尽管大会矛盾尖锐、吵成一团，五粮液不分不转的方案还是获得了通过，其最根本的还是因为国有股——宜宾国有资产管理局的持股比例占75%。

资料来源　佚名.五粮液的股利分配［EB/OL］.［2016-06-25］.http://wenku.baidu.com/link?url=RhZvjHVr7bINWlg4mfosXxpFpHZuneNEUnBZssqrtASiToYGBghPD1jaH5x0fXlgCxMRBt8VBjc8gmtz8KZ1wrQWOroNkckj5uIeyFy7Fv7.

这一引例表明：发放股利回报股东是股份有限公司应尽的义务。但股利政策及股利发放形式的多样性为股份有限公司的"自利"行为提供了最充分的理由。

这一引例说明了一家股份有限公司的股利分配政策制定是一件十分烦琐的事情。五粮液在正式公开股利政策之前至少应完成以下几项任务：

（1）设计股利分配的程序。

（2）选择股利分配政策。

（3）确定股利支付水平。

（4）选择股利支付形式。

（5）确定股利支付程序。

任务一　设计股利分配的程序

任务分析

股利分配不仅影响企业的投资和筹资决策，而且涉及国家、企业、投资者、职工等多方面的利益关系。涉及企业长远利益与近期利益、整体利益与局部利益等关系的处理和协调。为合理组织企业财务活动和正确处理利益关系，企业在进行股利分配时应遵循以下原则：

视频动画 7-1

（1）依法分配原则。

企业的股利分配必须依法进行，这是正确处理各方面利益关系的关键。国家为了规范企业的股利分配行为，制定和颁布了若干法规。这些法规规定了企业股利分配的基本要求、一般程序和重大比例等，企业都必须严格执行。

（2）分配和积累并重原则。

企业的股利分配，应正确处理长远利益和近期利益的关系，将二者有机结合起来，坚持分配与积累并重原则。

（3）各方利益兼顾原则。

股利分配应坚持全局观念，兼顾各方利益。国家作为社会事务管理者，为行使其自身职能，必须有充足的资金保证。

（4）资本保全的原则。

企业的股利分配必须以资本保全为前提。企业的收益分配是对投资者投入资本的增值部分进行的分配，不是对投资者本金的返还。

（5）投资与收益对等原则。

企业分配利润应当体现投资与收益对等的原则，即要做到谁投资谁受益、受益大小与投资比例相适应，这是正确处理投资者利益关系的关键。这就要求企业在向投资者分配利润时，应遵循公开、公平、公正的原则，按照各方投入资本的多少进行分配。

基于以上原则，企业股利分配应遵循如下顺序。

活动1　依法缴纳所得税

《企业财务通则》规定，企业的利润按照国家规定进行相应的调整后，依法缴纳所得税。对企业在计算所得税前扣除的项目，国家做出统一规定，企业按国家的统一规定执行。每个公司必须按照国家税法规定的税率，及时、足额地上缴所得税。公司依法上缴所得税，是其股利分配的首要步骤。

活动2　确定企业股利分配的顺序

公司实现的利润扣除应纳所得税后即为税后利润，即净利润。净利润按规定应按照下列顺序分配：

（1）弥补企业以前年度亏损。

公司发生的年度亏损，可以用下一年度的税前利润弥补；不足弥补的，可以在5年内延续弥补；5年内不足弥补的，可以用税后利润弥补。

（2）提取法定盈余公积。

法定盈余公积按照税后利润的10%提取，法定盈余公积达到注册资本的50%时可不再提取。法定盈余公积主要是为了保全资本，防止公司滥分税后利润。

（3）提取任意盈余公积。

企业向投资者分配利润前，经董事会决定，可以提取任意盈余公积，提取比例为5%~10%，但股份有限责任公司应先分配优先股股利。

（4）向投资者（股东）分配利润。

企业的税后利润按上述顺序分配后的剩余部分，为可供投资者分配的利润。企业以前年度未分配的利润，可以并入本年度向投资者一并分配。

此外，在股利分配顺序中，下列问题必须注意：

一是公司当年无利润时，不得向投资者分配利润。其中股份有限公司当年无利润时，原则上不得分配利润，但在有盈余公积弥补亏损后，为维护其股票信誉，经股东大会特别决议，可以按照不超过股票面值的一定比率用盈余公积分配股利。在分配股利后，企业法定盈余公积不得低于注册资本金的25%，其目的是避免股票价格的大幅度变动。

二是关于提取任意盈余公积。公司提取任意盈余公积是指企业出于经营、管理等方面的需要，在向投资者分配利润前按照公司章程或者股东大会决议提取和使用的留存收益。

任务二　选择股利分配政策

任务分析

企业税后利润可以留存，也可用于投资分红支出。在企业利润有限的情况下，如何解决好留存与分红的比例，是处理短期利益与长期利益、企业与股东等关系的关键。正确的税后股利分配政策对企业具有特别重要的意义。

小知识 7-1

股利政策对股票价格的影响理论——股利相关论

股利相关理论的流派有很多，但较具代表性的有：

（1）"一鸟在手"理论。

该理论认为，尽管股票价格上涨可给股东带来资本收益，但这种收益在很大程度上是不确定的，因为股票市场价格的涨跌很难预测，同时认为，即使公司承诺将来支付较高的股利，但从货币的时间价值考虑，该股利的获得也是不确定的。因此，从收益的不确定性或风险性考虑，投资者宁肯以较高的价格购买现在就支付较高股利的股票，也不愿意购买将来才有较高资本利得和较高股利的股票。

（2）信息传递理论。

这一理论与"一鸟在手"理论之间有着密切的关系。该理论认为，股利分配情况向投资者传递了公司财务状况方面的信息。例如，如果公司长期稳定的股利支付水平发生了变化，传递给投资者的信息是：公司未来的收益水平将发生变化，这样，公司股票价格将因之而发生变化。因此，从信息传递角度看，股利政策会对股票价格产生实际的影响。

（3）假设排除理论。

该理论认为，股利无关理论假设的一系列条件在现实生活中并不存在。例如，完善的资本市场尚未出现，股票交易不可能不存在交易成本，投资者对公司的投资机会不可能完全了解，不可能不存在税收等。如果排除这些假设，股利政策会对股票价格产生实际的影响。

活动1　考量选择剩余股利政策的利与弊

通常，股利分配与公司的资本结构有关，而资本结构又是由投资所需的资金所决定的，因此实际的股利政策要受到投资方案及资金成本的双重影响。剩余股利政策是指在公司有良好的投资机会时，根据一定的最佳资本结构，测算出投资所需的权益资本，先从当期盈余中留取，然后将剩余的盈余作为股利予以分配。

采用剩余股利政策时，应遵循以下4个步骤：

（1）设定最佳资本结构，即确定权益资本与债务资本的比例。在此资本结构下，综合资金成本达到最低水平。

（2）确定最佳资本结构下投资所需的权益资本的数额。

（3）最大限度地使用保留盈余来满足投资方案所需的权益资本数额。

（4）投资方案所需权益资本已经满足后若有剩余盈余，再将其作为股利发放给股东。

【例7-1】海达公司2019年提取了盈余公积金后的税后利润为800万元，2020年的投资计划所需资金为1 000万元，公司的目标资本结构为权益资本占70%，债务资本占30%。要求：采用剩余股利政策，计算该公司2019年发放了多少股利。

解答：

按照目标资本结构的需求，公司投资方案所需的权益资本数额为：

1 000×70%=700（万元）

公司2019年全部可用于分配股利的盈余为800万元，可以满足上述投资方案所需的权益资本数额并有剩余，剩余部分再作为股利发放。2019年发放的股利额为：

800−700=100（万元）

若该公司2019年流通在外的普通股为100万股，那么每股股利即为：

100÷100=1（元/股）

采用剩余股利政策，意味着公司只将剩余的盈余用于发放股利，这样可以使公司保持最佳资本结构，综合资金成本最低。例7-1中，如果该公司不按剩余股利政策发放股利，将可向股东分配的800万元全部作为股利发放给股东，然后再去筹集资金，这样都会破坏最佳资本结构，导致综合资金成本的提高。在完全市场条件下，由于股东对股利和资本收益并无偏好，只要投资收益高于股票的市场报酬率，保持目标资本结构下的投资资金所需，就能使公司价值或股票价格达到最高。

活动2　考量选择固定或持续增长的股利政策的利与弊

固定或持续增长的股利政策是指公司每年支付给股东的股利固定在一定的水平上或维持在持续稳定增长的水平上，并在较长的时间内保持不变，不随公司税后利润的多少而调整，只有当公司认为未来盈余将会显著地、不可逆转地增长时，才提高每年的股利发放额。在通货膨胀的情况下，大多数公司的盈余会随之提高，且大多数投资者也希望公司能提供足以抵消通货膨胀不利影响的股利，因此在长期通货膨胀的年度，公司通常提高股利发放的数额。

采用这种股利政策的优点在于：

（1）稳定的股利有利于投资者安排股利收入和支出，特别是对那些对股利极度依赖的股东。而股利忽高忽低的股票，则不受这些股东的欢迎，股票价格也会因此受到影响。

（2）稳定的股利向市场传递着公司正常发展的信息，有利于树立公司良好的形象，增强投资者对公司的信心，稳定股票的价格。

（3）固定或持续增长的股利政策可能不符合剩余股利理论，但考虑到股票市场会受到多种因素的影响，其中股东的心理状态是一个重要因素，因此为了将股利维持在稳定的水平上，即使推迟某些投资方案或者暂时改变目标资本结构，也可能比降低股利或股利增长率更为有利。

该股利政策的缺点在于股利的支付与盈余相互脱节，当盈余较低时仍要支付固定或持续增长的股利，这可能导致资金缺乏，财务状况恶化，同时不能像剩余股利政策那样保持较低的资金成本。

活动3 考量选择固定股利支付率政策的利与弊

固定股利支付率政策，是指公司确定一个股利占盈余的比率，长期按此比率支付股利的政策。从公司盈利能力的角度来看，该政策是一种真正的固定股利的政策，保证公司的股利支付与公司盈利状况之间的稳定。在这一股利政策下，公司各年支付的股利额随公司经营的好坏而上下波动，获得较多盈余的年份股利额高；获得较少盈余的年份股利额低。

但这一政策必然导致公司股利的频繁变化，从而给股票投资者以该公司经营不稳定的印象，使股票价格波动较大；同时它不可能使公司的价值实现最大化。因此很少有公司采用这种股利政策。

活动4 考量选择低正常股利加额外股利政策的利与弊

低正常股利加额外股利政策，是指公司一般情况下每年只支付固定的、数额较低的股利；在盈余较多的年份，再根据实际情况向股东发放额外股利。但额外股利并不固定化，不意味着公司永久提高了规定的股利率。这种政策将使公司对其股利进行灵活调节。不过对投资者而言，股利将变得不太确定。但是当公司的盈余及现金流量变动很大时，这种政策是一种较佳的选择。董事会可设定一个相当低的正常股利，然后在额外盈余的年度，发放额外股利。该项政策常被盈余呈周期性或季节性变化的公司采用。

低正常股利加额外股利政策的优点：

（1）这种政策使公司具有较大的灵活性。当公司盈余较少或再投资需用较多资金时，可维持设定的较低但正常的股利，股东不会产生股利跌落感；而当公司盈余有较大幅度增加时，则可适当增发股利，把部分利益分配给股东，使他们增强对公司的信心，有利于稳定股票价格。

（2）这种股利政策可吸引那些依靠股利度日的股东，因为他们每年至少得到虽然较低、但比较稳定的股利收入。

以上各种股利政策各有所长，企业在实务中分配股利时应借鉴各种政策的基本原理，制定最适合本企业实际情况的股利政策。

任务三 确定股利支付水平及选择股利支付形式

任务分析

股利政策不仅会影响股东的利益，也会影响公司的正常运营以及未来的发展，因此制定恰当的股利政策就显得尤为重要。由于各种股利政策各有利弊，所以公司在进行股利政策决策时，要综合考虑公司面临的各种具体影响因素，适当遵循收益分配的各项原则，以保证不偏离公司目标。

另外，每家公司都有自己的发展历程，就规模和盈利来讲，都会有初创阶段、增长阶段、成熟阶段和衰退阶段等。在不同的发展阶段，公司所面临的财务、经营问题会有所不同。比如，初创阶段，公司的获利能力、现金流入量水平、融资能力、对资金的需求等，与公司在经历高速增长阶段之后的成熟阶段相比是完全不同的，所以公司在制定股利政策时还要与其所处的发展阶段相适应。

活动 1　选择股利政策

公司在不同发展阶段所采用的股利政策见表 7-1。

表 7-1　　　　　　　　　　公司各发展阶段适用的股利政策

公司发展阶段	特点	适用的股利政策
公司初创阶段	公司经营风险高，有投资需求且融资能力差	剩余股利政策
公司快速发展阶段	公司快速发展，投资需求大	低正常股利加额外股利政策
公司稳定增长阶段	公司业务稳定增长，投资需求减少，净现金流量增加，每股净收益呈上升趋势	固定或持续增长股利政策
公司成熟阶段	公司盈利水平稳定，公司通常已经积累了一定的留存收益和资金	固定股利支付率政策
公司衰退阶段	公司业务锐减，获利能力和现金获得能力下降	剩余股利政策

活动 2　确定股利支付水平

股利支付水平通常用股利支付率来衡量。股利支付率是当年发放股利与当年净利润之比，或每股股利除以每股收益。股利支付率的制定往往使公司处于两难境地。低股利支付率政策虽然有利于公司对收益的留存，有利于扩大投资规模和未来的持续发展，但显然在资本市场上对投资者的吸引力会大大下降，进而影响公司未来的增资扩股；而高股利支付率政策有利于增强公司股票的吸引力，有助于公司在公开市场上筹集资金，但由于留存收益的减少，又会给企业资金周转带来影响，加重公司财务负担。

是否对股东派发股利以及股利支付率高低的确定，取决于企业对下列因素的权衡：企业所处的成长周期、企业的投资机会、企业的筹资能力及筹资成本、企业的资本结构、股利的信号传递功能、借款协议及法律限制、股东偏好、通货膨胀等。

活动 3　选择股利支付形式

小知识 7-2

常见的股利支付形式有以下几种：

（1）现金股利。现金股利是以现金支付的股利，是股利支付的主要方式。发放现金股利将同时减少公司资产负债表上的留存收益和现金，所以公司选择支付现金股利时，除了要有累计的留存收益外，还需要有足够的现金以备支付。而现金的不充足往往会成为公司发放现金股利的主要制约因素。

（2）财产股利。财产股利是以现金以外的其他资产支付的股利，主要是以公司所拥有的其他企业的有价证券，如债券、股票作为股利支付给股东。

（3）负债股利。负债股利是公司以负债支付的股利，通常以公司的应付票据支付给股东，特殊情况下也可以发行公司债券抵付股利。

财产股利和负债股利实际上是现金股利的替代方式，这两种股利支付方式在我国目前公司实务中很少使用，在《公司法》中也没有明确规定。

（4）股票股利。股票股利是公司以增发股票方式所支付的股利，通常被称为"红股"。股票对公司来说，并没有现金流出企业，也不会导致公司的财产减少，而只是将公司留存收益转化为股本。但股票股利会增加流通中的股票数量，同时降低股票的每股价值。它虽然不会改变股东权益总额，但会改变股东权益的构成。

【例7-2】兴光公司2019年发放股票股利前，其资产负债表上的股东权益账户情况见表7-2。

表7-2　　　　　　　　　　　　　股利发放前股东权益情况　　　　　　　　　　单位：万元

普通股（面值1元，流通在外2 000万股）	2 000
资本公积	5 000
盈余公积	3 000
未分配利润	4 000
股东权益合计	14 000

假设该公司宣布发放20%的股票股利，现有股东每持有10股，即可获得赠送的2股普通股。该公司发放的股票股利为400万股，随着股票股利的发放，未分配利润中有400万元的资金要转移到普通股的股本账户上去，因而普通股股本由原来的2 000万元增加到2 400万元，而未分配利润的余额由4 000万元减少至3 600万元，但该公司股东权益总额未发生改变，仍然是14 000万元，股票股利发放之后的股东权益情况见表7-3。

表7-3　　　　　　　　　　　　　股利发放后股东权益情况　　　　　　　　　　单位：万元

普通股（面值1元，流通在外2 400万股）	2 400
资本公积	5 000
盈余公积	3 000
未分配利润	3 600
股东权益合计	14 000

假设一位股东在派发股票股利之前持有公司普通股5 000股，那么他拥有的股权比例为：

5 000÷20 000 000=0.025%

派发股利之后，该股东的股权比例为：

5 000×（1+20%）÷24 000 000=0.025%

可见，由于公司的净资产不变，而股票股利派发前后每一位股东的持股比例也不发生变化，所以他们各自持股所代表的净资产也不会改变。

从表面上看，在公司派发股票股利之后，除了所持股数同比增加之外，股东并没有从中受益。不过事实并非如此。虽然派发股票股利之后每股价格会成比例地下降，保持股东的持有价值不变，但实务中这并非是必然的结果。因为市场和投资者普遍认为，公司发放股票股利往往预示着公司会有较大的发展和成长，这样的信息传递不仅会稳定股票价格甚至可能使股价不降反升。另外，如果股东把股票股利出售，变成现金收入，还会给其带来资本利得的纳税上的好处。

任务四　了解股利支付程序

股份有限公司向股东支付股利的程序主要包括股利公告日、股权登记日、除息日和股利发放日。

1.股利公告日

董事会制订分红方案经股东大会讨论之后，正式向社会公布的日期就是股利公告日。公告中将宣布每股支付的股利、股权登记日、除息日，以及股利发放日等内容。

2.股权登记日

股权登记日是股东有权领取股利的股东资格登记截止日期，也称为除权日。只有在股权登记日下午交易所收市后在公司股东名册上存在的股东，才有权分享股利。

3.除息日

在除息日，股票的所有权和领取股息的权利分离，领取股利的权利不再从属于股票，所以在这一天购入公司股票的投资者不能享有已宣布发放的股利。另外，由于失去了"付息"的权利，除息日的股价通常会下跌，下跌的幅度约等于分派的股息。

4.股利发放日

在这一天，公司按公布的分红方案向股权登记日在册的股东实际支付股利。

【例7-3】

雅戈尔集团股份有限公司2017年度权益分派实施公告（节选）

特别提示：

本公司及董事会全体成员保证公告内容的真实、准确和完整，对公告的虚假记载、误导性陈述或者重大遗漏负连带责任。

根据雅戈尔集团股份有限公司2017年度利润分配方案，现将有关利润分配事宜公告如下：

一、通过分配方案的股东大会届次和日期

本次利润分配方案经公司2018年5月18日的2017年度股东大会审议通过。

二、分配方案

1. 发放年度：2017 年度

2. 分派对象：

截至股权登记日下午上海证券交易所收市后，在中国证券登记结算有限责任公司上海分公司（以下简称中登上海分公司）登记在册的本公司全体股东。

3. 分配方案：

本次利润分配以方案实施前的公司总股本 3 581 447 353 股为基数，每股派发现金红利 0.40 元（含税），共计派发现金红利 1 432 578 941.20 元。

三、相关日期

股权登记日：2018 年 6 月 6 日

除息日和现金红利发放日：2018 年 6 月 7 日

四、分派对象

截止到股权登记日下午上海证券交易所收市后，在中登上海分公司登记在册的本公司全体股东。

五、分配实施办法（略）

六、有关咨询办法

联系部门：公司证券部　　　　联系电话：0574-8742××××

七、备查文件

《2018 年度股东大会会议决议》

特此公告。

雅戈尔集团股份有限公司

董事会

2018 年 5 月 31 日

分析：

该公司股利支付相关日程为：

股利公告日：2018 年 5 月 31 日

股权登记日：2018 年 6 月 6 日

除息日和现金红利发放日：2018 年 6 月 7 日

其中，股利发放日和除息日可以是同一天，也可以推迟数日。

小知识 7-3

股票分割

1. 股票分割的特点

股票分割又称股票拆细，即将一股股票拆分成多股股票的行为。实务中，当上市公司认为自己公司的股票市场价格太高，不利于良好的流通性，有必要将其降低，就可能进行股票分割，如将股票数一分为二等，每股收益和每股净资产也将随之减半，推动股票价格下调。

股票分割这种只会使发行在外的股票总数增加，股东权益余额保持不变的影响结果与股票股利非常相似。所不同的是，股票股利虽然不会引起股东权益总额的改变，但股东权益构成项目之间的比例会发生变化，而股票分割之后，股东权益总额及其构成项目的金额都不会发生任何变化，变化的只是股票的面值。

2.股票分割的作用

（1）股票分割可以促进股票的流通和交易。股票分割会使公司股票每股市价降低，买卖该股票所需的资金量减少，易于增加该股票在投资者之间的换手率，并且可以使更多的资金实力有限的潜在股东变成持股股东。

（2）股票分割可以向投资者传递公司发展前景良好的信息，有助于提高投资者对公司的信心。

（3）股票分割可以为公司发行新股做准备。公司股票价格太高，会使许多潜在投资者力不从心而不敢轻易对公司的股票进行投资。在新股发行之前，利用股票分割降低股票价格，可以促进新股的发行。

（4）股票分割有助于公司并购政策的实施，增加对被并购方的吸引力。

例如，假设有甲、乙两家公司，甲公司股票每股市价为60元，乙公司股票每股市价为6元，甲公司准备通过股票交换的方式对乙公司实施并购，如果甲公司以1股股票换取乙公司10股股票，可能会使乙公司的股东在心理上难以承受；相反，如果甲公司先进行股票分割，将原来的股票1股分拆成5股，然后再以1：2的比例换取乙公司股票，则乙公司的股东在心理上可能会容易接受一些。因此，通过股票分割的办法改变被并购企业股东的心理差异，更有利于企业并购方案的实施。

（5）股票分割带来的股票流通性的提高和股东数量的增加，会在一定程度上加大对公司股票的恶意收购的难度。

另外，如果公司认为其股票价格过低，不利于其在市场上的声誉和未来的筹资时，为提高其股票的价格，会采取反分割措施，实质上就是公司将流通在外的股票数进行合并。反分割显然会降低股票的流通性，加大投资者入市的门槛，它向市场传递的信息通常都是不利的。

【例7-4】海光公司2018年12月31日股东权益情况见表7-4。

表7-4   **股利发放前股东权益情况**   单位：万元

普通股（面值20元，流通在外1 000万股）	20 000
资本公积	41 000
盈余公积	8 000
未分配利润	9 000
股东权益合计	78 000

要求：（1）假设公司宣布发放30%的股票股利，即现有股东每持有10股，便可

获得赠送3股普通股股票。发放股票股利后，股东权益有何变化？每股净资产是多少？

（2）假设公司按照1∶5的比例进行股票分割。股票分割后，股东权益有何变化？每股净资产是多少？

解答：

发放股票股利后股东权益情况见表7-5。

表7-5　　　　　　　　　　　　股利发放后股东权益情况　　　　　　　　　　单位：万元

普通股（面值20元，流通在外1 300万股）	26 000
资本公积	41 000
盈余公积	8 000
未分配利润	3 000
股东权益合计	78 000

每股净资产：

78 000÷1 300=60（元/股）

股票分割后股东权益情况见表7-6。

表7-6　　　　　　　　　　　　股票分割后股东权益情况　　　　　　　　　　单位：万元

普通股（面值4元，流通在外5 000万股）	20 000
资本公积	41 000
盈余公积	8 000
未分配利润	9 000
股东权益合计	78 000

每股净资产：

78 000÷5 000=15.6（元/股）

情境模拟

1.列举影响股利发放额度的宏观因素和微观因素。

2.阐述股利政策选择的原因和具体实施内容，在课堂上进行分组宣讲。

3.编写一份股利发放公告书。

4.编写一份股利分配方案。

实践训练

一、单项选择题

1.企业采用固定股利政策发放股利的好处主要表现为（　　）。

A.降低资金成本　　B.维持股价稳定　　C.提高支付能力　　D.实现资本保全

2.下列股利分配政策中，能保持股利与利润之间一定的比例关系，并体现风险投资与风险收益对等原则的是（　　）。

A.剩余股利政策　　　　　　　　　　B.固定股利政策

C.固定股利支付率政策　　　　　　　D.低正常股利加额外股利政策

3.主要依靠股利维持生活的股东和养老基金管理人员最不赞成的企业股利政策是（　　）。

A.剩余股利政策　　　　　　　　　　B.固定股利政策

C.固定股利比例政策　　　　　　　　D.低正常股利加额外股利政策

4.企业采用剩余股利政策的主要优点是（　　）。

A.有利于稳定股价　　　　　　　　　B.获得财务杠杆利益

C.降低加权平均资金成本　　　　　　D.增强公众投资信心

5.企业以股票形式发放股利，可能带来的结果是（　　）。

A.引起企业资产减少　　　　　　　　B.引起企业负债减少

C.引起股东权益内部结构变化　　　　D.引起股东权益与负债同时变化

6.股份有限公司为了控制向投资者分配利润的水平以及调整各年股利分配的波动，应提取（　　）。

A.资本公积　　　　B.公益金　　　　C.法定盈余公积　　　　D.任意盈余公积

7.（　　）之后的股票交易价格可能有所下降。

A.股利宣告日　　　　B.除息日　　　　C.股权登记日　　　　D.股利发放日

8.在以下股利政策中，有利于稳定股票价格，从而树立公司良好的形象，但股利的支付与收益相脱节的是（　　）。

A.剩余股利政策　　　　　　　　　　B.固定股利政策

C.固定股利支付率政策　　　　　　　D.低正常股利加额外股利政策

9.除息日开始，（　　）。

A.股利权从属于股票　　　　　　　　B.股利宣告发放

C.股利权与股票相分离　　　　　　　D.持有股票者享有领取股利的权利

10.下列各项中，不属于股票回购方式的是（　　）。

A.用本公司普通股票换回优先股

B.与少数大股东协商购买本公司普通股股票

C.在证券市场上直接购买本公司普通股股票

D.向股东回购本公司普通股股票

二、多项选择题

1.公司的经营需要对股利分配常常会产生影响，下列叙述正确的是（　　）。

A.为保持一定的资产流动性，公司不愿支付过多的现金股利

B.保留盈余无须筹资费用，故从资金成本考虑，公司也愿采取低股利政策

C.成长型公司多采取高股利政策，而处于收缩期的公司多采用低股利政策

D.举债能力强的公司能及时筹集到所需现金,可能采取较宽松的股利政策

2.发放股票股利,会产生下列影响:(　　　)。

A.引起每股利润下降

B.使公司留存大量现金

C.股东权益各项目的比例发生变化

D.股东权益总额发生变化

3.股东在决定公司收益分配政策时,通常考虑的主要因素有(　　　)。

A.资本保全

B.稳定股利收入

C.防止公司控制权旁落

D.避税

4.公司实施剩余股利政策,意味着(　　　)。

A.公司接受了股利无关理论

B.公司可以保持理想的资本结构

C.公司统筹考虑了资本预算、资本结构和股利政策等财务基本问题

D.兼顾了各类股东、债权人的利益

5.以下属于剩余股利政策的优点是(　　　)。

A.保持理想的资本结构

B.充分利用资金成本最低的资金

C.收益分配稳定

D.有利于公司股票价格的稳定

6.关于股利分配政策,下列说法正确的是(　　　)。

A.剩余股利政策能充分利用筹资成本最低的资金源,保持理想的资本结构

B.固定股利政策有利于公司股票价格的稳定

C.固定股利支付率政策体现了风险投资与风险收益的对等

D.低正常股利加额外股利政策有利于股价的稳定

7.股利政策的制定受多种因素的影响,包括(　　　)。

A.税法对股利和出售股票收益的不同处理

B.未来公司的投资机会

C.各种资金来源及其成本

D.股东对当期收入的相对偏好

8.采用现金股利,企业应具备以下条件(　　　)。

A.企业要有足够的现金

B.企业要有足够的净利润

C.企业要有足够的留存收益

D.企业要有足够的未指明用途的留存收益

9.以下关于股利分配与企业价值的说法正确的有(　　　)。

A.当企业一方面向股东派发现金股利,另一方面又向股东增发等额的股票时,
股利分配对股东的财富不会产生影响

B.资本利得收益的风险高于股利收入的风险,因此股东偏好股利收入

C.政府关于超额累积利润征收额外税收的规定,会影响企业股利分配

D.具有良好投资机会的企业,为了获得股东更多的投资,多会采取高股利分配政策

10.股票回购的好处是（　　　　）。

A.可以迅速改变企业的资本结构

B.可以向市场传递企业有大量现金的信息

C.作为一种减资行为，操作比较容易

D.减少流通中的股票数量，提高股票的价格

三、计算分析题

1.某公司原股东权益情况见表7-7。

表7-7　　　　　　　　　　　　股东权益情况　　　　　　　　　　　单位：元

股本（面值2.5元，发行200 000股）	500 000
资本公积	1 500 000
未分配利润	16 000 000
股东权益合计	22 500 000

已知当时的市价为20元，本年盈余为450 000元，请分别考虑发放6%的股票股利和按1：2的比例进行股票分割两种情况来计算：

（1）发放股票股利后股东权益各项目有何变化？

（2）公司每股市价、每股利润各为多少？

2.腾达公司2018年度提取了公积金之后的净利润为800万元，2018年度支付股利320万元。2019年度投资计划所需资金700万元，公司的目标资本结构为自有资金占60%，借入资金占40%。

按照目标资本结构的要求，回答下列问题：

（1）若公司实行剩余股利政策，如2019年净利润与2018年相同，则2019年可向投资者发放多少股利？

（2）若公司实行固定股利政策，如2019年净利润比2018年净增5%，则2019年该公司向投资者支付股利为多少？

（3）若公司实行固定股利支付率政策，公司每年按40%的比例分配股利，如2019年净利润比2018年净增5%，则该公司应向投资者分配的股利为多少？

（4）若公司实行低正常股利加额外股利政策，规定当实现净利润增长5%时，将增长后净利润的1%作为额外的股利，如2019年净利润比2018年净增5%，则该公司应向投资者分配的股利为多少？

项目八　编制财务预算表

学习目标

【知识目标】

掌握企业财务预算的作用以及财务预算编制的基本要求；熟悉财务预算的各种编制方法；掌握销售预算表、生产预算表、材料预算表、直接人工预算表、制造费用预算表、销售及管理费用预算表、现金预算表的编制过程；掌握预计利润表和预计资产负债表的编制过程。

【能力目标】

能够编制本月收入预算；能够编制经营费用预算；能够编制人工费用预算；能够编制管理费用预算；能够编制利润预算；能够根据上半年成本费用开支实际情况及各部门的预算调整计划，完成公司年度预算调整。

引　例

施乐公司的研究规划体系

施乐公司是一家从事信息处理、复制技术和办公室自动化系统研制、开发与销售的跨国公司。该公司拥有一个战略规划小组，专门负责制定长期规划，努力预测10年内需要开发的新产品和新工艺。

施乐公司采用的方法被称为研究规划体系，它为鉴定和研究开发新技术制定出具体目标、活动和计划表。发展这种管理方法，是为了确保开发新产品的计划，以及与革新有关的公司长期计划的顺利实施。研究规划体系力求让了解公司宗旨和产业界发展趋势的人员从事项目选择工作。

施乐公司主要是由各管理部门规划时间范围，在这个范围内研究和发展新产品与新工艺，直至实现经营效益。规划过程的重要性在于针对公司所能提供的各种产品和服务水平，制定公司的一系列目标。公司高级管理部门以及专门组建的科研小组和规划小组定期开会，研究、制定和完善公司目标以及新产品的服务观念。

研究规划体系的最终目的是寻求市场机会。在概念形成阶段，他们就将新产品和新工艺与销售目的紧密地结合在一起。总公司代表要审核这些概念，估计其市场潜力。在可行性研究阶段，要对产生成本和最大劳动力成本做出预算，根据定价标准，预测市场机会和评估对市场的渗透能力以及获利能力。在最终的审核阶段，将产品和工艺最后定案。

这个研究规划体系已经在施乐公司正式应用许多年了。该公司有关投资计划的预算决策主要依赖于战略规划小组的推荐。施乐公司的研究规划体系是全面预算管理法的典型运用。在全球经济一体化步伐不断加快的今天，企业间的竞争日益加剧。企业普遍采用全面预算管理法，以综合运用各种资源，降低运营成本，提高市场竞争和抵御风险的能力。

资料来源　佚名.施乐公司案例分析［EB/OL］.［2016-06-30］.http://www.docin.com/p-1325679600.html.

这一引例说明：财务预算可使企业决策目标具体化、系统化和定量化，并有助于财务目标的顺利实现。要实施预算管理，至少应完成以下几项任务：

（1）编制销售预算。销售预算是企业编制全面预算的起点，采购、存货和费用预算都是以销售预算为基础的。

（2）编制现金预算表，预计由于经营和资本支出等原因引起的一些现金收支及其结果。

（3）编制预算财务报表，预计利润情况和资产负债情况。

任务一　编制现金预算表

任务分析

视频动画8-1

所谓预算，是指用货币单位表示的财务计划，是用货币的形式反映企业未来某一特定期间的有关现金收支、资金需求、资金融通、营业收入、营业成本及财务状况和经营成果等方面的详细计划。实际预算管理就是以一系列相互衔接的预算为手段，全面规划和控制企业的所有各项生产经营业务。

预算按其适用的时间长短分为短期预算和长期预算。短期预算是指一年以内或者一个营业周期的预算。长期预算是指一年以上或者一个营业周期以上的预算。由于长期预算一般属于投资性预算，影响面大、周期长，关系到企业能否如期实现其长期战略目标，因此属于规划性预算。

总体预算，又称全面预算或者综合预算，是全方位地规划企业计划期的经济活动及其成果，为企业和职能部门明确目标与任务的预算体系。总体预算包括销售预算、生产预算、直接材料预算、直接人工预算、制造费用预算、产品单位成本和期末存货成本预算、销售和管理费用预算、现金预算，然后根据上述预算做预计利润表和预计资产负债表。其中，现金预算是以销售预算、生产预算、直接材料预算、直接人工预算、制造费用预算、产品单位成本和期末存货成本预算以及销售和管理费用预算为基础的。

企业编制预算，实现预算管理，对于提高企业管理水平、实现更好的经济效果，具有十分重要的意义。

小知识 8-1

全面预算的构成体系

企业在一定期间生产经营活动的全面预算，是企业在该期间内经营决策所确定目标的数量表现，也称为总预算。总预算是各有关预算的集合，主要包括经营预算和财务预算两大组成部分。经营预算是为了规划与控制未来时期的生产和销售等经常性业务以及与此相关的各项成本和收入而编制的预算。从内容上看，经营预算主要包括销售预算、生产预算、直接材料预算、直接人工预算、产品单位成本和期末存货成本预算、制造费用预算等。财务预算是企业预算期内为规划资金的筹集和分配而编制的反映有关预计现金收支与财务状况的预算，主要包括现金预算、预计利润表和预计资产负债表。图8-1反映了构成全面预算的各个预算之间的主要联系。

视频动画 8-2

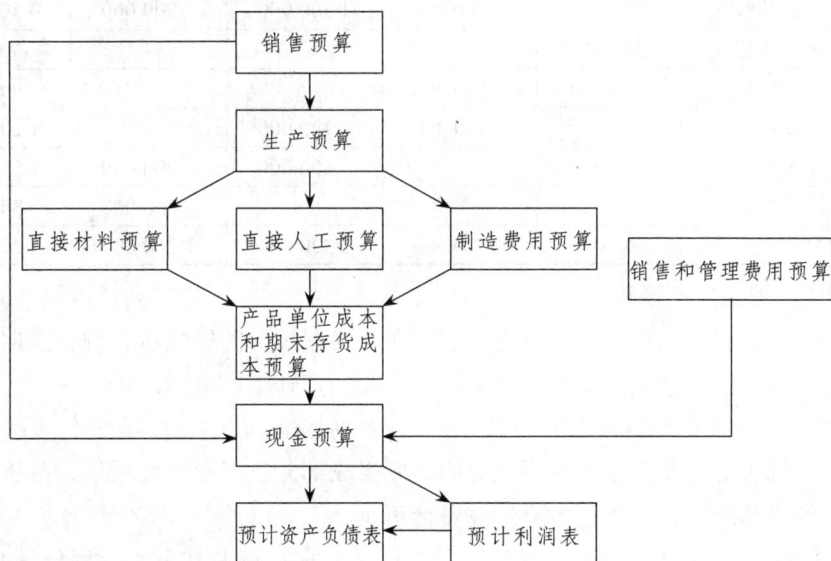

图 8-1　全面预算的基本构成

活动1　编制销售预算

一般而言，销售预算是企业编制全面预算的起点，生产、采购、存货和费用预算都是以销售预算为基础的。销售预算又必须以销售预测为基础，因此销售预算的准确性依赖于销售经理们做的销售预测的准确性。综合来说，销售预测的准确程度对全面预算的科学合理性有至关重要的影响。

编制销售预算时，需要考虑很多影响因素：过去的销售情况、定价策略、市场研究、行业经济形势、企业的市场地位等，需要企业上下各级员工一起参与，然后按照自下而上等方式进行编制。销售预算就是在销售预测的基础上，根据期间预计的销售量和销售单价求得：

预计销售收入=预计销售量×预计销售单价

如果企业生产多种产品，那么每种产品都重复上面的计算，而后累加求和即可得到企业总的销售额。

【例8-1】海达公司是生产个人录音设备的专业厂家，产品单位售价为300元，在预算年度2019年中，其销售量共计15 000件，其中第一季度为3 000件，第二季度为4 000件，第三季度为5 000件，第四季度为3 000件。根据以往销售情况，预计每季度销售的产品在当季可收回货款的40%，其余60%的货款将于下季度收回。上年度转入本年的应收账款余额为300 000元。据此编制的销售预算见表8-1。

表8-1 销售预算表

2019年度

金额单位：元

	摘要	第一季度	第二季度	第三季度	第四季度	合计
销售预算	预计销售量（件）	3 000	4 000	5 000	3 000	15 000
	预计销售单价	300	300	300	300	300
	预计销售收入	900 000	1 200 000	1 500 000	900 000	4 500 000
预计现金收入	年初应收账款	300 000				300 000
	第一季度销货	360 000	540 000			900 000
	第二季度销货		480 000	720 000		1 200 000
	第三季度销货			600 000	900 000	1 500 000
	第四季度销货				360 000	360 000
	现金收入合计	660 000	1 020 000	1 320 000	1 260 000	4 260 000

活动2　编制生产预算

生产预算是在销售预算的基础上编制而成，根据预计的销售量，预计的期初、期末产成品的存货量，按照产品类型计算每种产品的预计生产量。

预计生产量=预计销售量+预计期末存货数量－预计期初存货数量

期初、期末的存货数量是生产预算的必要组成部分。但存货要适量，存货过少会影响正常的销售活动，存货过多会形成资金积压。

【例8-2】接例8-1，海达公司预算期内每季度末存货占其下季度销售量的10%，年末预计存货量为340件，年初预计存货量为300件。其销售情况见表8-1，据此编制的生产预算见表8-2。

表8-2 生产预算表

2019年度

单位：件

摘要	第一季度	第二季度	第三季度	第四季度	合计
预计销售量	3 000	4 000	5 000	3 000	15 000
加：预计期末存货量	400	500	300	340	1 540
减：预计期初存货量	300	400	500	300	1 500
预计生产量	3 100	4 100	4 800	3 040	15 040

活动3　编制材料预算

在预计的生产量确定以后，按照单位产品的直接材料消耗量，同时考虑期初、期末的材料存货量来编制直接材料的预算：

$$预计直接材料采购量 = 预计生产量 \times 单位消耗量 + 预计期末材料存货量 - 预计期初材料存货量$$

$$预计直接材料金额 = 预计直接材料采购量 \times 直接材料单价$$

与生产预算相同，编制直接材料预算时要考虑期初、期末的存货数量。

【例8-3】接例8-2，海达公司生产的录音设备每件耗用直接材料2千克，每千克单价50元，各季末材料存货量为下一季度生产需要量的20%，年末预计材料存货量为1 000千克，年初预计材料存货量为1 240千克。各季购料款均于当季支付货款的50%，下季偿还货款的50%，应付账款年初余额为160 000元。该公司生产预算见表8-2，据此编制的直接材料预算见表8-3。

表8-3　　　　　　　　　直接材料预算表
2019年度

	摘要	第一季度	第二季度	第三季度	第四季度	合计
直接材料预算	预计生产量（件）	3 100	4 100	4 800	3 040	15 040
	单位产品材料用量（千克）	2	2	2	2	2
	材料耗用总量（千克）	6 200	8 200	9 600	6 080	30 080
	加：预计期末材料存货量（千克）	1 640	1 920	1 216	1 000	5 776
	减：预计期初材料存货量（千克）	1 240	1 640	1 920	1 216	6 016
	预计材料采购量（千克）	6 600	8 480	8 896	5 864	29 840
	材料单价（元/千克）	50	50	50	50	50
	预计采购金额（元）	330 000	424 000	444 800	293 200	1 492 000
预计现金支出（元）	年初应付款	160 000				160 000
	第一季度采购	165 000	165 000			330 000
	第二季度采购		212 000	212 000		424 000
	第三季度采购			222 400	222 400	444 800
	第四季度采购				146 600	146 600
	合计	325 000	377 000	434 400	369 000	1 505 400

活动4 编制直接人工预算

直接人工预算是以生产预算为基础编制的。

预计直接人工=预计生产量×单位产品直接人工小时×小时工资率

小时工资率计算时往往采用单一的平均工资率。

【例8-4】接例8-2，海达公司预算期内所需人工只有一个工种，单位产品需用直接人工小时为10小时，该工种直接人工小时工资率为4元。假定期初、期末在产品数量没有变动，各季需用的直接人工小时可按当季预计产品的生产量计算，预计生产量的资料见表8-2，据此编制的直接人工预算见表8-4。

表8-4

直接人工预算表

2019年度

摘要	第一季度	第二季度	第三季度	第四季度	合计
预计生产量（件）	3 100	4 100	4 800	3 040	15 040
单位产品直接人工小时（小时）	10	10	10	10	10
直接人工小时总数（小时）	31 000	41 000	48 000	30 400	150 400
直接人工小时工资率（元）	4	4	4	4	4
直接人工成本总额（元）	124 000	164 000	192 000	121 600	601 600

活动5 编制制造费用预算

制造费用预算通常分为变动制造费用预算和固定制造费用预算两部分。变动制造费用预算以生产预算为基础编制。如果有完善的标准成本资料，用单位产品变动制造费用的标准成本与产量相乘，即可得到相应的预算金额；如果没有标准成本资料，就需要逐项预计计划产量需要的各项变动制造费用。固定制造费用预算需要逐项进行预计，通常与产量无关。

在制造费用预算中，绝大部分费用都是直接通过现金支付的，但也有一部分费用是之前年度已经支付而由这一年度负担的，如固定资产折旧费、摊销费用等；也可能有应由这一年度负担的，但要在以后年度支付的费用，如预提修理费、预提短期借款的利息费等。

为了提供以后编制现金预算的资料，还要在制造费用预算表的下面附加"预计现金支出"，将制造费用调整为需要用现金支付的制造费用。

【例8-5】接例8-4，海达公司预算期内制造费用中除折旧费用外都需要支付现金。海达公司根据生产预算、直接人工预算以及过去发生的实际制造费用情况编制制造费用预算，见表8-5。

表 8-5

制造费用预算表

2019 年度　　　　　　　　　　　　　　　　　　单位：元

摘要		金额
制造费用预算	变动制造费用	
	间接人工	52 000
	间接材料	76 000
	维护费	16 000
	水电费	64 000
	润滑材料	32 800
	合计	240 800
	固定制造费用	
	维护费	60 000
	折旧	64 000
	管理人员工资	104 000
	保险费	32 000
	合计	260 000
	制造费用总额	500 800
预计现金支出	减：折旧费	64 000
	全年需用现金支付的制造费用数额	436 800
	每季需用现金支付的制造费用数额（436 800÷4）	109 200

为了便于以后编制产品单位成本预算，需要计算每小时变动制造费用分配率：

变动制造费用分配率=变动制造费用总额÷直接人工工时总数

=240 800÷150 400

=1.60（元/小时）

活动6　编制产品单位成本和期末存货成本预算

产品单位成本和期末存货成本预算的编制依据为生产预算、直接材料预算、直接人工预算和制造费用预算。为了正确规划成本和利润，公司编制预算时采用变动成本计算模式，即产品成本只包括直接材料、直接人工和制造费用中的变动部分，制造费用中的固定部分则作为期间成本直接从当期收入中扣减。

【例8-6】根据上述例中的数据，编制海达公司产品单位成本和期末存货成本预算，见表8-6。

表 8-6

产品单位成本和期末存货成本预算表

摘要		价格标准	用量标准	成本合计
产品单位成本预算	直接材料	50元/千克	2千克	100元
	直接人工	4元/小时	10小时	40元
	变动制造费用	1.6元/小时	10小时	16元
	产品单位成本	156元		
期末存货成本预算	期末存货数量	340件		
	产品单位成本	156元		
	期末存货成本	53 040元		

编制产品单位成本和期末存货成本预算的目的是为编制预计利润表提供销售产品成本数据，为编制预计资产负债表提供期末产成品存货数据。

活动7　编制销售及管理费用预算

销售及管理费用预算的编制方法与制造费用相同，其内容分为变动部分、固定部分以及与此相联系的预计现金支出，编制的主要依据是销售预算和生产预算。

【例8-7】海达公司根据销售预算、生产预算和对过去发生的销售费用、管理费用进行分析后，认为预计的销售费用和管理费用全部用现金支付，编制的销售及管理费用预算见表8-7。

表8-7

销售及管理费用预算表
2019年度
单位：元

	摘要	金额
销售及管理费用预算	变动销售及管理费用	
	销售人员工资	86 000
	运杂费	40 000
	办公费	7 000
	包装费	13 000
	合计	146 000
	固定销售及管理费用	
	行政管理人员工资	72 000
	广告费	20 000
	保险费	20 000
	合计	112 000
	销售及管理费用总额	258 000
预计现金支出	销售及管理费用全年现金支出总额	258 000
	销售及管理费用每季现金支出总额	64 500

活动8　编制现金预算

现金预算是反映预算期内现金收入、现金支出、现金多余或不足以及资金的筹集与运用等情况的预算。它主要根据业务预算和专门决策预算中的有关资料编制，通常包括以下4个部分：

1.现金收入

现金收入包括预算期初的现金余额和预算期内的现金收入，如收到现金的销售收入和应收账款的回收等，其资料来源主要是销售预算。

2.现金支出

现金支出是指预算期内可能发生的全部现金支出，如支付采购材料的货款、支付人工费、支付制造费用、支付销售及管理费用、偿还应付账款、缴纳税金、购买设备和支付股息等。这些资料可分别从直接材料预算、直接人工预算、制造费用预算、销售及管理费用预算以及有关专门决策预算中取得。

3.现金多余或不足

现金多余或不足是指现金收入总额与现金支出总额的差额，若收入大于支出，则现金多余，多余现金可用于偿还债务或其他用途；若收入小于支出，则现金不足，现金不足需要采取适当方式筹集。

4.资金的筹集与运用

资金的筹集与运用是反映公司在预算期内取得、使用资金和偿还借款及借款利息等方面的情况。上述4个部分的基本关系是：

现金多余或不足=期初现金余额+现金收入－现金支出

期末现金余额=现金多余或不足+资金的筹集与运用

【例8-8】海达公司编制2019年季度现金预算的有关资料如下：

（1）根据专门决策预算，公司每季支付股利50 000元，缴纳所得税100 000元，在第二季度购置设备的成本总额为80 000元，在第四季度购置设备的成本总额为320 000元。

（2）资金不足时，均需在季初向银行取得借款，银行借款的金额以千元为单位；资金多余时，需在季末偿还借款，同时支付借款利息，银行借款年利率为10%。

（3）该公司预算期内的现金最低限额为58 000元。

（4）该公司年初现金余额为100 000元。

（5）其他现金收入与现金支出的资料见表8-1至表8-7各表中的相关数据。

根据上述资料编制的现金预算见表8-8。

表8-8　　　　　　　　　　　　　　**现金预算表**

2019年度　　　　　　　　　　　　　　单位：元

摘要	第一季度	第二季度	第三季度	第四季度	合计
期初现金余额	100 000	58 300	59 050	428 950	646 300
加：现金收入	660 000	1 020 000	1 320 000	1 260 000	4 260 000
合计	760 000	1 078 300	1 379 050	1 688 950	4 906 300
减：现金支出					
直接材料	325 000	377 000	434 400	369 000	1 505 400
直接人工	124 000	164 000	192 000	121 600	601 600
制造费用	109 200	109 200	109 200	109 200	436 800
销售及管理费用	64 500	64 500	64 500	64 500	258 000
所得税	100 000	100 000	100 000	100 000	400 000
设备		80 000		320 000	400 000
股利	50 000	50 000	50 000	50 000	200 000

续表

摘要	第一季度	第二季度	第三季度	第四季度	合计
合计	772 700	944 700	950 100	1 134 300	3 801 800
现金多余（不足）	−12 700	133 600	428 950	554 650	1 104 500
资金筹集与运用					
借入银行借款（期初）	71 000				71 000
偿还银行借款（期末）		−71 000			−71 000
支付借款利息（10%）		−3 550			−3 550
合计	71 000	−74 550			−3 550
期末现金余额	58 300	59 050	428 950	554 650	1 100 950

表8-8中，资金筹集与运用项目有关数字的填列方法说明如下：

（1）偿还借款额的确定

当公司的现金余额大于现金最低限额时，多余的部分可用于偿还借款的本金和利息；当多余的部分大于以前各期所有借款的本金和利息时，可以一次还清本息。否则，要根据具体情况确定应偿还的本金和利息数额。

本例中，第二季度末现金余额大于现金最低限额，多余的部分为：

133 600−58 000=75 600（元）

这一数值大于第一个季度的借款额71 000元及其利息3 550元（见下一步的说明）之和74 550元。所以第二季度末可以偿还第一季度的借款本金和前两个季度的利息，剩余部分能够满足第三季度初的现金需要。

（2）偿还借款利息的确定

本例中：

偿还借款的利息=71 000×10%×6÷12=3 550（元）

现金预算是现金管理的重要工具，有助于公司合理运用或及时筹集资金。如果没有预算，不事先对现金进行合理的平衡和调度，就有可能使公司陷入财务困境。

任务二　编制财务预算报表

任务分析

财务预算报表的作用是预计预算期内可能实现的经营成果和预算期结束时企业的财务状况，与企业的既定目标相对照，如果预计的经营成果和财务状况与既定的目标不相符合，则需要根据具体情况对生产、销售及费用等做适当的调整，或者对既定的目标进行必要的修正。

活动1 编制预计利润表

预计利润表是反映公司预算期内生产经营活动最终成果的一个预算表。它是根据销售预算、制造费用预算、产品单位成本预算、销售及管理费用预算以及现金预算等有关资料编制的。

【例8-9】海达公司根据以上有关资料，编制预计利润表，见表8-9。

表8-9 预计利润表

2019年度 单位：元

摘要	金额
销售收入	4 500 000
减：变动成本（预计销售量×单位成本）	2 340 000
变动销售及管理费用	146 000
贡献边际	2 014 000
减：固定制造费用	260 000
固定销售及管理费用	112 000
营业利润	1 642 000
减：利息	3 550
税前利润	1 638 450
减：所得税费用	400 000
税后利润	1 238 450

预计利润表揭示了公司预算期内的盈利情况。如果预算利润与最初确定的目标利润有较大的差距，公司就应调整各部门预算，以设法达到目标，或者经领导同意后修改目标利润。

活动2 编制预计资产负债表

预计资产负债表是反映预算期末资产、负债和股东权益的一个预算表。其编制方法是在上期期末资产负债表的基础上，根据前述各项预算中的有关资料，分析计算有关资产、负债和股东权益各项目的增减额后，来确定预算期末资产负债表中各项目的金额。

【例8-10】海达公司根据以上有关资料，编制预计资产负债表（简表），见表8-10。

表8-10 预计资产负债表（简表）

2019年12月31日 单位：元

资产	期末余额	年初余额	负债及股东权益	期末余额	年初余额
流动资产			流动负债		
货币资金	1 108 125	100 000	交易性金融负债	100 000	0
应收账款	540 000	300 000	应付账款	146 600	160 000
存货	103 040	108 800	应付职工薪酬	230 000	100 000
流动资产合计	1 751 165	508 800	应交税费	236 090	0

资产	期末余额	年初余额	负债及股东权益	期末余额	年初余额
非流动资产			其他应付款	200 300	100 000
固定资产	456 000	120 000	流动负债合计	912 990	360 000
非流动资产合计	456 000	120 000	股东权益		
			股本	160 000	160 000
			盈余公积	871 340	94 000
			未分配利润	262 835	14 800
			股东权益合计	1 294 175	268 800
资产总计	2 207 165	628 800	负债及股东权益总计	2 207 165	628 800

预计资产负债表揭示了预算期末的财务状况，如果通过对它的分析发现某些财务指标数据不佳，可修改有关预算，以改善财务状况。

情境模拟

1. 结合实际情况，分组讨论影响生活费开支的因素。

2. 以分组的形式对生活费进行预算，并分组宣讲。

实践训练

一、单项选择题

1. 生产预算的编制依据是（　　）。

A. 现金预算　　　　B. 资本预算　　　　C. 成本预算　　　　D. 销售预算

2. 与增量预算相对应的预算方法是（　　）。

A. 静态预算　　　　B. 零基预算　　　　C. 滚动预算　　　　D. 定期预算

3. 企业的直接材料、直接人工和制造费用预算是根据（　　）制定的。

A. 销售预算　　　　B. 成本预算　　　　C. 采购预算　　　　D. 生产预算

4. 在编制零基预算时，对于所有的预算费用支出项目均以（　　）为基础。

A. 可能需要　　　　B. 现有费用支出　　C. 零　　　　D. 基期费用支出

5. 按单位产品的成本项目反映的目标成本称为（　　）。

A. 单位成本　　　　B. 标准成本　　　　C. 预算成本　　　　D. 目标成本

二、多项选择题

1. 预算的编制方法主要有（　　）。

A. 弹性预算　　　　B. 零基预算　　　　C. 滚动预算　　　　D. 全面预算

2. 财务预算的组成部分包括（　　）。

A. 现金流入　　　　　　　　　　　B. 现金流出

C. 现金收支差额　　　　　　　　　D. 资金的筹集和运用

3. 现金预算的编制依据主要有（　　）。

A.销售预算　　　　　　　　　　　B.成本预算

C.预计现金流量表　　　　　　　　D.制造费用预算

4.编制产品成本预算的基础主要有（　　）。

A.生产预算　　　B.直接材料预算　　　C.采购预算　　　D.直接人工预算

三、计算分析题

东方公司生产甲、乙两种产品，2020年的预计价格分别为100元和50元。假定2019年12月31日该公司的资产负债表（简表）见表8-11。

表8-11

资产负债表（简表）

2019年12月31日

单位：元

资产	金额	负债及所有者权益	金额
货币资金	1 000	短期借款	2 000
应收账款	7 000	应付账款	5 000
存货	10 200		
其中：原材料	4 100		
产成品	6 100	实收资本	35 000
固定资产净值	38 250	留存收益	14 450
合计	56 450	合计	56 450

已知2020年下列有关预测资料：

（1）每季度甲产品预计销售量均为100件，1—4季度乙产品预计销售量分别为400个、500个、600个和500个；甲产品的现销比例为100%，乙产品的现销比例为70%；以现金形式支付的销售环节税金及附加为销售收入的5%。

（2）预计产成品存货量资料如下：甲产品2019年年末存货量为50件，单位变动成本为91.6元，其余每季末存货量均为50件；乙产品2019年年末存货量为60个，其余每季末存量均为下季销量的10%，存货按先进先出法计价。

（3）直接材料和直接人工的消耗定额及单价见表8-12。

表8-12　　　　　　　　**直接材料和直接人工的消耗定额及单价表**

项目	直接材料		直接人工	
	A材料	B材料	一车间	二车间
单位甲产品消耗定额	10千克/件	5千克/个	3小时/件	2小时/个
单位乙产品消耗定额	3千克/件	2千克/个	2小时/件	1小时/个
材料单价	2千克/件	7千克/个	—	—
小时工资率	—	—	4小时/件	4小时/个

（4）预计材料存量及付款方式如下：

2019年年末A材料存货量为669千克，B材料为396千克；预计2020年年末A材料存货量为840千克，B材料510千克。各种材料的季末存货量均为下季生产总耗用量的30%。每季购买A、B材料只需支付60%现金，余款下季内付清。根据资本支出预算，企业拟于2020年第四季度用现金购买10 000元C材料，以备下年开始新产品之用。

（5）预计制造费用、销售费用及管理费用如下：2020年全年变动性制造费用为16 120元；固定性制造费用为12 000元，其中固定资产折旧为4 000元，其余均为各季均衡发生的付现成本；销售及管理费用合计8 000元。

（6）其他资料如下：

企业每季度预分500元股利；免交所得税；各季末现金余额分别为下季度预计现金收入的5%，第四季度余额为2 000元；各季季末应收账款均在下季度收回；各季现金余缺可通过归还短期借款或取得短期借款解决。

要求：为东方公司编制2020年的下列预算：

（1）销售预算；

（2）生产预算；

（3）直接材料消耗及采购预算；

（4）直接人工及其他直接支出预算；

（5）制造费用预算；

（6）产品生产成本预算；

（7）销售及管理费用预算；

（8）现金预算；

（9）2020年的预计利润表；

（10）2020年12月31日的预计资产负债表。

项目九　财务分析

学习目标

【知识目标】

了解报表使用人的财务分析目的；明确财务分析的方法；熟知杜邦分析法、沃尔比重评分法；掌握偿债能力分析、营运能力分析、盈利能力分析等相关指标的运算与评价。

【能力目标】

能够运用各种财务指标进行偿债能力、营运能力和盈利能力的分析；能够明确各种财务指标的经济意义；能够对企业进行综合财务分析。

引例

2012—2014 年证监会处罚企业一览表（部分节选）

时间	违规企业	违规原因
2014 年 11 月 14 日	深圳海联讯科技股份	虚增营业收入和虚构收回应收账款
2014 年 07 月 01 日	宝硕股份	虚构收入调增利润
2014 年 05 月 21 日	莲花味精股份	不计提预计负债
2014 年 04 月 30 日	南纺股份	虚构收入调增利润
2014 年 02 月 12 日	天丰节能板材料技术股份	虚增收入，粉饰关联交易
2013 年 12 月 12 日	汉王科技	利用关联交易粉饰报表
2013 年 09 月 24 日	万福生科	虚构收入调节利润
2013 年 10 月 15 日	新大地	虚构收入调节利润
2013 年 05 月 15 日	绿大地	虚构收入调节利润
2013 年 02 月 19 日	紫光古汉	虚构收入调节利润，不计提预计负债
2013 年 01 月 23 日	亚星化学	利用关联交易粉饰报表
2012 年 12 月 03 日	炎黄在线	利用关联交易粉饰报表，虚构收入调节利润，利用资产重组调节利润
2012 年 08 月 31 日	金城股份	不计提预计负债
2012 年 08 月 01 日	华阳科技	利用关联交易粉饰报表
2012 年 06 月 27 日	宁波富邦	利用关联交易粉饰报表
2012 年 06 月 13 日	海星科技	不计提预计负债
2012 年 05 月 21 日	亚星化学	利用关联交易粉饰报表

资料来源　根据中国证券网（http://www.cnstock.com）公告信息统计.

这一引例说明：这些上市公司粉饰财务报表给社会、股民带来的负面影响是巨大的。只有运用国际通用的财务报表分析方法，才可以帮助信息使用者透过现象看本质，做出科学正确的判断。

小知识 9-1

财务分析的目的

视频动画9-1

对外发布的财务报表及相关资料，是根据使用人的一般要求设计的，并不适合特定报表使用人的特定要求。由于财务分析的目的不同，所以报表及相关资料使用人要从中选择自己需要的信息，重新排列，并研究其相互关系，使之符合特定的决策要求。

（1）债权人的目的。

债权人的目的是评估企业的短期及长期偿债能力，因而他们关心的是企业的资本结构、资金的主要来源及用途，据以制定其对企业的付款条件、利率水平、贷款限额、保障条款等的决策。

（2）所有者的目的。

所有者对企业拥有所有权，同时是企业最终风险的承担者，因而所有者更关心资本的保值、增值状况，重视分析企业的盈利能力指标。

（3）经营决策者的目的。

企业经营决策者必须对企业经营理财的各个方面，包括营运能力、偿债能力、盈利能力及发展能力的全部信息予以详尽了解和掌握。

（4）政府的目的。

政府兼具多重身份，既是宏观经济调控者，又是国有企业的所有者和重要的市场参与者，因此要通过财务分析了解企业纳税情况、遵守政府法规和市场秩序的情况，监督企业对社会责任的履行程度，包括企业职工收入和就业状况等。

财务分析的一般目的可以概括为：评价过去的经营业绩；衡量现在的财务状况；预测未来的发展趋势。根据分析的具体目的，财务分析可以分为流动性分析、盈利性分析、财务风险分析等。

财务分析也存在一定程度上的局限性，主要表现为资料来源的局限性、分析方法的局限性和分析指标的局限性。其中，资料来源的局限性包括数据缺乏可比性、缺乏可靠性和存在滞后性等。

财务报表中有大量的数据，可以根据需要计算出很多有意义的比率，这些比率涉及企业经营管理的各个方面。财务比率可以分为以下4类：偿债能力指标、营运能力指标、盈利能力指标和发展能力指标。

下面以长江公司2019年年底资产负债表（简表，见表9-1）和利润表（简表，见表9-2）为例，进行财务指标的计算和分析。

表9-1 资产负债表（简表）

编制单位：长江公司　　　　　　　　　　2019年12月31日　　　　　　　　　　　单位：万元

资产	期末余额	年初余额	负债和所有者权益	期末余额	年初余额
流动资产			流动负债		
货币资金	85	85	短期借款	180	200
交易性金融资产	95	55	应付账款	120	120
应收账款	100	110	预收款项	30	40
预付款项	4	7	其他应付款	10	40
存货	420	540	流动负债合计	340	400
其他流动资产	6	8	非流动负债		
流动资产合计	710	805	长期借款	200	250
非流动资产			非流动负债合计	200	250
持有至到期投资	50	50	负债合计	540	650
固定资产	1 200	1 390	所有者权益		
无形资产	40	55	实收资本（或股本）	1 180	1 100
非流动资产合计	1 290	1 495	盈余公积	180	260
			未分配利润	100	290
			所有者权益合计	1 460	1 650
资产总计	2 000	2 300	负债和所有者权益总计	2 000	2 300

表9-2 利润表（简表）

编制单位：长江公司　　　　　　　　　　2019年度　　　　　　　　　　　　　　单位：万元

项目	本期金额	上期金额
一、营业收入	2 180	2 200
减：营业成本	1 490	1 460
税金及附加	118	110
销售费用	162	180
管理费用	80	100
财务费用	20	20
加：投资收益	30	30
二、营业利润	340	360
加：营业外收入	10	10
减：营业外支出	60	65
三、利润总额	290	305
减：所得税费用	72.5	76.25
四、净利润	217.5	228.75

注：本项目以下各指标运算所需数值均出自以上两张表。

任务一　偿债能力分析

任务分析

偿债能力是指企业偿付债务（包括利息）的能力。偿债能力分析是企业财务分析的一个重要方面，通过它可以了解和掌握企业的财务风险。偿债能力分析分为短期偿债能力分析和长期偿债能力分析。

小知识 9-2

财务分析的比率分析法

比率分析法是通过计算各种比率指标来确定经济活动变动程度的分析方法。比率是相对数，采用这种方法，能够把某些条件下的不可比指标变为可比指标，以利于进行分析。

比率指标具体有以下3种类型：

（1）构成比率。构成比率又称结构比率，是某项财务指标的各组成部分数值占总体数值的百分比，反映部分与总体的关系。其计算公式为：

$$构成比率=\frac{某个组成部分数值}{总体数值}×100\%$$

该指标可以考查总体中某个组成部分的形成和安排是否合理，以便于协调各项财务活动。

（2）效率比率。效率比率是某项财务活动中耗费与所得的比例，反映投入与产出的关系。利用效率比率指标，可以进行得失比较，考查经营成果，评价经济效益。比如，将利润项目同销售成本、销售收入、资本金等项目加以对比，可计算出成本利润率、销售利润率以及资本金利润率等利润指标，可以从不同角度观察比较企业盈利能力的高低及增减变化情况。

（3）相关比率。相关比率是以某个项目和与其有关但又不同的项目加以对比所得的比率，反映有关经济活动的相互关系。利用相关比率指标，可以考查与企业有联系的相关业务安排得是否合理，以保障运营活动顺畅进行。比如，将流动资产与流动负债加以对比，计算出流动比率，据以判断企业的短期偿债能力。

活动1　短期偿债能力分析

短期偿债能力是指企业偿付短期债务的能力。短期债务又称流动负债，是指将在一年内或超过一年的一个营业周期内到期的债务，这种债务一般需要以流动资产来偿还，它对企业的财务风险影响较大。

短期偿债能力分析的主要指标有流动比率、速动比率、现金流动负债比率。

（1）流动比率。企业全部流动资产与全部流动负债的比率称为流动比率。其计算公式为：

$$流动比率=\frac{流动资产}{流动负债}\times100\%$$

有关流动比率的分析如下：

其一，流动比率是衡量企业短期偿债能力的一个重要财务指标。这个比率越高，表明企业偿还流动负债的能力越强，流动负债获得清偿的机会越大。但是，流动比率过高也并非好现象。因为流动比率过高可能是由于企业滞留在流动资产上的资金过多，未能有效地利用资金，从而会影响企业的盈利能力。

其二，一般而言，流动比率维持在2：1较为合理，根据人们以往的经验，占流动资产总额一半的存货的变现能力最差。所以，企业要想保障短期偿债能力，必须依靠剩下的流动性较强的流动资产，且流动性强的流动资产至少要等于流动负债。这也成为银行考虑是否要向举债人提供贷款的一个重要因素。

其三，对流动比率的分析，要视不同行业、不同企业的具体情况而定。不同的行业，由于其生产经营周期长短不一，评定流动比率的标准也不一样。一般而言，生产经营周期短，无须储存大量存货，其流动比率相应较低。此外，应收账款和存货的周转速度及变现能力也会影响流动比率分析。一般说来，应收账款和存货周转快，其流动比率可相对降低。

其四，流动比率分析的局限性。流动比率提高，企业短期偿债能力却不足，这可能是因为存货存在积压、滞销现象，或是因为应收账款长期不能收回。而且，流动比率的计算也易于被操纵。因此，单纯以流动比率判断短期偿债能力有一定的局限，需结合其他比率指标共同进行分析与判断。

【例9-1】据表9-1和表9-2的数据，长江公司流动比率计算如下：

$$2019年年初流动比率=\frac{805}{400}\times100\%=201\%$$

$$2019年年末流动比率=\frac{710}{340}\times100\%=209\%$$

该公司年初、年末流动比率均超出一般公认标准，短期偿债能力较强。

（2）速动比率。速动比率反映企业即期的偿债能力，是指速动资产与流动负债的比率。速动资产指的是减去存货后的流动资产，因存货需要通过销售或变为应收账款后才能变现，流动性较差，变现时间长，所以不包括在速动资产内。其计算公式为：

$$速动比率=\frac{速动资产}{流动负债}\times100\%$$

其中，速动资产包括货币资金、交易性金融资产、应收账款和应收票据，以及应收利息、应收股利和其他应收款等项目。

以速动比率作为评价企业短期偿债能力的指标，比流动比率进了一步。速动比率越高，说明企业的短期偿债能力越强。国际上通常认为，正常的速动比率为1：1，维持在1:1以上才算具有良好的财务状况以及较强的短期偿债能力,并说明企业能较好地应付可能发生的财务危机。

【例9-2】据表9-1和表9-2的数据,长江公司速动比率计算如下(其他流动资产均为待摊费用):

$$2019年年初速动比率=\frac{85+55+110}{400}\times100\%=63\%$$

$$2019年年末速动比率=\frac{85+95+100}{340}\times100\%=82\%$$

分析计算结果表明,长江公司2019年年末的速动比率比年初有所提高,但该公司速动比率仍未达到一般公认标准,公司的短期偿债能力不太理想,需采取措施加以扭转。从计算结果可知,该公司正在努力。

在分析过程中,尽管速动比率较之流动比率更能反映出流动负债偿还的安全性和稳定性,但并不能认为速动比率较低的企业的流动负债到期绝对不能得到偿还。由于行业不同,速动比率会有很大的差别。如果企业存货流转顺畅、变现能力强,即使速动比率较低,只要流动比率高,企业仍然有望偿还到期的流动负债。

(3)现金流动负债比率。现金流动负债比率是企业一定时期的经营净现金流量同流动负债的比率,可以从现金流量角度来反映企业当期偿付短期负债的能力。其计算公式为:

$$现金流动负债比率=\frac{经营净现金流量}{流动负债}\times100\%$$

其中,经营净现金流量是指一定时期内,企业经营活动所产生的现金及现金等价物流入量与流出量的差额。

现金流动负债比率从现金流入和流出的动态角度对企业实际偿债能力进行考查。由于有利润的年份不一定有足够的现金来偿还债务,所以利用以收付实现制为基础计量的现金流动负债比率指标,能充分体现企业经营活动所产生的净现金流量可以在多大程度上保证当期流动负债的偿还,直观地反映出企业偿还流动负债的实际能力。用该指标评价企业短期偿债能力更加谨慎。该指标越大,表明企业经营活动产生的现金流量越多,越能够保障企业按期偿还到期的短期债务,但也并不是越大越好,该指标过大则表明企业流动资金利用不充分,盈利能力不强。

【例9-3】假设该公司2018年度和2019年度的经营净现金流量分别为500万元和300万元(经营净现金流量的数据可以从公司的现金流量表中获得),则该公司2018年度和2019年度的现金流动负债比率分别为:

$$2018年度现金流动负债比率=\frac{500}{400}\times100\%=125\%$$

$$2019年度现金流动负债比率=\frac{300}{340}\times100\%=88\%$$

该公司2019年度现金流动负债比率比2018年度现金流动负债比率下降很多,说明长江公司短期偿债能力在减弱。

活动2 长期偿债能力分析

企业偿还长期负债的能力称为长期偿债能力。企业的长期负债主要有长期借款、应付债券、长期应付款等。对于企业的所有者和长期债权人来说，不仅要关心企业的短期偿债能力，更要关心企业的长期偿债能力。反映企业长期偿债能力的财务指标一般有资产负债率、产权比率、或有负债比率、已获利息倍数以及带息负债比率等。

（1）资产负债率。资产负债率是企业负债总额与资产总额的比率，主要反映企业的负债占总资产的比重。其计算公式为：

$$资产负债率=\frac{负债总额}{资产总额}\times100\%$$

资产负债率反映企业偿还债务的综合能力，该比率越高，企业偿还长期债务的能力越差；反之，偿还长期债务的能力越强。资产负债率的高低对企业的投资者和债权人有不同的影响。对投资者而言，这个比率在可承受风险范围内应尽可能高。当全部资金投资报酬率高于企业长期负债所承担的利息率时，企业投资者的收益率的高低与资产负债率是同方向变动的。也就是说，资产负债率越高，投资者收益率也越高。对债权人而言，应该是越低越好，这样企业风险比较小，偿债能力较强。此外，企业的长期偿债能力与盈利能力密切相关，因此企业的经营决策者应当将偿债能力指标与盈利能力指标结合起来，予以平衡考虑。保守的观点认为资产负债率不应高于50%，而国际上通常认为资产负债率等于60%较为合适。

【例9-4】长江公司2019年资产负债率为：

$$年初资产负债率=\frac{650}{2\,300}\times100\%=28\%$$

$$年末资产负债率=\frac{540}{2\,000}\times100\%=27\%$$

长江公司2019年年初和年末的资产负债率均不高，说明公司的长期偿债能力较强，这样有助于增强债权人对公司出借资金的信心。

（2）产权比率。产权比率是指负债总额与所有者权益总额的比率，是企业财务结构稳健与否的重要标志，也称资本负债率。它反映企业所有者权益对债权人权益的保障程度。其计算公式为：

$$产权比率=\frac{负债总额}{所有者权益总额}\times100\%$$

一般情况下，产权比率越低，表明企业的长期偿债能力越强，债权人权益的保障程度越高，承担的风险越小，但企业不能充分地发挥负债的财务杠杆效应。所以，企业在评价产权比率适度与否时，应从提高盈利能力与增强偿债能力两个方面综合进行，即在保障债务偿还安全的前提下，应尽可能提高产权比率。

【例9-5】长江公司2019年产权比率为：

$$年初产权比率=\frac{650}{1650}\times100\%=39\%$$

$$年末产权比率=\frac{540}{1460}\times100\%=37\%$$

长江公司2019年年初和年末的产权比率均不高，同资产负债率的计算结果可相互印证，表明公司的长期偿债能力较强，债权人的保障程度较高。

产权比率与资产负债率对评价长期偿债能力的作用基本相同，两者的主要区别是：资产负债率侧重于分析债务偿付安全性的物质保障程度，产权比率则侧重于揭示财务结构的稳健程度以及自有资金对偿债风险的承受能力。

（3）或有负债比率。或有负债比率是指企业或有负债总额与所有者权益总额的比率，反映企业所有者权益应对可能发生的或有负债的保障程度。其计算公式如下：

$$或有负债比率=\frac{或有负债总额}{所有者权益总额}\times100\%$$

一般情况下，或有负债比率越低，表明企业的长期偿债能力越强，所有者权益对或有负债的保障程度越高；或有负债比率越高，表明企业承担的相关风险越大。

【例9-6】长江公司2019年年初和年末的或有事项只有对外提供债务担保，担保金额分别为15万元和20万元，该公司2019年或有负债比率如下：

$$年初或有负债比率=\frac{15}{1650}\times100\%=0.91\%$$

$$年末或有负债比率=\frac{20}{1460}\times100\%=1.37\%$$

长江公司2019年年末或有负债比率比年初或有负债比率有所提高，表明公司应对或有负债可能引起的连带偿还等风险的能力减弱。

（4）已获利息倍数。已获利息倍数又叫利息保障倍数，是指企业一定时期息税前利润与利息支出的比率，反映了盈利能力对债务偿付的保证程度。其计算公式为：

$$已获利息倍数=\frac{息税前利润总额}{利息支出}$$

其中，息税前利润总额指税前利润总额与利息支出的合计数；利息支出指实际支出的借款利息、债券利息等。

已获利息倍数反映企业在经营活动中支付债务利息的能力，债权人一般比较关心该比率的变动情况。如果此比率低，表明支付利息的能力弱。国际上通常认为，该指标为3时较为适当。从长期来看，如果企业已获利息倍数大于1，一般可判断企业还有付息能力，但要以高质量的利润为前提；否则，企业的付息能力低，若长期下去，企业会资不抵债，直至破产。

【例9-7】长江公司2018年度的财务费用和2019年度的财务费用均为利息支出，则该公司两个年度的已获利息倍数分别为：

$$2018年度已获利息倍数=\frac{305+20}{20}=16.25$$

$$2019年度已获利息倍数=\frac{290+20}{20}=15.5$$

长江公司2018年度和2019年度的已获利息倍数都较高，有较强的偿付负债利息的能力。

（5）带息负债比率。带息负债比率是指企业某一时点的带息负债金额与负债总额的比率，反映企业负债中带息负债的比重，在一定程度上体现了企业未来的偿债（尤其是偿还利息）压力。其计算公式如下：

$$带息负债比率=\frac{短期借款+一年内到期的长期负债+长期借款+应付债券+应付利息}{负债总额}×100\%$$

一般情况下，带息负债比率越高，表明企业的偿债压力越大，尤其是偿还债务利息的压力越大；带息负债比率较高，表明企业承担的偿债风险和偿还利息的风险较大。

【例9-8】长江公司2019年年初和年末的短期借款和长期借款均为带息负债，则该公司2019年度带息负债比率如下：

$$2019年年初带息负债比率=\frac{200+250}{650}×100\%=69.23\%$$

$$2019年年末带息负债比率=\frac{180+200}{540}×100\%=70.37\%$$

长江公司2019年年末带息负债比率比年初带息负债比率略高，总体来讲，公司承担了较大的偿还债务及其利息的压力。

任务二　营运能力分析

任务分析

营运能力是以企业资金周转速度指标表示的企业作业、经营、运行的能力。企业的财务活动离不开各项资产的运用，对企业营运能力进行分析，实质上就是对各项资产的周转使用及结构比例进行分析，以了解企业资金利用效率和经营管理水平。一般而言，资金周转速度越快，说明企业的资金管理水平越高，资金利用效率越高；资金利用效率越高，说明企业经营管理人员的经营能力越强。营运能力分析主要包括流动资产周转情况、固定资产周转情况和总资产周转情况。

小知识 9-3

财务报表分析的趋势分析法

趋势分析法是通过对比两期或连续数期财务报告中的相同指标，确定其增减变动的方向、数额和幅度，来说明企业财务状况或经营成果的变动趋势的一种方法。趋势分析法的具体运用主要有以下3种方式：

（1）重要的财务指标比较。这是将不同时期财务报告中的相同指标或比率进行比较，直接观察其增减变动情况及变动幅度，考查其发展趋势，预测其发展前景。具体有以下两种方法：

一是定基比率。定基比率是以某一时期的数额为固定的基期数额而计算出来的动态比率。其计算公式为：

$$定基比率=\frac{分析期数额}{固定基期数额}\times100\%$$

二是环比比率。环比比率是以每一分析期的前期数额为基期数额而计算出来的动态比率。其计算公式为：

$$环比比率=\frac{分析期数额}{前期数额}\times100\%$$

（2）会计报表的比较。这是将连续数期的会计报表的金额并列起来，比较其相同指标的增减变动金额和幅度，据以判断企业财务状况和经营成果发展变化的一种方法，具体包括资产负债表比较、利润表比较和现金流量表比较等。

（3）会计报表项目构成的比较。这是在会计报表比较基础上发展而来的。它是以会计报表中的某个总体指标作为100%，再计算出各组成指标占总体指标的百分比，从而来比较各个项目百分比的增减变动，以此来判断有关财务活动的变化趋势。这种方法既可以用于同一企业不同时期财务状况的纵向比较，又可用于不同企业之间的横向比较；同时能消除不同时期、不同企业之间业务规模差异的影响，有利于分析企业的耗费水平和盈利水平。

活动1 流动资产周转情况分析

反映流动资产周转情况的指标主要有应收账款周转率、存货周转率和流动资产周转率。

（1）应收账款周转率。应收账款周转率是指企业营业收入与平均应收账款余额的比率，反映企业应收账款的流动程度，是衡量企业应收账款管理效率的重要指标。其计算公式为：

$$应收账款周转率（周转次数）=\frac{营业收入}{平均应收账款余额}$$

$$应收账款周转期（周转天数）=\frac{平均应收账款余额}{营业收入}\times360$$

其中，平均应收账款余额是应收账款余额年初数和年末数的算术平均数。

利用上述公式计算应收账款周转率时，需注意以下几个问题：

其一，公式中的应收账款包括会计核算中的"应收账款"和"应收票据"等全部赊销账款在内；

其二，如果应收账款余额的波动性较大，应尽可能使用更详尽的计算资料，如按每月的应收账款余额来计算其平均占用额；

其三，分子、分母的数据应注意时间的对应性。

应收账款周转率反映了企业应收账款的变现能力、变现速度和管理效率，对于提高企业的营运能力具有重要意义。在一定时期内，应收账款周转率越高，表明应收账款回收速度越快，账款管理工作效率越高，资产流动性大，短期偿债能力强，还可以减少收款费用和坏账损失，从而增加企业流动资产的投资收益。但是，应收账款周转率也不能过高。应收账款周转率过高，可能是企业奉行严格的信用政策、付款条件过于苛刻的结果，这样会使企业的销售量受到限制。这种情况下，存货周转率往往偏低，从而影响企业的盈利水平。如果应收账款周转率过低，则说明企业催收账款的效率太低，或者信用政策太宽，这样会影响企业资金的正常周转。

【例9-9】长江公司2017年年末的应收账款余额为120万元，该公司2018年度和2019年度应收账款周转率的计算见表9-3。

表9-3 　　　　　　　　　　　**应收账款周转率计算表** 　　　　　　　　金额单位：万元

项目	2017年	2018年	2019年
营业收入		2 200	2 180
应收账款年末余额	120	110	100
平均应收账款余额		115	105
应收账款周转率（次）		19.13	20.76
应收账款周转期（天）		18.82	17.34

以上计算结果表明，该公司2019年度应收账款周转率比2018年度略有改善，周转次数由19.13次提高到20.76次，周转天数由18.82天缩短为17.34天。这不仅说明公司营运能力有所增强，而且对流动资产的变现能力和周转速度也会起到促进作用。

（2）存货周转率。存货周转率是一定时期内企业营业成本与平均存货余额的比率，反映企业的销售状况及存货资金占用状况。存货往往是流动资产的重要组成部分，又是流动资产中变现速度较慢的资产。存货周转速度的快慢不仅直接影响到全部流动资产的周转，而且影响到企业最终经济效益的实现。其计算公式为：

$$存货周转率（周转次数）=\frac{营业成本}{平均存货余额}$$

$$存货周转期（周转天数）=\frac{平均存货余额}{营业成本}\times360$$

其中，平均存货余额是存货余额年初数和年末数的算术平均数。

在计算存货周转率时需注意以下几个问题：

其一，存货计价方法对存货周转率具有较大的影响，因此在分析企业不同时期或不同企业的存货周转率时，应注意存货计价方法的口径是否一致；

其二，分子、分母的数据应注意时间上的对应性。

存货周转速度的快慢，不仅反映出企业采购、储存、生产、销售各环节管理工作状况的好坏，而且对企业的偿债能力及盈利能力产生决定性的影响。一般来说，存货周转率越高越好，存货周转率越高，表明其变现速度越快，周转额越大，资金占用水平越低。因此，通过存货周转率分析，有利于找出存货管理存在的问题，尽可能降低资金占用水平。

【例9-10】长江公司2017年年末的存货余额为460万元，该公司2018年度和2019年度存货周转率的计算见表9-4。

表9-4   **存货周转率计算表**   金额单位：万元

项目	2017年	2018年	2019年
营业成本		1 460	1 490
存货年末余额	460	540	420
平均存货余额		500	480
存货周转率（次）		2.92	3.10
存货周转期（天）		123.29	115.97

以上计算结果表明，该公司2019年度存货周转率比2018年度略有改善，周转次数由2.92次提高到3.10次，周转天数由123.29天缩短为115.97天。这不仅说明公司营运能力有所增强，存货管理效率提高，而且对流动资产的变现能力和周转速度也会起到促进作用。

（3）流动资产周转率。流动资产周转率是企业一定时期营业收入与平均流动资产余额的比率，是反映企业流动资产周转速度的指标。其计算公式为：

$$流动资产周转率（周转次数）=\frac{营业收入}{平均流动资产余额}$$

$$流动资产周转期（周转天数）=\frac{平均流动资产余额}{营业收入}×360$$

其中，平均流动资产余额是流动资产余额年初数和年末数的算术平均数。

在一定时期内，流动资产周转次数越多，表明以相同的流动资产完成的周转额越多，流动资产利用效果越好。从流动资产周转天数来看，周转一次所需要的天数越少，表明流动资产在经历生产、销售等各阶段时所占用的时间越短。生产经营任何一个环节上的工作改善，都会反映到周转天数的缩短上来。

【例9-11】长江公司2017年年末的流动资产余额为820万元，该公司2018年度和2019年度流动资产周转率的计算见表9-5。

表9-5   **流动资产周转率计算表**   金额单位：万元

项目	2017年	2018年	2019年
营业收入		2 200	2 180
流动资产年末余额	820	805	710
平均流动资产余额		812.5	757.5
流动资产周转率（次）		2.71	2.88
流动资产周转期（天）		132.95	125.09

以上计算结果表明，该公司2019年度流动资产周转率速度比2018年度略有改善，周转次数由2.71次提高到2.88次，周转天数由132.95天缩短为125.09天，流动资产占用额相应减少，减少的数额可计算如下：

（132.95-125.09）×2 180÷360=47.60（万元）

活动2　固定资产周转情况分析

反映固定资产周转情况的主要指标是固定资产周转率。固定资产周转率也称固定资产利用率，是企业年营业收入与平均固定资产净值的比率，是衡量固定资产利用效率的一项指标。其计算公式为：

$$固定资产周转率（周转次数）=\frac{营业收入}{平均固定资产净值}$$

$$固定资产周转期（周转天数）=\frac{平均固定资产净值}{营业收入}\times 360$$

其中，平均固定资产净值是固定资产净值年初数和年末数的算术平均数。

小知识 9-4

固定资产净值与固定资产净额

与固定资产有关的价值指标包括固定资产原价、固定资产净值和固定资产净额等。其中，固定资产原价是指固定资产的历史成本。固定资产净值为固定资产原价扣除已计提的累计折旧后的金额。固定资产净额则是固定资产原价扣除已计提的累计折旧和已计提的减值准备后的余额。

固定资产周转率反映了企业固定资产的周转情况，可以用来衡量固定资产利用效率。固定资产周转率越高，表明企业固定资产利用越充分，说明企业固定资产投资得当，固定资产结构分布合理，能够较充分发挥固定资产的使用效率；反之，固定资产周转率较低，说明固定资产使用效率不高，企业的营运能力差，生产经营成果不多。

一般来说，流动资产的周转情况决定了固定资产周转率的高低，流动资产周转速度越快，周转效率越高，则固定资产周转率越高。当销售收入增长幅度高于固定资产增长幅度时，企业的固定资产营运能力就会提高。

【例9-12】长江公司2017年年末的固定资产净值为1 180万元，表9-1中的固定资产金额均为固定资产净值。该公司2018年度和2019年度固定资产周转率的计算见表9-6。

表9-6　　　　　　　　　　　固定资产周转率计算表　　　　　　　　　金额单位：万元

项目	2017年	2018年	2019年
营业收入		2 200	2 180
固定资产年末净值	1 180	1 390	1 200
平均固定资产净值		1 285	1 295
固定资产周转率（次）		1.71	1.68
固定资产周转期（天）		210.27	213.85

以上计算结果表明，该公司2019年度固定资产周转率比2018年度略有减缓，周转次数由1.71次降低到1.68次，周转天数由210.27天增加到213.85天，固定资产资金占用额相应增加。

活动3 总资产周转情况分析

反映总资产周转情况的主要指标是总资产周转率，它是企业一定时期营业收入与平均资产总额的比率，可以用来反映企业全部资产的利用效率。其计算公式为：

$$总资产周转率（周转次数）=\frac{营业收入}{平均资产总额}$$

$$总资产周转期（周转天数）=\frac{平均资产总额}{营业收入}\times 360$$

其中，平均资产总额是资产总额年初数和年末数的算术平均数。

总资产周转率越高，表明企业全部资产的使用效率越高；反之，如果该指标较低，则说明企业利用全部资产进行经营的效率较差，最终会影响企业的盈利能力。企业应采取各项措施来提高企业的资产利用程度，比如提高营业收入或处理多余的资产。

【例9-13】长江公司2017年年末的资产总额为2 500万元，该公司2018年度和2019年度总资产周转率的计算见表9-7。

表9-7　　　　　　　　　　　总资产周转率计算表　　　　　　　　　金额单位：万元

项目	2017年	2018年	2019年
营业收入		2 200	2 180
资产年末总额	2 500	2 300	2 000
平均资产总额		2 400	2 150
总资产周转率（次）		0.92	1.01
总资产周转期（天）		392.73	355.05

以上计算结果表明，该公司2019年度总资产周转率比2018年度略有改善，总资产利用效率提高。

需要说明的是，上述指标的计算中均以年度作为计算期，在实际中，计算期应视分析的需要而定，但应保持分子与分母在时间口径上的一致。

任务三　盈利能力分析

任务分析

盈利能力就是企业获取利润的能力。获得利润是企业的首要目标，良好的盈利能力不仅是企业吸收投资和借款的重要前提，而且是评价企业经营业绩的基本标准，因而对于企业盈利能力的分析至关重要。

在盈利能力分析中，为了能客观反映企业正常的经营业务，保证各期比率具有一定的可比性，一般在计算比率前应当剔除非正常因素给企业带来的收益或损失。例如，证券买卖等非正常项目，已经停止或将要停止的营业项目，重大事故或法律更改等特别影响，以及会计准则和会计制度变更带来的累积影响等因素。

反映企业盈利能力的指标主要有营业利润率、成本费用利润率、盈余现金保障倍数、总资产报酬率、净资产收益率和资本收益率等。此外，上市公司经常使用的盈利能力指标还有每股收益、每股股利、市盈率和每股净资产等。

（1）营业利润率。营业利润率是企业一定时期营业利润与营业收入的比率。其计算公式为：

$$营业利润率=\frac{营业利润}{营业收入}\times100\%$$

营业利润率越高，表明企业市场竞争力越强，发展潜力越大，从而盈利能力越强。

需要说明的是，从利润表来看，企业的利润包括营业利润、利润总额和净利润3种形式。而营业收入包括主营业务收入和其他业务收入，收入来源有商品销售收入、提供劳务收入和资产使用权让渡收入等。因此，在实务中也经常使用营业净利率、营业毛利率等指标来分析企业经营业务的盈利水平。其计算公式分别为：

$$营业净利率=\frac{净利润}{营业收入}\times100\%$$

$$营业毛利率=\frac{营业收入-营业成本}{营业收入}\times100\%$$

【例9-14】长江公司2018年度和2019年度的营业利润率的计算见表9-8。

表9-8　　　　　　　　　　　　　营业利润率计算表　　　　　　　　　　金额单位：万元

项目	2018年	2019年
营业利润	360	340
营业收入	2 200	2 180
营业利润率	16.36%	15.60%

从以上分析可以看出，长江公司的营业利润率略有下降。通过分析可以看到，这种下降趋势主要是由于公司2019年营业利润下降的幅度大于和营业收入的下降幅度所致。

（2）成本费用利润率。成本费用利润率是指企业一定时期利润总额与成本费用总额的比率。其计算公式为：

$$成本费用利润率=\frac{利润总额}{成本费用总额}\times100\%$$

其中，成本费用总额包括营业成本、税金及附加、销售费用、管理费用和财务费用。

该指标越高，表明企业为取得利润而付出的代价越小，成本费用控制得越好，盈利能力越强。

【例9-15】长江公司2018年度和2019年度的成本费用利润率的计算见表9-9。

表9-9　　　　　　　　　　　　**成本费用利润率计算表**　　　　　　　　　金额单位：万元

项目	2018年	2019年
营业成本	1 460	1 490
税金及附加	110	118
销售费用	180	162
管理费用	100	80
财务费用	20	20
成本费用总额	1 870	1 870
利润总额	305	290
成本费用利润率	16.31%	15.51%

从以上分析可以看出，长江公司2019年度的成本费用利润率比2018年度有所下降，公司应当深入检查导致利润总额下降的因素，改进有关工作，以便扭转效益指标下降的状况。

（3）盈余现金保障倍数。盈余现金保障倍数是企业一定时期经营净现金流量与净利润的比率，反映了企业当期净利润中现金收益的保障程度，真实反映了企业盈余的质量，是评价企业盈利状况的辅助指标。其计算公式为：

$$盈余现金保障倍数=\frac{经营净现金流量}{净利润}\times100\%$$

盈余现金保障倍数是从现金流入和流出的动态角度，对企业收益的质量进行评价，在收付实现制的基础上，充分反映出企业当期净利润中有多少是有现金保障的。一般来说，当企业当期净利润大于0时，盈余现金保障倍数应当大于1。该指标越大，表明企业经营活动产生的净利润对现金的贡献越大。

【例9-16】长江公司2018年度和2019年度的经营净现金流量分别为250万元和200万元，该公司2018年度和2019年度的盈余现金保障倍数的计算见表9-10。

表9-10　　　　　　　　　　　　**盈余现金保障倍数计算表**　　　　　　　　金额单位：万元

项目	2018年	2019年
经营净现金流量	250	200
净利润	228.75	217.5
盈余现金保障倍数	1.09	0.92

从以上分析可以看出，长江公司2019年度的盈余现金保障倍数比2018年度略有下降，这是由于在净利润下降的前提下，经营净现金流量下降的幅度比净利润下降的幅度大所致。

（4）总资产报酬率。总资产报酬率是企业一定时期内获得的息税前利润总额与平均资产总额的比率。它是反映企业资产综合利用效率的指标，也是衡量企业利用负债和所有者权益总额所取得盈利的重要指标。其计算公式为：

$$总资产报酬率=\frac{息税前利润总额}{平均资产总额}×100\%$$

总资产报酬率全面反映了企业全部资产的盈利水平，企业所有者和债权人对该指标都非常关心。一般情况下，该指标越高，表明企业的资产利用效率越高，整个企业盈利能力越强，经营管理水平越高。企业还可以将该指标与市场资本利率进行比较，如果前者较后者大，则说明企业可以充分利用财务杠杆，适当举债经营，以获得更多的收益。

【例9-17】长江公司2017年年末资产总额为2 500万元。该公司2018年度和2019年度总资产报酬率的计算见表9-11。

表9-11　　　　　　　　　　　**总资产报酬率计算表**　　　　　　　　　金额单位：万元

项目	2017年	2018年	2019年
利润总额		305	290
利息支出		20	20
息税前利润总额		325	310
资产年末总额	2 500	2 300	2 000
平均资产总额		2 400	2 150
总资产报酬率		13.54%	14.42%

从以上分析可以看出，长江公司2019年度的总资产报酬率高于2018年度。这说明该公司的资产使用情况、增产节约工作情况正在慢慢地改进并初现成效。

（5）净资产收益率。净资产收益率是企业一定时期净利润与平均净资产的比率。它是反映自有资金投资收益水平的指标，是企业盈利能力指标的核心。其计算公式为：

$$净资产收益率=\frac{净利润}{平均净资产}×100\%$$

其中，平均净资产为所有者权益年初数和年末数的算术平均数。

净资产收益率是评价企业自有资本及其积累获取报酬水平的最具综合性与代表性的指标，反映企业资本运营的综合效益。该指标通用性强，适用范围广，不受行业局限，在国际上的企业综合评价中使用率非常高。通过对该指标的综合对比分析，可以看出企业盈利能力在同行业中所处的地位，以及与同类企业的差异水平。一般认为，净资产收益率越高，企业自有资本获取收益的能力越强，运营效益越好，对企业投资人和债权人权益的保证程度越高。

【例9-18】长江公司2017年年末净资产总额为1 400万元。该公司2018年度和2019年度净资产收益率的计算见表9-12。

表9-12　　　　　　　　　　**净资产收益率计算表**　　　　　　　金额单位：万元

项目	2017年	2018年	2019年
净利润		228.75	217.5
年末净资产额	1 400	1 650	1 460
平均净资产		1 525	1 555
净资产收益率		15%	13.99%

从以上分析可以看出，长江公司2019年度的净资产收益率比2018年度降低了约1个百分点。这主要是由于在2019年年底平均净资产增加1.97%，而净利润却下降了4.92%导致的。

（6）资本收益率。资本收益率是企业一定时期净利润与平均资本（资本性投入及其资本溢价）的比率，反映企业实际获得投资额的回报水平。其计算公式为：

$$资本收益率 = \frac{净利润}{平均资本} \times 100\%$$

其中，平均资本为实收资本和资本公积（溢价部分）年初数和年末数的算术平均数。

【例9-19】长江公司2017年年末实收资本为1 050万元（无资本公积）。该公司2018年度和2019年度资本收益率的计算见表9-13。

表9-13　　　　　　　　　　**资本收益率计算表**　　　　　　　金额单位：万元

项目	2017年	2018年	2019年
净利润		228.75	217.5
年末实收资本（股本）	1 050	1 100	1 180
平均资本		1 075	1 140
资本收益率		21.28%	19.08%

从以上分析可以看出，长江公司2019年度的资本收益率比2018年度降低了约2个百分点。这主要是由于在2019年年底平均资本增加的情况下，净利润却下降所致。

（7）每股收益。每股收益，也称每股利润或每股盈余，反映企业普通股股东持有每一股股份所能享有的企业利润和承担的企业亏损，是衡量上市公司盈利能力时最常用的财务分析指标。每股收益越高，说明公司的盈利能力越强。其计算公式为：

$$每股收益 = \frac{净利润 - 优先股股利}{当期发行在外普通股的加权平均数}$$

$$当期发行在外普通股的加权平均数 = \frac{期初发行在外普通股股数 \times 报告期时间 + 当期新发行普通股股数 \times 已发行时间 - 当期回购普通股股数 \times 已回购时间}{报告期时间}$$

（8）每股股利。每股股利指上市公司本年发放的普通股现金股利总额与年末普通股股数的比值。其计算公式为：

$$每股股利 = \frac{普通股现金股利总额}{年末普通股股数}$$

（9）市盈率。市盈率是上市公司普通股每股市价相当于每股收益的倍数，反映投资者对上市公司每元净利润愿意支付的价格，可以用来估计股票的投资报酬和风险。其计算公式为：

$$市盈率 = \frac{普通股每股市价}{普通股每股收益}$$

市盈率是衡量上市公司盈利能力的一个重要财务比率，是投资者做出投资决策的重要参考因素之一，所以投资者对这个比率十分重视。一般来说，市盈率高，说明投资者对该公司发展前景看好，愿意出较高的价格购买该公司股票，所以一些成长性较好的高科技公司股票的市盈率通常要高一些。但是也应注意，如果某一种股票市盈率过高，则也意味着这种股票具有较高的投资风险。

（10）每股净资产。每股净资产是上市公司年末净资产（股东权益）与年末普通股股数的比值。其计算公式为：

$$每股净资产 = \frac{年末股东权益}{年末普通股股数}$$

任务四 综合财务指标分析

任务分析

前文所述基本财务指标分析，均是对单一指标的分析，这只能反映企业某方面的财务状况或经营成果，不能全面地评价企业的财务状况和经营成果。为全面地评价企业的财务状况和经营成果，必须把企业各项财务指标视为相互联系的系统，进行综合的财务分析，从而判断企业综合实力。综合财务分析就是对企业的综合财务状况，包括企业的偿债能力、营运能力和盈利能力等进行分析。进行综合财务分析的方法主要有杜邦分析法和沃尔比重评分法。

活动1 杜邦分析法

企业的各项财务活动、各项财务指标是相互联系并且相互影响的，它们构成了一个完整的财务系统。杜邦分析法就是利用各个主要财务比率指标之间的内在联系，来综合分析企业财务状况的方法。该体系以净资产收益率为核心，将其分解为若干财务指标，通过分析各分解指标的变动对净资产收益率的影响来揭示企业盈利能力及其变动原因。杜邦体系各主要指标之间的关系如下：

净资产收益率=总资产净利率×权益乘数=营业净利率×总资产周转率×权益乘数

其中：

$$权益乘数 = \frac{资产总额}{所有者权益总额} = \frac{1}{1-资产负债率}$$

小知识 9-5

因素分析法

视频动画9-2

因素分析法是依据分析指标与其影响因素的关系，从数量上确定各因素对分析指标影响方向和影响程度的一种方法。采用这种方法的出发点在于，当若干因素对分析指标发生影响作用时，假定其他各个因素都无变化，顺序确定每一个因素单独变化所产生的影响。企业的活动是一个有机整体，每个指标的高低都受若干因素的影响。从数量上测定各因素的影响程度，可以衡量各项因素影响程度的大小，有利于分清原因和责任，使评价企业工作更有说服力，并可作为制定措施、挖掘潜力的参考。

因素分析法具体包括两种方法：连环替代法和差额分析法。

（1）连环替代法。连环替代法是将分析指标分解为各个可以计量的因素，并根据各个因素之间的依存关系，顺次用各因素的比较值（实际值）替代其基准值（标准值或计划值），据以测定各因素对分析指标的影响。

（2）差额分析法。差额分析法是连环替代法的一种简化形式，是利用各个因素的比较值与基准值之间的差额，来计算各因素对分析指标的影响。

【例9-20】兴达公司2019年3月份生产成套教学设备所需木材等材料实际金额为52 290元，而其计划金额为48 000元。实际比计划增加4 290元。由于材料费用是由产品产量、单位产品材料消耗量和材料单价3个因素乘积构成的，因此就可以把材料费用这一总指标分解为3个因素，然后逐个分析它们对材料费用总额的影响程度。现假定这3个因素的数值见表9-14。要求：分别采用连环替代法和差额分析法分析原材料实际金额与计划金额之间的差额。

表9-14　　　　　　　　　　　材料费用总额影响因素表

项目	单位	计划数	实际数
产品产量	件	300	350
单位产品材料消耗量	千克	20	18
材料单价	元	8	8.3
材料费用总额	元	48 000	52 290

根据表9-14中资料，材料费用总额实际数较计划数增加4 290元，这是分析对象。运用连环替代法，可以计算各因素变动对材料费用总额的影响程度，如下：

计划指标：300×20×8=48 000（元）①

第一次替代：350×20×8=56 000（元）②

第二次替代：350×18×8=50 400（元）③

第三次替代：350×18×8.3=52 290（元）④

②-①=56 000-48 000=8 000（元）　　　产量变动的影响

③-②=50 400-56 000=-5 600（元）　　　单耗变动的影响

④-③=52 290-50 400=1 890（元）　　　价格变动的影响

8 000-5 600+1 890=4 290（元）　　　全部因素的影响

按照差额分析法对材料实际金额与计划金额之间的差额分析如下：

材料实际金额与计划金额之间的差额=52 290-48 000=4 290（元）

产品产量变动对材料费用的影响=50×20×8=8 000（元）

单位产品材料消耗量变动对材料费用的影响=350×（-2）×8=-5 600（元）

材料单价变动对材料费用的影响=350×18×0.3=1 890（元）

3个因素共同发生作用，使材料费用总额增加4 290元，与连环替代法计算结果相同。

因素分析法既可以全面分析各因素对某一经济指标的影响，又可以单独分析某个因素对某一经济指标的影响，在财务分析中应用颇为广泛。但在应用这一方法时必须注意以下几个问题：

一是因素分解的关联性。这是指确定构成经济指标的因素，必须客观上存在着因果关系，能够反映形成该指标差异的内在构成原因，否则就失去了其存在的价值。

二是因素替代的顺序。替代因素必须按照各因素的依存关系，排列成一定顺序并依次替代，不可随意加以颠倒，否则就会出现不同的计算结果。一般而言，确定正确排列因素替代顺序的原则是按分析对象的性质，从诸因素的相互依存关系出发，并使分析结果有助于分清责任。

三是顺序替代的连环性。因素分析法在计算每一个因素变动的影响时，都是在前一次计算的基础上进行，并采用连环比较的方法确定因素变化的影响结果。因为只有保持计算程序上的连环性，才能使各个因素影响之和等于分析指标变动的差异，以全面说明分析指标变动的原因。

四是计算结果的假定性。由于因素分析法计算的各因素变动的影响数，会因替代计算顺序的不同而有差别，因而计算结果不免带有假定性，即它不可能使每个因素计算的结果，都达到绝对的准确。它只是在某种假定前提下的影响结果，离开了这种假定条件，也就不会是这种影响结果。为此，分析时应力求使这种假定是合乎逻辑的假定，是具有实际经济意义的假定。这样，计算结果的假定性，才不至于妨碍分析的有效性。

在具体运用杜邦体系进行分析时，可以采用前文所述的因素分析法，首先确定营业净利率、总资产周转率和权益乘数的基准值，然后顺次代入这3个指标的实际值（如图9-1所示），分别计算分析这3个指标的变动对净资产收益率的影响方向和影响程度，还可以使用因素分析法进一步分解各个指标并分析其变动的深层次原因，找出解决问题的方法。

净资产收益率 13.94%

总资产净利率 10.1%　　　　权益乘数 1.38

营业净利率 × 总资产周转率
10.0%　　　　1.01

1÷（1-资产负债率）
27.7%

净利润 ÷ 营业收入
217.5　　2 180

营业收入 ÷ 资产平均总额
2 180　　2 150

负债总额 ÷ 资产总额
年初　650　　2 300
年末　540　　2 000

营业收入 - 成本费用总额 + 投资收益 + 营业外收支净额 - 所得税费用
2 180　　1 870　　30　　-50　　72.5

营业成本 + 税金及附加 + 销售费用 + 管理费用 + 财务费用
1 490　　118　　162　　80　　20

流动负债 + 非流动负债
年初　400　　250
年末　340　　200

流动资产 + 非流动资产
年初　805　　1 495
年末　710　　1 290

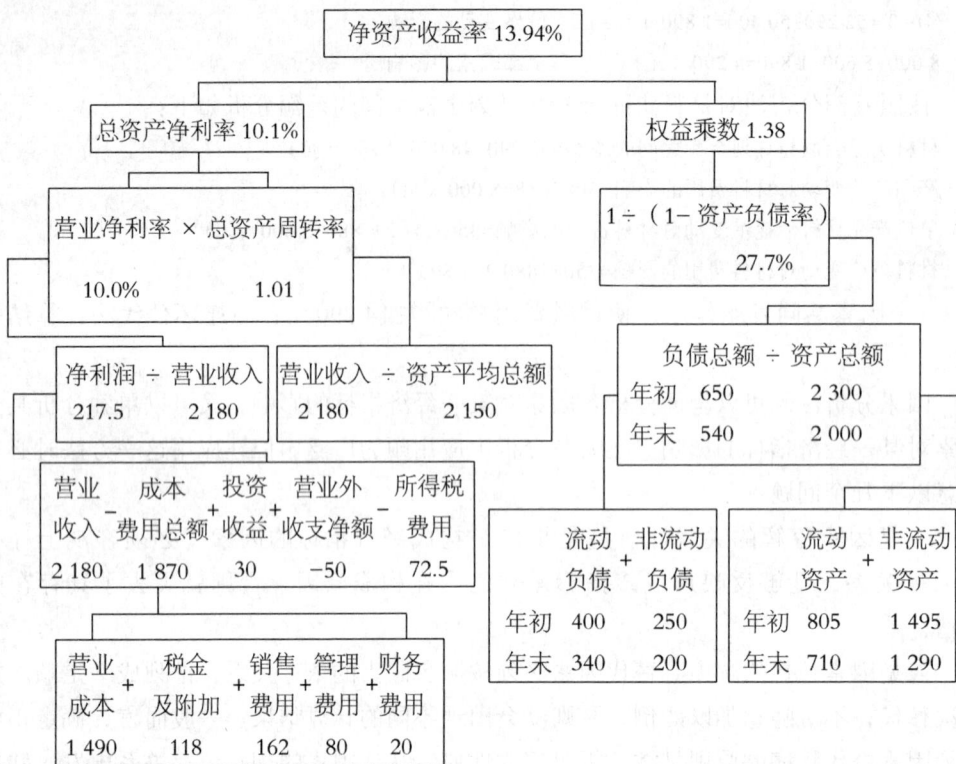

图 9-1　杜邦分析图

注：因小数精确问题，图中的指标数额可能与直接计算的数额略有差异；金额单位为万元。

【例 9-21】运用连环替代法对长江公司 2019 年度的净资产收益率进行分析。

净资产收益率=营业净利率×总资产周转率×权益乘数

2018 年度指标：10.40%×0.92×1.39=13.30%①

第一次替代：10.00%×0.92×1.39=12.79%②

第二次替代：10.00%×1.01×1.39=14.04%③

第三次替代：10.00%×1.01×1.38=13.94%④

②-①=12.79%-13.30%=-0.51%　　营业净利率下降的影响

③-②=14.04%-12.79%=1.25%　　总资产周转率上升的影响

④-③=13.94%-14.04%=-0.1%　　权益乘数下降的影响

通过杜邦体系自上而下分析，不仅可以揭示出企业各项财务指标间的结构关系，查明各项主要指标变动的影响因素，而且为决策者优化经营理财状况，提高企业经营效益提供了思路。

杜邦分析法的指标设计也具有一定的局限性，它更偏重于企业所有者的利益角度。从杜邦指标体系来看，在其他因素不变的情况下，资产负债率越高，净资产收益率就越高。这是因为利用了较多的负债，从而利用财务杠杆的作用的结果，但是没有考虑财务风险的因素，因此还要结合其他指标进行综合分析。

活动2 沃尔比重评分法

一项财务比率只能反映企业某一方面的财务状况。如果要对企业进行综合的财务分析，可以选定若干财务比率，按其重要程度给定一个分值，即重要性权数，其总和为100。然后，将实际比率与重要性权数之和进行比较，以判明企业财务状况的优劣。这一方法是财务状况综合评价的先驱者之一——美国的亚历山大·沃尔教授提出的，因此这种方法又称为沃尔财务状况综合评价法。

【例9-22】长江公司选取若干财务指标采用沃尔比重评分法进行财务状况的综合评价，过程如下：

首先，选择评价指标并分配指标权重，见表9-15。

表9-15　　　　　　　　　　财务评价指标及分配权重表

选择的指标	分配的权重
一、偿债能力指标	20
资产负债率	12
已获利息倍数	8
二、盈利能力指标	38
净资产收益率	25
总资产报酬率	13
三、营运能力指标	18
总资产周转率	9
流动资产周转率	9
四、发展能力指标	24
营业收入增长率	12
资本积累率	12

其次，确定各项评价指标的标准值。财务指标的标准值一般可以是行业平均数、企业历史先进数、国家有关标准，或者以国际公认数为基准来确定。表9-16中所列的是长江公司确定的各项评价指标的标准值。

表9-16　　　　　　　　　　长江公司财务评价指标的标准值

选择的指标	指标的标准值
一、偿债能力指标	
资产负债率	60%
已获利息倍数	3
二、盈利能力指标	
净资产收益率	25%
总资产报酬率	16%
三、营运能力指标	
总资产周转率	2
流动资产周转率	5
四、发展能力指标	
营业收入增长率	10%
资本积累率	15%

最后，对各项评价指标计分，并计算综合分数，其计算公式为：

$$各项评价指标的得分 = 各项指标的权重 \times \frac{指标的实际值}{标准值}$$

$$综合分数 = \sum 各项评价指标的得分$$

计算结果见表9-17。

表9-17　　　　　　　　　　**财务评价指标计算表**

选择的指标	分配的权重	指标的标准值	指标的实际值	实际得分
一、偿债能力指标	20			
资产负债率	12	60%	27%	5.40
已获利息倍数	8	3	15.5	41.33
二、盈利能力指标	38			
净资产收益率	25	25%	13.99%	13.99
总资产报酬率	13	16%	14.42%	11.72
三、营运能力指标	18			
总资产周转率	9	2	1.01	4.55
流动资产周转率	9	5	2.88	5.18
四、发展能力指标	24			
营业收入增长率	12	10%	-0.91%	-1.09
资本积累率	12	15%	-11.52%	-9.22
综合得分	100			71.86

长江公司财务指标综合得分为71.86分，远小于100分。这说明该企业财务状况正在恶化。

沃尔比重评分法是评价企业总体财务状况的一种比较可取的方法，这一方法的关键在于指标的选定、权重的分配以及标准值的确定等。

沃尔比重评分法存在两个缺陷：一是所选定的指标缺乏证明力；二是当某项指标严重异常时，会对评分产生不合逻辑的重大影响。通常认为选择指标时，除了选定偿债能力、营运能力、盈利能力和发展能力指标之外，还应适当选取一些非财务指标作为参考。

情境模拟

场景：根据实际情况对学生进行分组，根据学生的选择确定每一组所代表的企业类型（可以是大型工商业企业或其他个体工商业企业），要求每组均收集一份企业当前相关财务资料，并完成下列操作。

操作：（1）小组成员在负责人的带领下收集相关资料，并编制资产负债表和利润表；

（2）对形成的报表进行分析，考量经过深层次分析之后这组数据的合理性；

（3）总结此前的小组讨论、计算的所有成果；

（4）写出相应的学习总结或体会。

实践训练

一、单项选择题

1.下列指标属于企业长期偿债能力衡量指标的是（　　）。

A.固定资产周转率　　　　　　　　B.速动比率

C.已获利息倍数　　　　　　　　　D.总资产周转率

2.甲企业2019年主营业务收入净额为12 000万元，流动资产平均余额为2 000万元，固定资产平均余额为3 000万元。假定没有其他资产，则该企业2019年度总资产周转率为（　　）。

A.4次　　　　　　B.6次　　　　　　C.3次　　　　　　D.2.4次

3.在杜邦分析体系中，综合性最强的核心指标是（　　）。

A.总资产净利率　　　　　　　　　B.净资产收益率

C.总资产周转率　　　　　　　　　D.营业净利率

4.企业大量增加速动资产可能导致的结果是（　　）。

A.减少资金的机会成本

B.增加资金的机会成本

C.增加财务风险

D.提高流动资产的收益率

5.下列各项中，不可能直接影响企业净资产收益率指标的措施有（　　）。

A.提高营业净利率　　　　　　　　B.提高资产负债率

C.提高总资产周转率　　　　　　　D.提高流动比率

6.如果企业速动比率很小，下列结论成立的是（　　）。

A.企业流动资产占用过多

B.企业短期偿债能力很强

C.企业短期偿债风险很大

D.企业资产流动性很强

7.已知经营杠杆系数为2，固定成本为4万元，利息费用为1万元，则已获利息倍数为（　　）。

A.2　　　　　　B.4　　　　　　C.3　　　　　　D.1

8.下列各项中，不会影响速动比率的业务是（　　）。

A.用现金购买短期债券　　　　　　B.用现金购买固定资产

C.用存货进行对外长期投资　　　　D.从银行取得长期借款

9.下列各项中，可能导致企业资产负债率变化的经济业务是（　　）。

A.收回应收账款

B.用现金购买债券

C.接受所有者投资转入的固定资产

D.以固定资产对外投资（按账面价值作价）

10.如果流动负债小于流动资产，则期末以现金偿付一笔短期借款所导致的结果是（　　）。

A.流动比率不变　　　　　　　　B.营运资金增加

C.流动比率降低　　　　　　　　D.流动比率提高

二、多项选择题

1.短期偿债能力一般取决于（　　）。

A.营运资金的多少　　　　　　　B.资产变现的速度

C.企业盈利能力　　　　　　　　D.资本结构

2.如果流动比率小于1，则下列结论正确的有（　　）。

A.速动比率小于1

B.营运资金小于0

C.现金流动负债比率小于1

D.短期偿债能力绝对有保障

3.财务状况综合分析方法包括（　　）。

A.因素分析法　　　　　　　　　B.杜邦分析法

C.趋势分析法　　　　　　　　　D.沃尔比重评分法

三、判断题

1.如果A企业的流动比率大于B企业，不一定表示A企业的短期偿债能力更强。

（　　）

2.进行短期偿债能力分析时，往往不需要考虑企业的盈利能力；而进行长期偿债能力分析时，要考虑企业盈利的能力。　　　　　　　　　　　　　　　　（　　）

3.相对于所有者来说，债权人拥有优先分配权和剩余财产优先索偿权，因此产权比率越高，偿还债务的保险系数越高。　　　　　　　　　　　　　　　　（　　）

4.资金周转得越快，说明资金利用效率越高，企业的经营管理水平也越高，所以存货周转率和应收账款周转率越高越好。　　　　　　　　　　　　　　　（　　）

5.权益乘数的高低取决于企业的资本结构，资产负债率越高，权益乘数越低，财务风险越大。　　　　　　　　　　　　　　　　　　　　　　　　　　　（　　）

6.在其他条件不变的情况下，销售产品取得收入、归还银行借款都会引起企业总资产周转率的提高。　　　　　　　　　　　　　　　　　　　　　　　　（　　）

7.杜邦分析法是通过建立新的财务指标来综合分析企业财务状况的一种方法。

（　　）

8.在计算速动资产时，要从流动资产中扣除存货，主要是因为存货的质量难

以保证。 （　　）

9.现金负债总额比率能反映出企业的最大举债能力。 （　　）

10.在总资产报酬率不变的情况下，资产负债率越低，净资产收益率越高。

（　　）

四、计算分析题

请收集一家上市公司的本年年报，运用杜邦分析法对其进行财务分析。

五、案例分析

拓丽公司2019年度资产负债表（简表）、利润表（简表）资料分别见表9-18和表9-19。拓丽公司2019年发行在外的普通股股数为1 200万股，每股市价为1元，2019年分配普通股股东现金股利150万元。

要求：（1）根据报表资料分别计算该公司2019年的偿债能力、营运能力、盈利能力等各项财务指标；

（2）运用杜邦财务分析体系进行综合分析。

表9-18 资产负债表（简表）

编制单位：拓丽公司　　　　　　　　　2019年12月31日　　　　　　　　　单位：万元

资产	期末余额	年初余额	负债和股东权益	期末余额	年初余额
流动资产			流动负债		
货币资金	90	80	短期借款	230	200
交易性金融资产	50	100	应付账款	120	100
应收账款	130	120	应付职工薪酬	15	10
预付款项	7	4	应付股利	35	30
存货	528	406	流动负债合计	400	340
流动资产合计	805	710	非流动负债		
非流动资产			长期借款	250	200
长期股权投资	40	40	非流动负债合计	250	200
固定资产	1 400	1 200	负债合计	650	540
无形资产	55	50	股东权益		
非流动资产合计	1 495	1 290	股本	1 200	1 200
			盈余公积	160	160
			未分配利润	290	100
			股东权益合计	1 650	1 460
资产总计	2 300	2 000	负债和股东权益总计	2 300	2 000

表 9-19 利润表（简表）

编制单位：拓丽公司　　　　　　　　　2019 年度　　　　　　　　　单位：万元

项目	本期金额	上期金额
一、营业收入	1 500	1 150
减：营业成本	850	690
税金及附加	75	57.5
销售费用	50	45
管理费用	84	75
财务费用	6	5
资产减值损失		
加：公允价值变动收益（损失以"-"号填列）		
投资收益（损失以"-"号填列）	7	5
二、营业利润（亏损以"-"号填列）	442	282.5
加：营业外收入	5	6
减：营业外支出	3	5
三、利润总额（亏损以"-"号填列）	444	283.5
减：所得税费用	212.52	143.055
四、净利润（亏损以"-"号填列）	231.48	140.445

主要参考文献

［1］财政部会计资格评价中心. 财务管理［M］. 北京：中国财政经济出版社，2019：246-249.

［2］张显国，钱胡凤. 财务管理项目化课程［M］. 合肥：安徽科学技术出版社，2015：101-103.

［3］张永良. 公司理财实务［M］. 北京：机械工业出版社，2013：112-115.

［4］刘淑莲. 财务管理［M］. 2版. 大连：东北财经大学出版社，2016：59-62.

［5］卢家仪. 财务管理［M］. 4版. 北京：清华大学出版社，2017：126-137.

［6］马元兴. 企业财务管理［M］. 北京：高等教育出版社，2017：102-113.

［7］罗斯. 公司理财［M］. 吴世农，沈艺峰，王志强，等，译. 9版. 北京：机械工业出版社，2012：125.

［8］竺素娥，赵秀芳，李郁明. 财务管理［M］. 北京：科学出版社，2018：50-60.

［9］中国注册会计师协会. 财务成本管理［M］. 北京：经济科学出版社，2019.

附表1　　　　　　　　　复利终值系数表（F/P，i，n）

期数	1%	2%	3%	4%	5%	6%	7%	8%	9%	10%
1	1.0100	1.0200	1.0300	1.0400	1.0500	1.0600	1.0700	1.0800	1.0900	1.1000
2	1.0201	1.0404	1.0609	1.0816	1.1025	1.1236	1.1449	1.1664	1.1881	1.2100
3	1.0303	1.0612	1.0927	1.1249	1.1576	1.1910	1.2250	1.2597	1.2950	1.3310
4	1.0406	1.0824	1.1255	1.1699	1.2155	1.2625	1.3108	1.3605	1.4116	1.4641
5	1.0510	1.1041	1.1593	1.2167	1.2763	1.3382	1.4026	1.4693	1.5386	1.6105
6	1.0615	1.1262	1.1941	1.2653	1.3401	1.4185	1.5007	1.5869	1.6771	1.7716
7	1.0721	1.1487	1.2299	1.3159	1.4071	1.5036	1.6058	1.7138	1.8280	1.9487
8	1.0829	1.1717	1.2668	1.3686	1.4775	1.5938	1.7182	1.8509	1.9926	2.1436
9	1.0937	1.1951	1.3048	1.4233	1.5513	1.6895	1.8385	1.9990	2.1719	2.3579
10	1.1046	1.2190	1.3439	1.4802	1.6289	1.7908	1.9672	2.1589	2.3674	2.5937
11	1.1157	1.2434	1.3842	1.5395	1.7103	1.8983	2.1049	2.3316	2.5804	2.8531
12	1.1268	1.2682	1.4258	1.6010	1.7959	2.0122	2.2522	2.5182	2.8127	3.1384
13	1.1381	1.2936	1.4685	1.6651	1.8856	2.1329	2.4098	2.7196	3.0658	3.4523
14	1.1495	1.3195	1.5126	1.7317	1.9799	2.2609	2.5785	2.9372	3.3417	3.7975
15	1.1610	1.3459	1.5580	1.8009	2.0789	2.3966	2.7590	3.1722	3.6425	4.1772
16	1.1726	1.3728	1.6047	1.8730	2.1829	2.5404	2.9522	3.4259	3.9703	4.5950
17	1.1843	1.4002	1.6528	1.9479	2.2920	2.6928	3.1588	3.7000	4.3276	5.0545
18	1.1961	1.4282	1.7024	2.0258	2.4066	2.8543	3.3799	3.9960	4.7171	5.5599
19	1.2081	1.4568	1.7535	2.1068	2.5270	3.0256	3.6165	4.3157	5.1417	6.1159
20	1.2202	1.4859	1.8061	2.1911	2.6533	3.2071	3.8697	4.6610	5.6044	6.7275
21	1.2324	1.5157	1.8603	2.2788	2.7860	3.3996	4.1406	5.0338	6.1088	7.4002
22	1.2447	1.5460	1.9161	2.3699	2.9253	3.6035	4.4304	5.4365	6.6586	8.1403
23	1.2572	1.5769	1.9736	2.4647	3.0715	3.8197	4.7405	5.8715	7.2579	8.9543
24	1.2697	1.6084	2.0328	2.5633	3.2251	4.0489	5.0724	6.3412	7.9111	9.8497
25	1.2824	1.6406	2.0938	2.6658	3.3864	4.2919	5.4274	6.8485	8.6231	10.8347
26	1.2953	1.6734	2.1566	2.7725	3.5557	4.5494	5.8074	7.3964	9.3992	11.918
27	1.3082	1.7069	2.2213	2.8834	3.7335	4.8223	6.2139	7.9881	10.245	13.110
28	1.3213	1.7410	2.2879	2.9987	3.9201	5.1117	6.6488	8.6271	11.167	14.421
29	1.3345	1.7758	2.3566	3.1187	4.1161	5.4184	7.1143	9.3173	12.172	15.863
30	1.3478	1.8114	2.4273	3.2434	4.3219	5.7435	7.6123	10.063	13.268	17.449

续表

期数	11%	12%	13%	14%	15%	16%	17%	18%	19%	20%
1	1.1100	1.1200	1.1300	1.1400	1.1500	1.1600	1.1700	1.1800	1.1900	1.2000
2	1.2321	1.2544	1.2769	1.2996	1.3225	1.3456	1.3689	1.3924	1.4161	1.4400
3	1.3676	1.4049	1.4429	1.4815	1.5209	1.5609	1.6016	1.6430	1.6852	1.7280
4	1.5181	1.5735	1.6305	1.6890	1.7490	1.8106	1.8739	1.9388	2.0053	2.0736
5	1.6851	1.7623	1.8424	1.9254	2.0114	2.1003	2.1924	2.2878	2.3864	2.4883
6	1.8704	1.9738	2.0820	2.1950	2.3131	2.4364	2.5652	2.6996	2.8398	2.9860
7	2.0762	2.2107	2.3526	2.5023	2.6600	2.8262	3.0012	3.1855	3.3793	3.5832
8	2.3045	2.4760	2.6584	2.8526	3.0590	3.2784	3.5115	3.7589	4.0214	4.2998
9	2.5580	2.7731	3.0040	3.2519	3.5179	3.8030	4.1084	4.4355	4.7854	5.1598
10	2.8394	3.1058	3.3946	3.7072	4.0456	4.4114	4.8068	5.2338	5.6947	6.1917
11	3.1518	3.4786	3.8359	4.2262	4.6524	5.1173	5.6240	6.1759	6.7767	7.4301
12	3.4985	3.8960	4.3345	4.8179	5.3503	5.9360	6.5801	7.2876	8.0642	8.9161
13	3.8833	4.3635	4.8980	5.4924	6.1528	6.8858	7.6987	8.5994	9.5964	10.699
14	4.3104	4.8871	5.5348	6.2613	7.0757	7.9875	9.0075	10.147	11.419	12.839
15	4.7846	5.4736	6.2543	7.1379	8.1371	9.2655	10.5387	11.974	13.590	15.407
16	5.3109	6.1304	7.0673	8.1372	9.3576	10.7480	12.3303	14.129	16.172	18.488
17	5.8951	6.8660	7.9861	9.2765	10.761	12.4677	14.4265	16.672	19.244	22.186
18	6.5436	7.6900	9.0243	10.575	12.376	14.4625	16.8790	19.673	22.900	26.623
19	7.2633	8.6128	10.1974	12.056	14.232	16.7765	19.7484	23.214	27.252	31.948
20	8.0623	9.6463	11.5231	13.744	16.367	19.4608	23.1056	27.393	32.429	38.338
21	8.9492	10.804	13.021	15.668	18.822	22.575	27.034	32.324	38.591	46.005
22	9.9336	12.100	14.714	17.861	21.645	26.186	31.629	38.142	45.923	55.206
23	11.026	13.552	16.627	20.362	24.892	30.376	37.006	45.008	54.649	66.247
24	12.239	15.179	18.788	23.212	28.625	35.236	43.297	53.109	65.032	79.497
25	13.586	17.000	21.231	26.462	32.919	40.874	50.658	62.669	77.388	95.396
26	15.080	19.040	23.991	30.167	37.857	47.414	59.270	73.949	92.092	114.48
27	16.739	21.325	27.109	34.390	43.535	55.000	69.346	87.260	109.59	137.37
28	18.580	23.884	30.634	39.205	50.066	63.800	81.134	102.97	130.41	164.85
29	20.624	26.750	34.616	44.693	57.576	74.009	94.927	121.50	155.19	197.81
30	22.892	29.960	39.116	50.950	66.212	85.850	111.07	143.37	184.68	237.38

期数	21%	22%	23%	24%	25%	26%	27%	28%	29%	30%
1	1.2100	1.2200	1.2300	1.2400	1.2500	1.2600	1.2700	1.2800	1.2900	1.3000
2	1.4641	1.4884	1.5129	1.5376	1.5625	1.5876	1.6129	1.6384	1.6641	1.6900
3	1.7716	1.8158	1.8609	1.9066	1.9531	2.0004	2.0484	2.0972	2.1467	2.1970
4	2.1436	2.2153	2.2889	2.3642	2.4414	2.5205	2.6014	2.6844	2.7692	2.8561
5	2.5937	2.7027	2.8153	2.9316	3.0518	3.1758	3.3038	3.4360	3.5723	3.7129
6	3.1384	3.2973	3.4628	3.6352	3.8147	4.0015	4.1959	4.3980	4.6083	4.8268
7	3.7975	4.0227	4.2593	4.5077	4.7684	5.0419	5.3288	5.6295	5.9447	6.2749
8	4.5950	4.9077	5.2389	5.5895	5.9605	6.3528	6.7675	7.2058	7.6686	8.1573
9	5.5599	5.9874	6.4439	6.9310	7.4506	8.0045	8.5948	9.2234	9.8925	10.605
10	6.7275	7.3046	7.9259	8.5944	9.3132	10.086	10.915	11.806	12.761	13.786
11	8.1403	8.9117	9.7489	10.657	11.642	12.708	13.863	15.112	16.462	17.922
12	9.8497	10.872	11.991	13.214	14.552	16.012	17.605	19.343	21.236	23.298
13	11.918	13.264	14.749	16.386	18.190	20.175	22.359	24.759	27.395	30.288
14	14.421	16.182	18.141	20.319	22.737	25.421	28.396	31.691	35.339	39.374
15	17.449	19.742	22.314	25.196	28.422	32.030	36.063	40.565	45.588	51.186
16	21.114	24.086	27.446	31.243	35.527	40.358	45.799	51.923	58.808	66.542
17	25.548	29.384	33.759	38.741	44.409	50.851	58.165	66.461	75.862	86.504
18	30.913	35.849	41.523	48.039	55.511	64.072	73.870	85.071	97.862	112.46
19	37.404	43.736	51.074	59.568	69.389	80.731	93.815	108.89	126.24	146.19
20	45.259	53.358	62.821	73.864	86.736	101.72	119.14	139.38	162.85	190.05
21	54.764	65.096	77.269	91.592	108.42	128.17	151.31	178.47	210.08	247.06
22	66.264	79.418	95.041	113.57	135.52	161.49	192.17	228.36	271.00	321.18
23	80.180	96.884	116.91	140.83	169.41	203.48	244.05	292.30	349.59	417.54
24	97.017	118.21	143.79	174.63	211.76	256.39	309.95	374.14	450.98	542.80
25	117.39	144.21	176.86	216.54	264.70	323.05	393.63	478.91	581.76	705.64
26	142.04	175.94	217.54	268.51	330.87	407.04	499.92	613.00	750.47	917.33
27	171.87	214.64	267.57	332.96	413.59	512.87	634.89	784.64	968.10	*
28	207.97	261.86	329.11	412.86	516.99	646.21	806.31	*	*	*
29	251.64	319.47	404.81	511.95	646.23	814.23	*	*	*	*
30	304.48	389.76	497.91	634.82	807.80	*	*	*	*	*

附表2   复利现值系数表（P/F，i，n）

期数	1%	2%	3%	4%	5%	6%	7%	8%	9%	10%
1	0.9901	0.9804	0.9709	0.9615	0.9524	0.9434	0.9346	0.9259	0.9174	0.9091
2	0.9803	0.9612	0.9426	0.9246	0.907	0.89	0.8734	0.8573	0.8417	0.8264
3	0.9706	0.9423	0.9151	0.889	0.8638	0.8396	0.8163	0.7938	0.7722	0.7513
4	0.961	0.9238	0.8885	0.8548	0.8227	0.7921	0.7629	0.735	0.7084	0.6830
5	0.9515	0.9057	0.8626	0.8219	0.7835	0.7473	0.713	0.6806	0.6499	0.6209
6	0.942	0.888	0.8375	0.7903	0.7462	0.705	0.6663	0.6302	0.5963	0.5645
7	0.9327	0.8706	0.8131	0.7599	0.7107	0.6651	0.6227	0.5835	0.547	0.5132
8	0.9235	0.8535	0.7894	0.7307	0.6768	0.6274	0.582	0.5403	0.5019	0.4665
9	0.9143	0.8368	0.7664	0.7026	0.6446	0.5919	0.5439	0.5002	0.4604	0.4241
10	0.9053	0.8203	0.7441	0.6756	0.6139	0.5584	0.5083	0.4632	0.4224	0.3855
11	0.8963	0.8043	0.7224	0.6496	0.5847	0.5268	0.4751	0.4289	0.3875	0.3505
12	0.8874	0.7885	0.7014	0.6246	0.5568	0.497	0.444	0.3971	0.3555	0.3186
13	0.8787	0.773	0.681	0.6006	0.5303	0.4688	0.415	0.3677	0.3262	0.2897
14	0.87	0.7579	0.6611	0.5775	0.5051	0.4423	0.3878	0.3405	0.2992	0.2633
15	0.8613	0.743	0.6419	0.5553	0.481	0.4173	0.3624	0.3152	0.2745	0.2394
16	0.8528	0.7284	0.6232	0.5339	0.4581	0.3936	0.3387	0.2919	0.2519	0.2176
17	0.8444	0.7142	0.605	0.5134	0.4363	0.3714	0.3166	0.2703	0.2311	0.1978
18	0.836	0.7002	0.5874	0.4936	0.4155	0.3503	0.2959	0.2502	0.212	0.1799
19	0.8277	0.6864	0.5703	0.4746	0.3957	0.3305	0.2765	0.2317	0.1945	0.1635
20	0.8195	0.673	0.5537	0.4564	0.3769	0.3118	0.2584	0.2145	0.1784	0.1486
21	0.8114	0.6598	0.5375	0.4388	0.3589	0.2942	0.2415	0.1987	0.1637	0.1351
22	0.8034	0.6468	0.5219	0.422	0.3418	0.2775	0.2257	0.1839	0.1502	0.1228
23	0.7954	0.6342	0.5067	0.4057	0.3256	0.2618	0.2109	0.1703	0.1378	0.1117
24	0.7876	0.6217	0.4919	0.3901	0.3101	0.247	0.1971	0.1577	0.1264	0.1015
25	0.7798	0.6095	0.4776	0.3751	0.2953	0.233	0.1842	0.146	0.116	0.0923
26	0.772	0.5976	0.4637	0.3607	0.2812	0.2198	0.1722	0.1352	0.1064	0.0839
27	0.7644	0.5859	0.4502	0.3468	0.2678	0.2074	0.1609	0.1252	0.0976	0.0763
28	0.7568	0.5744	0.4371	0.3335	0.2551	0.1956	0.1504	0.1159	0.0895	0.0693
29	0.7493	0.5631	0.4243	0.3207	0.2429	0.1846	0.1406	0.1073	0.0822	0.063
30	0.7419	0.5521	0.412	0.3083	0.2314	0.1741	0.1314	0.0994	0.0754	0.0573

期数	11%	12%	13%	14%	15%	16%	17%	18%	19%	20%
1	0.9009	0.8929	0.885	0.8772	0.8696	0.8621	0.8547	0.8475	0.8403	0.8333
2	0.8116	0.7972	0.7831	0.7695	0.7561	0.7432	0.7305	0.7182	0.7062	0.6944
3	0.7312	0.7118	0.6931	0.675	0.6575	0.6407	0.6244	0.6086	0.5934	0.5787
4	0.6587	0.6355	0.6133	0.5921	0.5718	0.5523	0.5337	0.5158	0.4987	0.4823
5	0.5935	0.5674	0.5428	0.5194	0.4972	0.4761	0.4561	0.4371	0.419	0.4019
6	0.5346	0.5066	0.4803	0.4556	0.4323	0.4104	0.3898	0.3704	0.3521	0.3349
7	0.4817	0.4523	0.4251	0.3996	0.3759	0.3538	0.3332	0.3139	0.2959	0.2791
8	0.4339	0.4039	0.3762	0.3506	0.3269	0.305	0.2848	0.266	0.2487	0.2326
9	0.3909	0.3606	0.3329	0.3075	0.2843	0.263	0.2434	0.2255	0.209	0.1938
10	0.3522	0.322	0.2946	0.2697	0.2472	0.2267	0.208	0.1911	0.1756	0.1615
11	0.3173	0.2875	0.2607	0.2366	0.2149	0.1954	0.1778	0.1619	0.1476	0.1346
12	0.2858	0.2567	0.2307	0.2076	0.1869	0.1685	0.152	0.1372	0.124	0.1122
13	0.2575	0.2292	0.2042	0.1821	0.1625	0.1452	0.1299	0.1163	0.1042	0.0935
14	0.232	0.2046	0.1807	0.1597	0.1413	0.1252	0.111	0.0985	0.0876	0.0779
15	0.209	0.1827	0.1599	0.1401	0.1229	0.1079	0.0949	0.0835	0.0736	0.0649
16	0.1883	0.1631	0.1415	0.1229	0.1069	0.093	0.0811	0.0708	0.0618	0.0541
17	0.1696	0.1456	0.1252	0.1078	0.0929	0.0802	0.0693	0.06	0.052	0.0451
18	0.1528	0.13	0.1108	0.0946	0.0808	0.0691	0.0592	0.0508	0.0437	0.0376
19	0.1377	0.1161	0.0981	0.0829	0.0703	0.0596	0.0506	0.0431	0.0367	0.0313
20	0.124	0.1037	0.0868	0.0728	0.0611	0.0514	0.0433	0.0365	0.0308	0.0261
21	0.1117	0.0926	0.0768	0.0638	0.0531	0.0443	0.037	0.0309	0.0259	0.0217
22	0.1007	0.0826	0.068	0.056	0.0462	0.0382	0.0316	0.0262	0.0218	0.0181
23	0.0907	0.0738	0.0601	0.0491	0.0402	0.0329	0.027	0.0222	0.0183	0.0151
24	0.0817	0.0659	0.0532	0.0431	0.0349	0.0284	0.0231	0.0188	0.0154	0.0126
25	0.0736	0.0588	0.0471	0.0378	0.0304	0.0245	0.0197	0.016	0.0129	0.0105
26	0.0663	0.0525	0.0417	0.0331	0.0264	0.0211	0.0169	0.0135	0.0109	0.0087
27	0.0597	0.0469	0.0369	0.0291	0.023	0.0182	0.0144	0.0115	0.0091	0.0073
28	0.0538	0.0419	0.0326	0.0255	0.02	0.0157	0.0123	0.0097	0.0077	0.0061
29	0.0485	0.0374	0.0289	0.0224	0.0174	0.0135	0.0105	0.0082	0.0064	0.0051
30	0.0437	0.0334	0.0256	0.0196	0.0151	0.0116	0.009	0.007	0.0054	0.0042

续表

期数	21%	22%	23%	24%	25%	26%	27%	28%	29%	30%
1	0.8264	0.8197	0.813	0.8065	0.8	0.7937	0.7874	0.7813	0.7752	0.7692
2	0.6830	0.6719	0.661	0.6504	0.64	0.6299	0.62	0.6104	0.6009	0.5917
3	0.5645	0.5507	0.5374	0.5245	0.512	0.4999	0.4882	0.4768	0.4658	0.4552
4	0.4665	0.4514	0.4369	0.423	0.4096	0.3968	0.3844	0.3725	0.3611	0.3501
5	0.3855	0.37	0.3552	0.3411	0.3277	0.3149	0.3027	0.291	0.2799	0.2693
6	0.3186	0.3033	0.2888	0.2751	0.2621	0.2499	0.2383	0.2274	0.217	0.2072
7	0.2633	0.2486	0.2348	0.2218	0.2097	0.1983	0.1877	0.1776	0.1682	0.1594
8	0.2176	0.2038	0.1909	0.1789	0.1678	0.1574	0.1478	0.1388	0.1304	0.1226
9	0.1799	0.167	0.1552	0.1443	0.1342	0.1249	0.1164	0.1084	0.1011	0.0943
10	0.1486	0.1369	0.1262	0.1164	0.1074	0.0992	0.0916	0.0847	0.0784	0.0725
11	0.1228	0.1122	0.1026	0.0938	0.0859	0.0787	0.0721	0.0662	0.0607	0.0558
12	0.1015	0.092	0.0834	0.0757	0.0687	0.0625	0.0568	0.0517	0.0471	0.0429
13	0.0839	0.0754	0.0678	0.061	0.055	0.0496	0.0447	0.0404	0.0365	0.033
14	0.0693	0.0618	0.0551	0.0492	0.044	0.0393	0.0352	0.0316	0.0283	0.0254
15	0.0573	0.0507	0.0448	0.0397	0.0352	0.0312	0.0277	0.0247	0.0219	0.0195
16	0.0474	0.0415	0.0364	0.032	0.0281	0.0248	0.0218	0.0193	0.017	0.015
17	0.0391	0.034	0.0296	0.0258	0.0225	0.0197	0.0172	0.015	0.0132	0.0116
18	0.0323	0.0279	0.0241	0.0208	0.018	0.0156	0.0135	0.0118	0.0102	0.0089
19	0.0267	0.0229	0.0196	0.0168	0.0144	0.0124	0.0107	0.0092	0.0079	0.0068
20	0.0221	0.0187	0.0159	0.0135	0.0115	0.0098	0.0084	0.0072	0.0061	0.0053
21	0.0183	0.0154	0.0129	0.0109	0.0092	0.0078	0.0066	0.0056	0.0048	0.004
22	0.0151	0.0126	0.0105	0.0088	0.0074	0.0062	0.0052	0.0044	0.0037	0.0031
23	0.0125	0.0103	0.0086	0.0071	0.0059	0.0049	0.0041	0.0034	0.0029	0.0024
24	0.0103	0.0085	0.007	0.0057	0.0047	0.0039	0.0032	0.0027	0.0022	0.0018
25	0.0085	0.0069	0.0057	0.0046	0.0038	0.0031	0.0025	0.0021	0.0017	0.0014
26	0.007	0.0057	0.0046	0.0037	0.003	0.0025	0.002	0.0016	0.0013	0.0011
27	0.0058	0.0047	0.0037	0.003	0.0024	0.0019	0.0016	0.0013	0.001	0.0008
28	0.0048	0.0038	0.003	0.0024	0.0019	0.0015	0.0012	0.001	0.0008	0.0006
29	0.004	0.0031	0.0025	0.002	0.0015	0.0012	0.001	0.0008	0.0006	0.0005
30	0.0033	0.0026	0.002	0.0016	0.0012	0.001	0.0008	0.0006	0.0005	0.0004

附表3　　　　　　　　　年金终值系数表（F/A，i，n）

期数	1%	2%	3%	4%	5%	6%	7%	8%	9%	10%
1	1.0000	1.0000	1.0000	1.0000	1.0000	1.0000	1.0000	1.0000	1.0000	1.0000
2	2.0100	2.0200	2.0300	2.0400	2.0500	2.0600	2.0700	2.0800	2.0900	2.1000
3	3.0301	3.0604	3.0909	3.1216	3.1525	3.1836	3.2149	3.2464	3.2781	3.3100
4	4.0604	4.1216	4.1836	4.2465	4.3101	4.3746	4.4399	4.5061	4.5731	4.6410
5	5.1010	5.2040	5.3091	5.4163	5.5256	5.6371	5.7507	5.8666	5.9847	6.1051
6	6.1520	6.3081	6.4684	6.6330	6.8019	6.9753	7.1533	7.3359	7.5233	7.7156
7	7.2135	7.4343	7.6625	7.8983	8.1420	8.3938	8.6540	8.9228	9.2004	9.4872
8	8.286	8.583	8.892	9.214	9.549	9.898	10.260	10.637	11.029	11.436
9	9.369	9.755	10.159	10.583	11.027	11.491	11.978	12.488	13.021	13.580
10	10.462	10.950	11.464	12.006	12.578	13.181	13.816	14.487	15.193	15.937
11	11.567	12.169	12.808	13.486	14.207	14.972	15.784	16.646	17.560	18.531
12	12.683	13.412	14.192	15.026	15.917	16.870	17.889	18.977	20.141	21.384
13	13.809	14.680	15.618	16.627	17.713	18.882	20.141	21.495	22.953	24.523
14	14.947	15.974	17.086	18.292	19.599	21.015	22.551	24.215	26.019	27.975
15	16.097	17.293	18.599	20.024	21.579	23.276	25.129	27.152	29.361	31.773
16	17.258	18.639	20.157	21.825	23.658	25.673	27.888	30.324	33.003	35.950
17	18.430	20.012	21.762	23.698	25.840	28.213	30.840	33.750	36.974	40.545
18	19.615	21.412	23.414	25.645	28.132	30.906	33.999	37.450	41.301	45.599
19	20.811	22.841	25.117	27.671	30.539	33.760	37.379	41.446	46.019	51.159
20	22.019	24.297	26.870	29.778	33.066	36.786	40.996	45.762	51.160	57.275
21	23.239	25.783	28.677	31.969	35.719	39.993	44.865	50.423	56.765	64.003
22	24.472	27.299	30.537	34.248	38.505	43.392	49.006	55.457	62.873	71.403
23	25.716	28.845	32.453	36.618	41.431	46.996	53.436	60.893	69.532	79.543
24	26.974	30.422	34.427	39.083	44.502	50.816	58.177	66.765	76.790	88.497
25	28.243	32.030	36.459	41.646	47.727	54.865	63.249	73.106	84.701	98.347
26	29.526	33.671	38.553	44.312	51.114	59.156	68.677	79.954	93.324	109.18
27	30.821	35.344	40.710	47.084	54.669	63.706	74.484	87.351	102.72	121.10
28	32.129	37.051	42.931	49.968	58.403	68.528	80.698	95.339	112.97	134.21
29	33.450	38.792	45.219	52.966	62.323	73.640	87.347	103.97	124.14	148.63
30	34.785	40.568	47.575	56.085	66.439	79.058	94.461	113.28	136.31	164.49

期数	11%	12%	13%	14%	15%	16%	17%	18%	19%	20%
1	1.0000	1.0000	1.0000	1.0000	1.0000	1.0000	1.0000	1.0000	1.0000	1.0000
2	2.1100	2.1200	2.1300	2.1400	2.1500	2.1600	2.1700	2.1800	2.1900	2.2000
3	3.3421	3.3744	3.4069	3.4396	3.4725	3.5056	3.5389	3.5724	3.6061	3.6400
4	4.7097	4.7793	4.8498	4.9211	4.9934	5.0665	5.1405	5.2154	5.2913	5.3680
5	6.2278	6.3528	6.4803	6.6101	6.7424	6.8771	7.0144	7.1542	7.2966	7.4416
6	7.9129	8.1152	8.3227	8.5355	8.7537	8.9775	9.2068	9.4420	9.6830	9.9299
7	9.7833	10.089	10.405	10.731	11.067	11.414	11.772	12.142	12.523	12.916
8	11.859	12.300	12.757	13.233	13.727	14.240	14.773	15.327	15.902	16.499
9	14.164	14.776	15.416	16.085	16.786	17.519	18.285	19.086	19.923	20.799
10	16.722	17.549	18.420	19.337	20.304	21.322	22.393	23.521	24.709	25.959
11	19.561	20.655	21.814	23.045	24.349	25.733	27.200	28.755	30.404	32.150
12	22.713	24.133	25.650	27.271	29.002	30.850	32.824	34.931	37.180	39.581
13	26.212	28.029	29.985	32.089	34.352	36.786	39.404	42.219	45.245	48.497
14	30.095	32.393	34.883	37.581	40.505	43.672	47.103	50.818	54.841	59.196
15	34.405	37.280	40.418	43.842	47.580	51.660	56.110	60.965	66.261	72.035
16	39.190	42.753	46.672	50.980	55.718	60.925	66.649	72.939	79.850	87.442
17	44.501	48.884	53.739	59.118	65.075	71.673	78.979	87.068	96.022	105.93
18	50.396	55.750	61.725	68.394	75.836	84.141	93.406	103.74	115.27	128.12
19	56.940	63.440	70.749	78.969	88.212	98.603	110.28	123.41	138.17	154.74
20	64.203	72.052	80.947	91.025	102.44	115.38	130.03	146.63	165.42	186.69
21	72.265	81.699	92.470	104.77	118.81	134.84	153.14	174.02	197.85	225.03
22	81.214	92.503	105.49	120.44	137.63	157.42	180.17	206.34	236.44	271.03
23	91.148	104.60	120.20	138.30	159.28	183.60	211.80	244.49	282.36	326.24
24	102.17	118.16	136.83	158.66	184.17	213.98	248.81	289.49	337.01	392.48
25	114.41	133.33	155.62	181.87	212.79	249.21	292.10	342.60	402.04	471.98
26	128.00	150.33	176.85	208.33	245.71	290.09	342.76	405.27	479.43	567.38
27	143.08	169.37	200.84	238.50	283.57	337.50	402.03	479.22	571.52	681.85
28	159.82	190.70	227.95	272.89	327.10	392.50	471.38	566.48	681.11	819.22
29	178.40	214.58	258.58	312.09	377.17	456.30	552.51	669.45	811.52	984.07
30	199.02	241.33	293.20	356.79	434.75	530.31	647.44	790.95	966.71	1 181.9

期数	21%	22%	23%	24%	25%	26%	27%	28%	29%	30%
1	1.0000	1.0000	1.0000	1.0000	1.0000	1.0000	1.0000	1.0000	1.0000	1.0000
2	2.2100	2.2200	2.2300	2.2400	2.2500	2.2600	2.2700	2.2800	2.2900	2.3000
3	3.6741	3.7084	3.7429	3.7776	3.8125	3.8476	3.8829	3.9184	3.9541	3.9900
4	5.4457	5.5242	5.6038	5.6842	5.7656	5.8480	5.9313	6.0156	6.1008	6.1870
5	7.5892	7.7396	7.8926	8.0484	8.2070	8.3684	8.5327	8.6999	8.8700	9.0431
6	10.183	10.442	10.708	10.980	11.259	11.544	11.837	12.136	12.442	12.756
7	13.321	13.740	14.171	14.615	15.074	15.546	16.032	16.534	17.051	17.583
8	17.119	17.762	18.430	19.123	19.842	20.588	21.361	22.163	22.995	23.858
9	21.714	22.670	23.669	24.713	25.802	26.940	28.129	29.369	30.664	32.015
10	27.274	28.657	30.113	31.643	33.253	34.945	36.724	38.593	40.556	42.620
11	34.001	35.962	38.039	40.238	42.566	45.031	47.639	50.399	53.318	56.405
12	42.142	44.874	47.788	50.895	54.208	57.739	61.501	65.510	69.780	74.327
13	51.991	55.746	59.779	64.110	68.760	73.751	79.107	84.853	91.016	97.625
14	63.910	69.010	74.528	80.496	86.950	93.926	101.47	109.61	118.41	127.91
15	78.331	85.192	92.669	100.82	109.69	119.35	129.86	141.30	153.75	167.29
16	95.780	104.93	114.98	126.01	138.11	151.38	165.92	181.87	199.34	218.47
17	116.89	129.02	142.43	157.25	173.64	191.73	211.72	233.79	258.15	285.01
18	142.44	158.40	176.19	195.99	218.04	242.59	269.89	300.25	334.01	371.52
19	173.35	194.25	217.71	244.03	273.56	306.66	343.76	385.32	431.87	483.97
20	210.76	237.99	268.79	303.60	342.94	387.39	437.57	494.21	558.11	630.17
21	256.02	291.35	331.61	377.46	429.68	489.11	556.72	633.59	720.96	820.22
22	310.78	356.44	408.88	469.06	538.10	617.28	708.03	812.00	931.04	1 067.3
23	377.05	435.86	503.92	582.63	673.63	778.77	900.20	1 040.4	1 202.0	1 388.5
24	457.22	532.75	620.82	723.46	843.03	982.25	1 144.3	1 332.7	1 551.6	1 806.0
25	554.24	650.96	764.61	898.09	1 054.8	1 238.6	1 454.2	1 706.8	2 002.6	2 348.8
26	671.63	795.17	941.46	1 114.6	1 319.5	1 561.7	1 847.8	2 185.7	2 584.4	3 054.4
27	813.68	971.10	1 159.0	1 383.1	1 650.4	1 968.7	2 347.8	2 798.7	3 334.8	3 971.8
28	985.55	1 185.7	1 426.6	1 716.1	2 064.0	2 481.6	2 982.6	3 583.3	4 302.9	5 164.3
29	1 193.5	1 447.6	1 755.7	2 129.0	2 580.9	3 127.8	3 789.0	4 587.7	5 551.8	6 714.6
30	1 445.2	1 767.1	2 160.5	2 640.9	3 227.2	3 942.0	4 813.0	5 873.2	7 162.8	8 730.0

附表4　　　　　　　　　　年金现值系数表（P/A，i，n）

期数	1%	2%	3%	4%	5%	6%	7%	8%	9%	10%
1	0.9901	0.9804	0.9709	0.9615	0.9524	0.9434	0.9346	0.9259	0.9174	0.9091
2	1.9704	1.9416	1.9135	1.8861	1.8594	1.8334	1.808	1.7833	1.7591	1.7355
3	2.941	2.8839	2.8286	2.7751	2.7232	2.673	2.6243	2.5771	2.5313	2.4869
4	3.902	3.8077	3.7171	3.6299	3.546	3.4651	3.3872	3.3121	3.2397	3.1699
5	4.8534	4.7135	4.5797	4.4518	4.3295	4.2124	4.1002	3.9927	3.8897	3.7908
6	5.7955	5.6014	5.4172	5.2421	5.0757	4.9173	4.7665	4.6229	4.4859	4.3553
7	6.7282	6.472	6.2303	6.0021	5.7864	5.5824	5.3893	5.2064	5.033	4.8684
8	7.6517	7.3255	7.0197	6.7327	6.4632	6.2098	5.9713	5.7466	5.5348	5.3349
9	8.566	8.1622	7.7861	7.4353	7.1078	6.8017	6.5152	6.2469	5.9952	5.759
10	9.4713	8.9826	8.5302	8.1109	7.7217	7.3601	7.0236	6.7101	6.4177	6.1446
11	10.368	9.7868	9.2526	8.7605	8.3064	7.8869	7.4987	7.139	6.8052	6.4951
12	11.255	10.575	9.954	9.3851	8.8633	8.3838	7.9427	7.5361	7.1607	6.8137
13	12.134	11.348	10.635	9.9856	9.3936	8.8527	8.3577	7.9038	7.4869	7.1034
14	13.004	12.106	11.296	10.563	9.8986	9.295	8.7455	8.2442	7.7862	7.3667
15	13.865	12.849	11.938	11.118	10.380	9.7122	9.1079	8.5595	8.0607	7.6061
16	14.718	13.578	12.561	11.652	10.838	10.106	9.4466	8.8514	8.3126	7.8237
17	15.562	14.292	13.166	12.166	11.274	10.477	9.7632	9.1216	8.5436	8.0216
18	16.398	14.992	13.754	12.659	11.690	10.828	10.059	9.3719	8.7556	8.2014
19	17.226	15.679	14.324	13.134	12.085	11.158	10.336	9.6036	8.9501	8.3649
20	18.046	16.351	14.878	13.590	12.462	11.470	10.594	9.8181	9.1285	8.5136
21	18.857	17.011	15.415	14.029	12.821	11.764	10.836	10.017	9.2922	8.6487
22	19.660	17.658	15.937	14.451	13.163	12.042	11.061	10.201	9.4424	8.7715
23	20.456	18.292	16.444	14.857	13.489	12.303	11.272	10.371	9.5802	8.8832
24	21.243	18.914	16.936	15.247	13.799	12.550	11.469	10.529	9.7066	8.9847
25	22.023	19.524	17.413	15.622	14.094	12.783	11.654	10.675	9.8226	9.077
26	22.795	20.121	17.877	15.983	14.375	13.003	11.826	10.810	9.929	9.1609
27	23.560	20.707	18.327	16.330	14.643	13.211	11.987	10.935	10.027	9.2372
28	24.316	21.281	18.764	16.663	14.898	13.406	12.137	11.051	10.116	9.3066
29	25.066	21.844	19.189	16.984	15.141	13.591	12.278	11.158	10.198	9.3696
30	25.808	22.397	19.600	17.292	15.373	13.765	12.409	11.258	10.274	9.4269

期数	11%	12%	13%	14%	15%	16%	17%	18%	19%	20%
1	0.9009	0.8929	0.885	0.8772	0.8696	0.8621	0.8547	0.8475	0.8403	0.8333
2	1.7125	1.6901	1.6681	1.6467	1.6257	1.6052	1.5852	1.5656	1.5465	1.5278
3	2.4437	2.4018	2.3612	2.3216	2.2832	2.2459	2.2096	2.1743	2.1399	2.1065
4	3.1024	3.0373	2.9745	2.9137	2.855	2.7982	2.7432	2.6901	2.6386	2.5887
5	3.6959	3.6048	3.5172	3.4331	3.3522	3.2743	3.1993	3.1272	3.0576	2.9906
6	4.2305	4.1114	3.9975	3.8887	3.7845	3.6847	3.5892	3.4976	3.4098	3.3255
7	4.7122	4.5638	4.4226	4.2883	4.1604	4.0386	3.9224	3.8115	3.7057	3.6046
8	5.1461	4.9676	4.7988	4.6389	4.4873	4.3436	4.2072	4.0776	3.9544	3.8372
9	5.537	5.3282	5.1317	4.9464	4.7716	4.6065	4.4506	4.303	4.1633	4.031
10	5.8892	5.6502	5.4262	5.2161	5.0188	4.8332	4.6586	4.4941	4.3389	4.1925
11	6.2065	5.9377	5.6869	5.4527	5.2337	5.0286	4.8364	4.656	4.4865	4.3271
12	6.4924	6.1944	5.9176	5.6603	5.4206	5.1971	4.9884	4.7932	4.6105	4.4392
13	6.7499	6.4235	6.1218	5.8424	5.5831	5.3423	5.1183	4.9095	4.7147	4.5327
14	6.9819	6.6282	6.3025	6.0021	5.7245	5.4675	5.2293	5.0081	4.8023	4.6106
15	7.1909	6.8109	6.4624	6.1422	5.8474	5.5755	5.3242	5.0916	4.8759	4.6755
16	7.3792	6.974	6.6039	6.2651	5.9542	5.6685	5.4053	5.1624	4.9377	4.7296
17	7.5488	7.1196	6.7291	6.3729	6.0472	5.7487	5.4746	5.2223	4.9897	4.7746
18	7.7016	7.2497	6.8399	6.4674	6.128	5.8178	5.5339	5.2732	5.0333	4.8122
19	7.8393	7.3658	6.938	6.5504	6.1982	5.8775	5.5845	5.3162	5.07	4.8435
20	7.9633	7.4694	7.0248	6.6231	6.2593	5.9288	5.6278	5.3527	5.1009	4.8696
21	8.0751	7.562	7.1016	6.687	6.3125	5.9731	5.6648	5.3837	5.1268	4.8913
22	8.1757	7.6446	7.1695	6.7429	6.3587	6.0113	5.6964	5.4099	5.1486	4.9094
23	8.2664	7.7184	7.2297	6.7921	6.3988	6.0442	5.7234	5.4321	5.1668	4.9245
24	8.3481	7.7843	7.2829	6.8351	6.4338	6.0726	5.7465	5.4509	5.1822	4.9371
25	8.4217	7.8431	7.33	6.8729	6.4641	6.0971	5.7662	5.4669	5.1951	4.9476
26	8.4881	7.8957	7.3717	6.9061	6.4906	6.1182	5.7831	5.4804	5.206	4.9563
27	8.5478	7.9426	7.4086	6.9352	6.5135	6.1364	5.7975	5.4919	5.2151	4.9636
28	8.6016	7.9844	7.4412	6.9607	6.5335	6.152	5.8099	5.5016	5.2228	4.9697
29	8.6501	8.0218	7.4701	6.983	6.5509	6.1656	5.8204	5.5098	5.2292	4.9747
30	8.6938	8.0552	7.4957	7.0027	6.566	6.1772	5.8294	5.5168	5.2347	4.9789

期数	21%	22%	23%	24%	25%	26%	27%	28%	29%	30%
1	0.8264	0.8197	0.813	0.8065	0.8	0.7937	0.7874	0.7813	0.7752	0.7692
2	1.5095	1.4915	1.474	1.4568	1.44	1.4235	1.4074	1.3916	1.3761	1.3609
3	2.0739	2.0422	2.0114	1.9813	1.952	1.9234	1.8956	1.8684	1.842	1.8161
4	2.5404	2.4936	2.4483	2.4043	2.3616	2.3202	2.28	2.241	2.2031	2.1662
5	2.926	2.8636	2.8035	2.7454	2.6893	2.6351	2.5827	2.532	2.483	2.4356
6	3.2446	3.1669	3.0923	3.0205	2.9514	2.885	2.821	2.7594	2.7	2.6427
7	3.5079	3.4155	3.327	3.2423	3.1611	3.0833	3.0087	2.937	2.8682	2.8021
8	3.7256	3.6193	3.5179	3.4212	3.3289	3.2407	3.1564	3.0758	2.9986	2.9247
9	3.9054	3.7863	3.6731	3.5655	3.4631	3.3657	3.2728	3.1842	3.0997	3.019
10	4.0541	3.9232	3.7993	3.6819	3.5705	3.4648	3.3644	3.2689	3.1781	3.0915
11	4.1769	4.0354	3.9018	3.7757	3.6564	3.5435	3.4365	3.3351	3.2388	3.1473
12	4.2784	4.1274	3.9852	3.8514	3.7251	3.6059	3.4933	3.3868	3.2859	3.1903
13	4.3624	4.2028	4.053	3.9124	3.7801	3.6555	3.5381	3.4272	3.3224	3.2233
14	4.4317	4.2646	4.1082	3.9616	3.8241	3.6949	3.5733	3.4587	3.3507	3.2487
15	4.489	4.3152	4.153	4.0013	3.8593	3.7261	3.601	3.4834	3.3726	3.2682
16	4.5364	4.3567	4.1894	4.0333	3.8874	3.7509	3.6228	3.5026	3.3896	3.2832
17	4.5755	4.3908	4.219	4.0591	3.9099	3.7705	3.64	3.5177	3.4028	3.2948
18	4.6079	4.4187	4.2431	4.0799	3.9279	3.7861	3.6536	3.5294	3.413	3.3037
19	4.6346	4.4415	4.2627	4.0967	3.9424	3.7985	3.6642	3.5386	3.421	3.3105
20	4.6567	4.4603	4.2786	4.1103	3.9539	3.8083	3.6726	3.5458	3.4271	3.3158
21	4.675	4.4756	4.2916	4.1212	3.9631	3.8161	3.6792	3.5514	3.4319	3.3198
22	4.69	4.4882	4.3021	4.13	3.9705	3.8223	3.6844	3.5558	3.4356	3.323
23	4.7025	4.4985	4.3106	4.1371	3.9764	3.8273	3.6885	3.5592	3.4384	3.3254
24	4.7128	4.507	4.3176	4.1428	3.9811	3.8312	3.6918	3.5619	3.4406	3.3272
25	4.7213	4.5139	4.3232	4.1474	3.9849	3.8342	3.6943	3.564	3.4423	3.3286
26	4.7284	4.5196	4.3278	4.1511	3.9879	3.8367	3.6963	3.5656	3.4437	3.3297
27	4.7342	4.5243	4.3316	4.1542	3.9903	3.8387	3.6979	3.5669	3.4447	3.3305
28	4.739	4.5281	4.3346	4.1566	3.9923	3.8402	3.6991	3.5679	3.4455	3.3312
29	4.743	4.5312	4.3371	4.1585	3.9938	3.8414	3.7001	3.5687	3.4461	3.3317
30	4.7463	4.5338	4.3391	4.1601	3.995	3.8424	3.7009	3.5693	3.4466	3.3321